Understanding human design

一本讀懂人類圖

凱倫·柯瑞 Karen Curry 著
朱詩迪　譯

野人家 147

一本讀懂人類圖
擁有被討厭的勇氣前，先讀懂自己的心靈地圖
Understanding human design

作　　者　凱倫·柯瑞（Karen Curry）
譯　　者　朱詩迪

總 編 輯　張瑩瑩
副總編輯　蔡麗真
責任編輯　簡欣彥
協力編輯　八＊
行銷企劃　林麗紅
封面設計　黃泰為

社　　長　郭重興
發行人兼
出版總監　曾大福
印務主任　黃禮賢
出　　版　野人文化股份有限公司

發　　行　遠足文化事業股份有限公司
　　　　　地址：231新北市新店區民權路108-2號9樓
　　　　　電話：（02）2218-1417　傳真：（02）8667-1065
　　　　　電子信箱：service@bookrep.com.tw
　　　　　網址：www.bookrep.com.tw
　　　　　郵撥帳號：19504465遠足文化事業股份有限公司
　　　　　客服專線：0800-221-029
法律顧問　華洋法律事務所 蘇文生律師
印　　製　成陽印刷股份有限公司
初版首刷　2015年10月

本書線上讀者回函

國家圖書館出版品預行編目資料

一本讀懂人類圖／凱倫·柯瑞著；朱詩迪譯.
-- 初版. -- 新北市：野人文化出版：遠足文化
發行, 2015.10
　　面；　公分.--（野人家；147）
譯自：Understanding human design
ISBN 978-986-384-094-7（平裝）

1.占星術　2.自我實現

292.22　　　　　　　　　　　　　104017351

獻給我生命中的北極星——

我的孩子、基岡（Keegan）、凱特（Kat）、卡爾森（Karson）、
卡西迪（Kassidy）、伊黎（Ayelet）。
還有亞倫（Aaron），是你不斷提醒我要把夢想變大。
我怎能如此幸運？

目錄

第三篇　閘門、迴路與通道

序言

你是否曾想過是什麼讓你獨一無二、與眾不同？人類圖揉合遠古智慧和現代科學，能幫助你了解真實自我的力與美。

我第一次接觸人類圖是在二〇〇一年。那時我的丈夫從亞利桑那州的塞多納（Sedona）靜修歸來，帶回了一張人類圖表。我對那張圖深深著迷——我知道我必定會盡其所能地學習有關它的一切知識。我立刻說服我的丈夫帶著四個孩子一起從我們位於德州郊區的家搬到塞多納，我希望到那兒學習更多人類圖的知識。

很偶然地，我發現美國人類圖學院總部就位在我們的家庭小兒科醫師辦公室走廊正對面。我一眼就認出門上的人類圖圖案，於是我便走到裡頭希望能獲取更多資訊。當時總部負責人瑪莉·安·維妮格（Mary Ann Winiger）女士正在撰寫招募助手的廣告，她問我是否有意願承接這份職務，我便一口答應，不久就開始這項新任務。在美國人類圖學院工作讓我擁有取得各種人類圖資訊的方便管道，也讓我有機會和這套系統的創建者——拉·烏盧·胡（Ra Uru Hu）一起學習。

我承認，一開始我不太能接受人類圖的玄妙起由。我在美國南部長大，此外，我前任丈夫的父親是基督教衛理公會（Methodist）的牧師。他們認為占星學和其他「邪端」說法據說是惡魔的產物，因此我多少會擔心實踐這些理論或往後用來輔導個案的後果。然而最後證明，這套系統是無比準確的。

　　我相信絕大多數感到迷惘、不斷尋求協助或支持的人，是因為他們在人生的某些面向受挫，例如在職場生涯、人際關係、健康、創新的成就感上，或在感受到靈魂與生命的連結上。直覺告訴我，人類圖能為這些受挫或困惑的靈魂帶來解答，然而，我總不太習慣與人分享這些訊息，直到我親身實踐、用自己的人生實際試驗後才有所改變。我得到美妙收穫後，我開始試著為身邊的每一個人解圖，當然也包括我的個案。當時，我主要是用情緒釋放技巧（Emotional Freedom Technique, EFT）來輔導我的個案，尤其是那些感覺「卡住」的人。讓我大感意外的是，人類圖讓我對個案感到「卡住」的根源及他們的人格特質有更不同以往的洞察和領會，因此我能夠在更短時間內改善他們的生活。

　　當我愈深入研究人類圖，我愈是明白——就算它具有妙不可言的益處，但卻不是一個能簡單與人分享的知識系統。當中複雜和晦澀的用語往往讓很多初識者困惑不解。人類圖系統有許多不同的階段，就算我已有十二年的接觸經驗，我仍舊不斷學習更多知識；不過，在這浩瀚系統裡仍有一些很容易就能理解和運用的核心概念。這便是我寫作本書的原因——希望能喚醒你、讓你和這套不僅幫助我及我的家人，也幫助了我的數百位個案的美好系統一起發現自己。我衷心期盼你能加入這趟探索自我與正向改變的旅程。

感謝辭

　　這本書歷時十三年完成。它集結了我對人類圖的理解認知及發現真實自我的親身經驗。這趟旅程若沒有家人的愛與支持將會變得無比艱辛，即便他們仍殷殷期盼某天我能從事「真正的」的工作。

　　在此，我要謝謝凱爾‧柯瑞（Kyle Curry）耐心地把我所有零散的書寫作品集結成一套完整的內容。我也要感謝他讓我能用這強而有力及絕佳的方式分享這些知識。

　　若沒有我的導師拉‧烏盧‧胡，這些內容就不會存在於這個世界。他過去充其量只能說是一位別無選擇的神祕主義者。然而儘管曾有過猶疑與掙扎，他最終還是在別無選擇中選擇了分享人類圖的知識。他在促成人類進化的歷程中，傳授予我們對自身獨特角色的全新體悟，也告訴我們在生命中所能做的最有力的事情就是先學會愛自己。

　　這種種知識已在我的學生身上試驗無數次，而這些年來他們教會我的事物遠比我給予他們的還多。謝謝你們如此熱切與渴望和這個世界分享人類圖，也謝謝你們讓我成為你們的老師。這是無上的光榮。

　　我的編輯群，艾麗森‧雅各（Allison Jacob）和蘇西‧皮岑（Susie Pitzen）協助審稿、花費了不少時間心力將這龐大的複雜資料整理成一本探索自我的完善指引手冊。謝謝你們的耐心和毅力！

　　最後也是最重要的，我要感謝我的伴侶——亞倫‧帕克（Aaron Parker）以及我的五個孩子，謝謝你們始終相信我，並鼓勵我不斷往前。

導論

　　我很榮幸能伴隨你，以非常簡單且不違背你天生模樣的方式去發現自己的人生使命、了解自己、改善你的人際關係、找到適合你的工作，甚至是讓你變得更健康。人類圖能帶給你開啟喜悅、有意識的生活及找到力量和豐富潛能的所需知識，因此不論外在環境如何變化，你都能茁壯發展。過去近十三年來，我解讀了數千張人類圖表，也撰寫了一千則以上的相關文章，每一項都帶來了強大的影響成果。因此，我希望能讓你認識這個絕妙的系統。

　　人類圖能幫助人們學會愛自己、增進自信心、活得真實且帶著意識、從容與勇氣行事。在人類圖的引導下，你能學會正確衡量自己的能力而免於陷入不堪負荷、絕望和筋疲力竭的狀態。人類圖會告訴你，你是以什麼方式理解和「懂得」萬事萬物（即便有時不合邏輯也不要緊），它也會教導你如何尊重和表達你的感受，讓你不再反覆淪為情緒苦難的受害者。

　　人類圖綜合了占星學、易經、卡巴拉（Kabbalah）、脈輪及量子物理學，在自我探索的領域裡是一門相對新穎的科學。一九八七年一月三日至十一日，羅伯‧艾倫‧克拉寇爾（Robert Alan Krakower）在西班牙的伊維薩島（Ibiza）經驗了一段神祕的體驗，他接收到了這整套系統的知識。有一個「聲音」告訴他，這套系統對改善世人生活現狀至關重要，不可或缺的覺察改變也將在人類進化歷程上演。在此經驗後，克拉寇爾脫胎換骨，彷彿變了一個人似，不久他便改名為拉‧烏盧‧胡。

他也得到指示，他只是有意識地接收到人類圖知識的特定人士，但這套系統的能量是傳送給世上每一個人、屬於全人類所有。他當時只能說是一位被賦與任務的信差和神祕主義者，然而他也將餘生都投入奉獻於分享人類圖的理論。他的勇氣幫助了人們發現真實的自我、瞭解此生的使命，以及明白如何才能開啟真實和豐滿的人生。

人類圖並不是一門宗教。這無關乎你信仰的是基督教、猶太教、佛教，或推崇形而上學的觀點。了解你的人類圖能夠純粹的幫助你，用既簡單又開心的方式懂得如何順應你天生被賦予的生命樣貌。

儘管人類圖系統錯綜複雜，要學會獨自解讀人體圖及整張圖表可能要累積好幾年的功夫，但這套系統背後的觀念卻非常單純。你的人類圖是根據你的生辰數據計算而出，它能讓你明確了解自身的人格特質、健康狀況、心理特點、天賦、才智及脆弱面。當你察覺出自己獨特的能力，以及學會區分你所創造的能量、與你從周遭環境吸取的能量時，你就能快速做出決定、幫助你開創與真實自我相符的人生。

透過本書各章節，我會告訴你該如何認識你的內在權威，進而明白哪些道路適合你的獨特人生。我們將在第一篇闡述人類圖的基本概念——何謂人類圖，及你該如何了解你的人類圖表，是以，你能在最初就實現某些生命改變。在第二篇，我們將認識人格類型（types）、能量中心（centers）及人物角色（profiles）此三大關鍵的人類圖面向。接下來的第三篇將更深入探討閘門（gates）、迴路（circuits）和通道（channels）——即人格的內部運作要素。最後的第四篇，我們會整合所有內容，並帶著此嶄新視角回到真實世界。

人類圖並不是關於改變自我的知識。它是從全然深入了解你的天賦才智、你的本能和脆弱面來提供你人生旅程的專屬裝備，讓你從受他人想法和評價影響的傳統自我挫敗模式中解脫。人類圖賦予你嶄新的視角，讓你

探見真實自我的力與美。

當你了解自己後，面對人生選擇，你就能做出符合真實自我性格的決定。而當你和你的真實性格攜手共生，人生就會變得順暢多了。一旦你能自在地貼近生命，就會活出真實自我之美！這一切都是環環相扣的。

在人類圖創造的佳話中，最讓我津津樂道的是一位男子在工作上歷經艱困歲月的故事。他任職於一間國際石油公司，但因為一連好幾個專案都無法執行成功而遭降職處分。在解讀了他的人類圖後，我們發現他擁有開創新事物、但卻沒有完成任務的能量。專案管理顯然是完全不適合他的職務啊！遺憾的是，那就是他當時的工作。

這名個案在了解了自己的真實性格後，便請求從管理部門轉調到專案起草團隊。很快地，他發現從事與他真實性格相符的工作能讓他感受到全然的喜悅。三年時光飛逝，時至今日，他不但從事著自己熱愛的工作，也獲得相當不錯的薪資報酬！

我期盼你能透過個人人類圖裡顯示的訊息得到自由，而這本書會帶給你所需的知識與自信，讓你開啟無邊無界的廣闊人生，也讓你在意想不到的人生中找到專屬於你的最佳位置。

首先，請到www.understandinghumandesign.com網站裡「人類圖專家」（Human Design Specialists）的頁面免費取得你的人類圖表。完成網站註冊手續後，你會在二至三天內收到你的個人人類圖。接下來，就準備踏上你的人生探索之旅吧！

第一篇
人類圖的基本概念

　　人類圖表的三大部分——人體圖、生日表和關鍵字各有其重要的內容面向，也都為人格帶來深刻的洞察。了解每一部分及它們在你的生命故事中扮演的角色，能幫助你對真實自我有更全面和深入的理解。

　　別忘了，每一部分都屬於整體的一個片段。雖然我們以拆解完整圖表的方式來學習每一關鍵部份的內容，但人類圖表真正的美在於所有部分的融合。當所有片段整合起來，關於你是誰的真實故事就能一覽無遺。

第一章

你的人類圖導覽

　　有許多學生問我，「了解自己的人類圖能讓我賺更多錢、變得更健康或擁有更棒的人際關係嗎？」

　　嗯，沒錯，可以這麼說吧。人類圖保證能帶給你的與過往你曾聽說過的不同。而我可以向你保證的是：我們每一個人都生而不同。人類圖指出五種能量類型*——顯示者（Manifestor）、生產者（Generator）、顯示生產者（Manifesting generator）、投射者（Projector）及反映者（Reflector）。各個能量類型創造和做決定的方式迥然相異，但這並不代表每一個人能得到財富、健康、良好伴侶關係和幸福的潛力就會有所差異。關鍵在於，每一個人天生的設計藍圖都是獨一無二的，因此，我們對財富、健康、良好伴侶關係和幸福的定義各不相同。

奠立基礎

　　某些人熱切追求和渴望擁有大筆財富，某些人則只要有空閒時間與所愛的人相處就能感到富裕。某些人極度希望尋得充滿成就感的工作，某些

---

* 在人類圖祖師爺與國際人類圖學院（IHDS）院長合著的定本《人類圖：區分的科學》中，將類型分為四種，其中「純生產者」與「顯示生產者」合併為一類。無涉定義，特此列註。

人則打從心底完全不想工作。某些人會成為運動選手，某些人則成為知識份子。某些人天生積極進取，某些人僅待在對的時間和地點，靜候神奇魔法自然施展。以上種種只不過是詮釋「成功」境界的各種可能樣貌，並無好壞之分。

　　儘管創造成功的傳統方法在某些人身上非常管用，但對某些人而言，這套規則卻絲毫不見效。我們受到社會和制約化（conditioning）強大的控制，因此，我們常常會覺得自己對成功的定義在社會標準看來，簡直是怠惰、軟弱、愚蠢，甚至是異想天開。當這條單一路徑無法到達你想去的地方，但你仍繼續行走其中，你只會感到挫敗、痛苦、倦怠和筋疲力竭。

　　仔細想想，每個人都是獨一無二的，但開創快樂和成功人生的方法卻是一體適用，這並不合理啊。世上所有人都具有價值和重要性；每一個人都有自己專屬的能量藍圖及成功經營人生的獨特方法。對某人有效的方法未必適用於另一人。

　　努力適應和採納社會對「正確」及「成功」的定義，其實都與能量脫不了關係。我們看待自己的方式、社會的標準和價值觀、我們回應生命的方法……全都取決於我們自身的能量場與另一個更龐大的集體能量場。人類圖表就是你個人的電路架構圖，它能告訴你哪種類型的能量是你天生就擁有，以及你從周遭環境吸收了哪些能量。

　　當你了解真實自我與自身能量場的作用方式後，你就能找到幫助你走出集體能量場（社會化與外在制約）的內在權威。你或許會發現，社會看重的某些信念和能量與你一致，但在其他方面，你卻與社會的期望背道而馳。

　　當今關於個人成長的內容趨勢宣稱，若你尚未經歷社會定義的「巨大成功」，這很可能是潛意識的信念、痛苦經歷，或你對「成功」的心態出了問題。我並不否認：你的信念、過往經驗和態度會影響你的成功標準。然而，真正阻擋我們開創嚮往人生的障礙，往往是對「什麼是真正適合我

們的」這問題的根本誤解。

我們不接受適合自己的人生，反而用各種既定的方法和工具不斷衝撞，想試著否決掉那些你內在中其實知道自己要或不要的聲音。

忘掉既定觀念、順從生命引領我們到該去的地方，這種想法乍聽之下有點嚇人。絕大多數人在成長過程中都缺乏對真實自我的深刻認識。我們的能量場受身邊人們影響，我們有時會分不清什麼是屬於我們個人的真理，哪些又是我們被囑咐的事實，因此往往會失去與真實自我的聯繫。

我們擔心若讓「內在權威」掌管一切，或許就注定落得貧乏或孤獨的下場。我們不相信自己的內心指引，也奮力對抗成為自己主人的想望。假使我們過著「沒那麼成功」的人生，我們甚至會漸漸認為自己是個失敗者、大概不配擁有豐裕的人生。可是請別擔心，沒有人與生俱來或命中注定受苦受難或失敗。

人生莫大的痛苦來源之一便是知覺自我與真實自我的脫離。這兩者間的差距愈大，就會產生愈多的不協調和痛苦。這種痛苦不是功能障礙，也不是「破碎」，這只是真實自我在告訴你，這裡有更多你還未察覺、屬於你的寶藏，但它的景貌也許與你的大腦所想的不同──因為它竟然更加美好。

你愈是了解自己，就愈能開創真正適合你的人生。所以，讓我們從遊覽你的人類圖開始吧。若你還未取得你的人類圖，請至網站www.understandinghumandesign.com索取。

你的人類圖導覽

人類圖表包含三部份：一、人體圖（body graph）二、生日表（birth chart）三、關鍵字（keynotes）（圖表1）。在逐一探討前，請讓我們先就整體圖表來看；它的外觀和編排方式是否讓你想起什麼？

生日表   人體圖

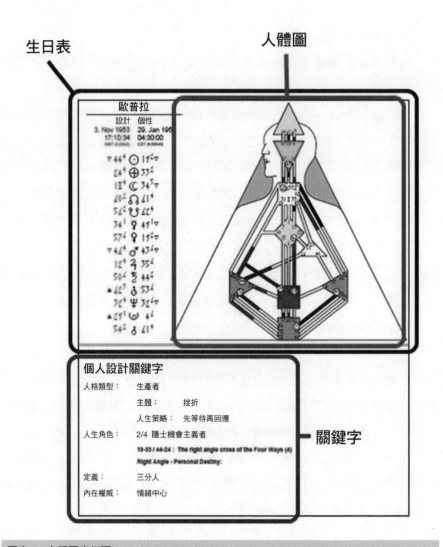

關鍵字

圖表1：人類圖表例圖

　　若你仔細端詳，你也許會發現某些可見證據顯示人類圖裡蘊藏了深具影響力的智慧。例如，幾何形狀（稱為能量中心）的部分看起來很像七個脈輪（圖表2）。

圖表2：人類圖的九大能量中心近似於七個脈輪

　　再把人類圖顛倒來看，它和猶太教的卡巴拉（Kabbalah）生命樹非常相似（圖表3）。

　　你或許也注意到人類圖上標示了六十四個數字。這些數字稱為閘門，與易經的六十四卦相互呼應。易經的每一卦都由六層水平線組成（圖表4），每一條線代表陽（未中斷的實心線）或陰（中間有縫隙的斷裂線）。

　　雖然人類圖表包含這些古代智慧的片段，但人類圖仍是新穎、獨特的，它是一套以嶄新方式幫助人們的新工具。

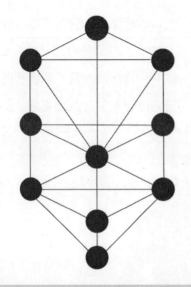

圖表3：人類圖表的外觀近似於卡巴拉生命樹

卦

圖表4：人類圖的六十四個閘門和易經的卦相應

　　當你閱覽人類圖表的某部份時，請記住，它只代表整體的一小片段。為了能更輕易地學習人類圖，我們必須先將人類圖表拆解成部分逐一探索。當你理解人類圖表是如何建構而成及知道解讀的方法時，就能將所有片段拼湊起來，屆時，完整的「故事」或個人的能量地圖就會躍然紙上。

　　「融合」是了解人類圖和每張個別人類圖表的關鍵要素。就其根源而論，人類圖是一套從個人、人際關係及集體的角度教導我們人類進化的歷程中，關於力量和可能性的工具。人類圖真正的美，確實在於統合系統內所有獨特奧祕的成分。

　　人類圖表本身也同樣是許多部分的融合；這些部份相互作用，進而展現出每個個體的概貌。人類圖表中的某些單獨片段擁有非常相似、但彼此間仍有細微差異的能量。當你學習每一片段時，請務必了解，我們只是某種程度上從整體脈絡中擷取一小部分。每一部分都至關重要，然而每一部分是否得以充分發揮仍需配合你人類圖中的其他元素來看。

若你玩過拼圖遊戲你就能明白——要完成整幅圖案的樣貌，每一塊拼圖都是不可或缺的。

人類圖告訴我們，整體人類就像是一幅巨大神聖的拼圖，而我們每一個人都是拼圖中獨特的一小塊。當你未能充分展現真實自我的潛能，那麼你在本質上便是丟失或毀壞了你在拼圖中的個人一角。你能獻給世界最豐厚的禮物就是盡情展現自我。

現在就讓我們一起更詳細地了解人類圖表中的三個主要部份——人體圖、生日表及關鍵字。

人體圖（The Body Graph）

當你拿到你的人類圖表後，會在圖上看見一個包含了各種線條、幾何形狀、顏色及一個人體側影的大三角形，大三角形的旁邊則有一連串的數字和行星符號。這個大三角形稱為人體圖，它集結了你人類圖表上所有閘門號碼顯示的訊息。人體圖本質上就是你的獨特能量配置「地圖」。

九大能量中心

你或許第一眼就注意到當中的九個幾何圖形。這些圖形代表九大能量中心，其作用和人體的七個脈輪相似。每個能量中心負責傳送和管理某種能量的頻率，此外，它與我們生命中的某個特定主題息息相關（圖表5）。

九大能量中心及各別的主題為：

- 頭腦中心（Head）：靈感。
- 邏輯中心（Ajna）：確定性。
- 喉嚨中心（Throat）：溝通和行動。

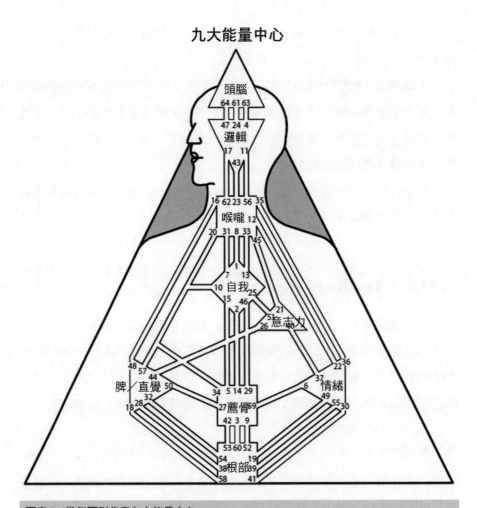

圖表5：幾何圖形代表九大能量中心

- 自我／G中心（Identity）：自我、愛與生命方向。

- 意志力中心（Will）：意志力和價值。

- 情緒中心（Emotional Solar Plexus）：情緒澄明。

- 根部中心（Root）：腎上腺素能量。

- 薦骨中心（Sacral）：勞動力和生命力能量。

- 脾／直覺中心（Spleen）：生存、直覺、免疫系統和時間。

接下來，你或許會注意到在你的人類圖表中，有些能量中心是空白的，有些則填滿顏色。空白的能量中心代表未定義或是開放的，反之，定義的能量中心會填滿顏色。

★ 定義的能量中心

若能量中心填滿顏色，那麼它就是「定義的」中心。定義的能量中心代表你恆常散發至世界的能量，以及不受外界任何因素支配、永久的人格面向。天空會下雨，水星會逆行、火星也可能會從太陽系消失，然而，定義的能量中心（你的人類圖表中填滿顏色的區塊）始終不變。它來自於你出生那一刻閘門與行星的位置。

你很快就會學到，定義的能量中心有其需要面對的議題，但一般來說，比起開放的能量中心時而感到痛苦的體驗，定義的能量中心反而容易處理多了。整體建議——了解和依循你的人類圖策略（strategy）（第二章）來活出自我，它就會賦予你始終知道下一步該做些什麼的力量。

★ 開放的能量中心

若能量中心空白，那便是未定義，或是開放的。開放的能量中心會吸取和放大周遭環境的能量和訊息。開放能量中心的能量變幻無常，因為它會依據你所處的對象而有所改變；此外，它就像浪潮般湧入消退、不斷變化，因此也比定義的能量感受更加強烈。

人們常想當然爾地認為，存在於你開放能量中心的能量就是屬於你的，所以有時也會在未察覺自己的行為是否受外在因素而影響的情況下，試圖「修正」你的人格某一面向。請留意你的開放能量中心位在何處；在你能了解你的能量是如何運作前，這些區塊會是讓你感受到莫大痛苦的潛在地。然而，開放的能量中心卻也存有使你發揮出色才智的可能性。

在我認識人類圖及了解自身未定義的能量前，我是個護士，當時的我總是感到疲憊不堪。因為當強烈的情緒如洪水猛獸般撲來，我就會像塊海綿似的把這些情緒全部吸收，於是我很快就感到倦怠。如今，透過人類圖我了解自己擁有開放的情緒能量中心，也學會了讓種種情緒訊息經過；我不再緊抓這些情緒甚至把它視為自己所有，如此我就不會感到筋疲力竭。

★ 動力中心（MOTOR CENTERS）

人體圖中有四個能量中心被歸類為動力引擎──薦骨、意志力、根部和情緒中心。動力引擎能幫助界定你擁有的能量種類。

- 薦骨中心：這是屬於工作、繁殖和性慾的能量。它是一種能不眠不休運作的持續能量。

- 意志力中心：這是人類圖表中意志力的所在位置。人類圖所謂的意志力是指管理和創造物質資源及短暫承受力的能量。這種能量需要週期性的休息。

- 根部中心：腎上腺素位於根部中心。這是一種能帶來腎上腺素動力的能量。它採週期性的開關運作。

- 情緒中心：你的情緒能量正位於此處。情緒能量在內部整合和外部表現間循環，而你的心情往往會受到影響。當情緒恰當時，這就是創造的能量。

★ 壓力中心（PRESSURE CENTERS）

壓力中心有兩個──頭腦中心和根部中心。壓力中心在人類圖表上的形態能幫助你了解在人生中你可能會經歷的壓力種類，並提供你和壓力攜手合作的新方法，好讓你能減低壓迫感、作出更放鬆的決定。

- 頭腦中心：這是心理壓力的來源所在。若頭腦中心呈現開放或未定義，你可能會感受到想看透事物本質的壓力，或總覺得需要找到你的問題解答。
- 根部中心：這是屬於腎上腺素能量的中心。若根部中心開放或未定義，你會籠罩在為了「自由」而去完成任務的壓迫感中。有時這會導致企圖逃避壓力或壓迫而作出倉促的決定。

★ 群體的能量（ENERGIES IN A GROUP）

定義和未定義能量中心的深層之美在於，我們每一個人都是龐大整體中獨特的一部分。當我們拼湊在一起時，每一個人都會是全然定義的狀態。每一個人都獻出有助於統合整體能量、也讓我們有機會表達所有人類經驗的那一部分。

當你到餐廳或咖啡店消費（或者其它人多的地方）時，你就能體會到，店員和顧客們天生的設計藍圖會互相交融成一個巨大的能量場。這有助於我們了解到，假如你的人類圖表中缺乏某種持續能量，例如，專注的能量，你可能會發現當你接觸到其他人群的能量場時，你的專注能量能透過與周遭他人共處而增強，如此一來，當你需要提升專注力時，就能創造新的策略幫助自己專心完成任務。

通道

請觀察九大能量中心是如何透過許多線條互相連接（圖表6）。這些線條稱為通道；合計有三十六條。通道的顏色訴說著你的人格面向：

- **黑色**通道傳達的是你在意識層面察覺到的人格特質。
- **紅色**通道傳達的是在意識層面下、你未察覺到的人格特質。

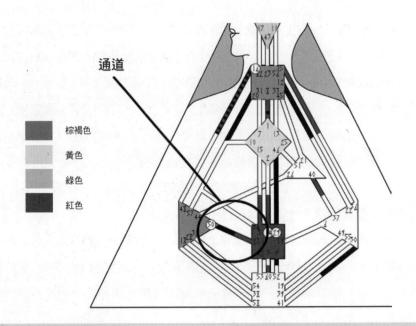

圖表6：通道連接兩個閘門

- **紅黑**相間格紋通道代表那些存在於意識和潛意識的特有人格面向。
- **白色**通道代表開放的閘門。你會不斷從周遭環境吸取通道兩端閘門的能量，而能量在你身上的展現則會取決於你所處的環境。

閘門

　　每條通道的兩端是標有數字的閘門，而通道便是利用兩個數字閘門來命名。例如，我們通常會將34 ／ 20通道稱作「魅力的通道」——它串接了34號閘門（權力）和20號閘門（蛻變）。六十四個閘門與易經的六十四卦遙相呼應。你的人類圖表中，每　個開啟的閘門都為你的人格添灑了不同的「調味料」。我們將會簡短論述閘門的基本特質；至於每個閘門的詳細說明、它與你的人類圖表及人格的關聯，請參見第五章。

★ 懸掛的閘門（HANGING GATES）

若你擁有某條填滿顏色的通道，那麼該通道兩端的能量中心就會有定義（也填滿顏色）。反之，開放的能量中心（白色）不會附有完全填滿顏色的通道。若一條通道的兩端閘門只有其中一端被啟動，此單獨啟動的閘門便稱為「懸掛的閘門」（圖表7）。

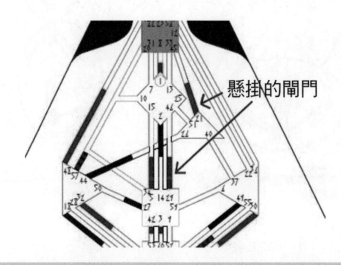

懸掛的閘門

圖表7：當某通道的兩端閘門只有一端被啟動，此單獨啟動的閘門稱作懸掛的閘門

一個擁有懸掛閘門的人往往會受有相對另一半通道的人吸引。這就是所謂的「電磁引力」（electromagnetic attraction）。

定義

人類圖表中的定義，與能量中心之間填滿顏色的通道有關。

一分人（Single definition）代表所有填滿顏色或定義的能量中心是串連在一起的（圖表8）。

　　二分人（Split definition）代表定義的能量中心被分隔成兩組互不連接的區塊，但每一區塊內的能量中心仍是串連在一起的（圖表9）。

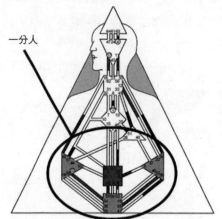

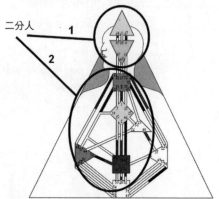

圖表8：一分人代表定義的能量中心可串連成一個區塊

圖表9：二分人代表定義的能量中心被區分為兩大區塊

　　三分人（Triple split definition）代表定義的能量中心被分隔成三組互不連接的區塊（圖表10）。

　　四分人（Quadruple）代表定義的能量中心被分隔成四組互不連接的區塊（圖表11）。

　　分裂的能量在你的自我感知裡，會讓你覺得自己彷彿擁有某些截然不同的面向。以這張人類圖表為例（圖表9），你或許能感覺到自己擁有非常強大的思考能力且常「迷失在自己的腦袋裡」，但你卻也同時擁有非常「樸實」和原始的人格面向。

　　我們往往會被擁有能「橋接」我們分裂能量區塊閘門的人吸引。當我們和這些人相處時，我們會感受到「完整」，或自己的每一部分得以統一，至少就能量層面而言確實如此。

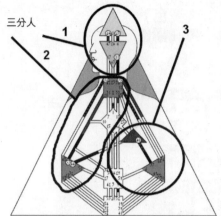

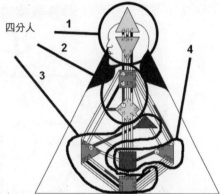

圖表10：三分人代表定義的能量中心區
分成三大區塊

圖表11：四分人代表定義的能量中心區
分成四大區塊

生日表（The Birth Chart）

接下來讓我們把目光從人影圖像轉移到充滿數字和行星符號的一覽表。在人類圖表的左邊或身體圖的兩側（視你的人類圖表取得來源而定），你會看見一連串的紅、黑色數字和行星符號（圖表12）。這就是你的生日表訊息，它在你有生之年是固定不變的。

你的潛意識人格

你的潛意識人格由生日表上的紅色部分界定──這些是始終存在，但你未察覺的人格面向；也就是說，你實際上對這部份人格沒有太大的掌控權。我們一般會隨著年齡增長而益漸意識到自己的潛意識人格。或者你的家人和摯愛伴侶通常也能清楚知道你未察覺的人格面向。

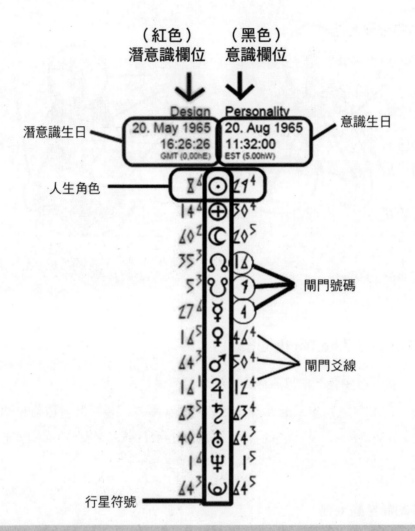

圖表12：生日表範本

　　紅色日期是你的潛意識生日——大約是在你出生的前三個月，恰巧與胎兒在子宮內大腦皮層快速發育的時間一致。潛意識生日距離你出生那一刻的星座度數大約是八十八度。

你的意識人格

　　圖表上黑色的部分是你能自我察覺的人格面向，在某種程度上，你擁有一定的掌控能力。

　　黑色的出生日期是你真正的生日，一般稱作你的意識生日。（某些人類圖表上的生日是以歐洲日期格式呈現〔日／月／年〕）。這就是你的意識人格。

閘門數字

　　列表上紅色及黑色的大數字是閘門號碼（圖表13）。總共有六十四個，並同時顯現於人體圖中。關於閘門號碼代表的意義請參見第五章。

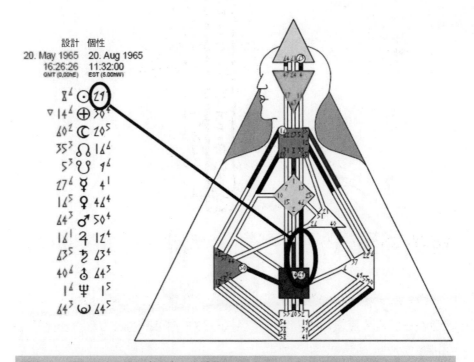

圖表13：閘門同時呈現於生日表、人體圖。

閘門爻線

在每個閘門號碼旁邊，你會看見一個像是指數的較小數字（圖表14）。這就是閘門爻線，爻線數字為一到六。

閘門爻線是每張人類圖表的獨有物，即並不是每一張人類圖表都具有一到六爻。它是依據你出生那一刻的行星位置而決定。爻線就好比我們計時用的秒數。以下是閘門爻線的六種獨特原型：

- 一爻：研究者（Investigator）
- 二爻：隱士（Hermit）
- 三爻：烈士（Martyr）

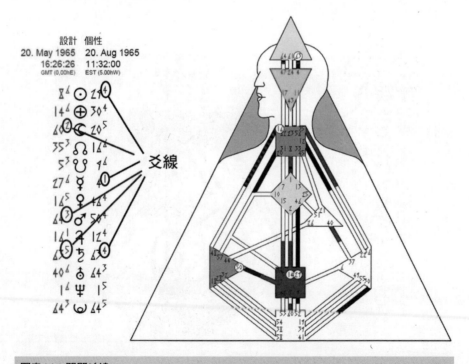

圖表14：閘門爻線

- 四爻：機會主義者（Opportunist）
- 五爻：異端者（Heretic）
- 六爻：人生典範（Role Model）

請注意——閘門爻線並不會出現在人體圖中。其代表的意義可透過人類圖分析得知。

人生角色（Profiles）

人生角色是由你意識與潛意識中太陽標誌閘門爻線而定（圖表15）。

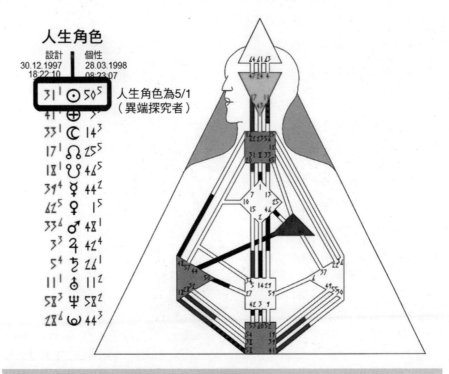

圖表15：你的人生角色由生日表上方的兩大數字決定。

　　每個人都帶著特定的人生角色和使命來到這個世界。人生角色訴說著你會面臨到的主要人生主題，也描繪出你的人格在實現使命的過程中是如何與世界互動。你可以把人生角色視為一種說明書——說明你的意識與潛意識原型以及與這些原型相關的主題。大多數人都能意識到自己潛意識的人生角色，但由於它仍屬潛意識層面，人們在展現上仍無太大掌控權。

　　十二種人生角色是兩個閘門爻線的組合：

　　（意識爻線在前，潛意識爻線在後）

- 1／3　研究者／烈士
- 1／4　研究者／機會主義者
- 2／4　隱士／機會主義者
- 2／5　隱士／異端者
- 3／5　烈士／異端者
- 3／6　烈士／人生典範
- 4／6　機會主義者／人生典範
- 4／1　機會主義者／研究者
- 5／1　異端者／研究者
- 5／2　異端者／隱士
- 6／2　人生典範／隱士
- 6／3　人生典範／烈士

　　關於人生角色，我們會在第四章詳述。

行星符號（The Planetary Symbols）

行星符號標示出你出生那一刻你的人類圖表裡能量的星象位置。從最頂端你的太陽閘門位置開始至最末的冥王星閘門位置，各個行星都含納其中（圖表16）。

輪迴交叉（Incarnation Cross）

人類圖表中串接所有事物的決定性區塊稱作輪迴交叉。輪迴交叉是由你的意識及潛意識的太陽和地球標誌出的能量組成——即你的生日表中黑色和紅色的前四組數字（圖表17）。

這四種能量構成了你百分之七十的人格樣貌。輪迴交叉基本上就是一個人的人生使命。它讓我們明白我是誰？努力追求什麼？性格上有哪些小缺點？對什麼缺乏判斷力？最後訴說的是一個人可能的命運。

行星符號

符號	名稱
☉	太陽
⊕	地球
☾	月亮
☊	北交點
☋	南交點
☿	水星
♀	金星
♂	火星
♃	木星
♄	土星
♅	天王星
♆	海王星
♇	冥王星

圖表16：行星符號及名稱

每一交叉代表的意義是四個閘門構成能量的組合。意識太陽位置的閘門能量（右邊最上方的黑色數字）是四個閘門能量中最重要的。你的輪迴交叉、甚至是整張圖表的其他能量都是透過意識太陽的閘門能量表現。太陽會在一整年的時間內繞過所有六十四個閘門。

輪迴交叉可能的組合共有一百九十二種，每一種都是太陽和地球運行的反映。輪迴交叉帶給我們的訊息遠比占星學裡單一的太陽星座還來得多。對於靈魂的前進道路和人生旅程，它提供了更深入的解釋。

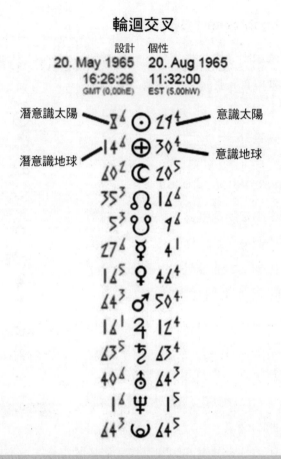

圖表17：你的輪迴交叉是由太陽和地球標誌出的能量所組成

　　你的輪迴交叉名稱通常會列在人類圖表的下半部。囿於空間，在此我們便不論述所有一百九十二種可能的組合，但你可以逐一了解構成你輪迴交叉的四個閘門，進而從這些訊息裡編織出你人生道路的專屬故事。

關鍵字（The Keynotes）

你會在人類圖表的下半部看見一個名為關鍵字的區塊，這便是你的人類圖表最重要部份的簡短摘要。關鍵字會告訴你：

- 你的人格類型和你做決定的獨特策略。
- 你的內在權威中心，不論你是不容猶豫或需要時間作出恰當決定。
- 你的非自己／情緒主題。哪種情緒是你人生中最具挑戰性的課題。（請放心，若你能忠於真正的自我而活，就能大大地改善非自己主題時的情緒感受。）

你的人格類型

人類圖中最容易入門並對其幫助有感的，便是了解你的人格類型及聽從你的人生策略。五種人格類型為——顯示者（Manifestor）、顯示生產者（Manifesting Generator）、生產者（Generator）、投射者（Projector）及反映者（Reflector）。你可以在人類圖表下方的關鍵字裡找到你的人格類型。

五種人格類型各有做決定和存在於這個世界的人生策略。了解你的人格類型有助於培養為自己作出可靠決定的自信和信任感。

你的人生策略

你的人生策略來自於你的人格類型。人生策略可謂是人類圖表裡最重要的知識。告訴你有關如何為自己做出正確的決定、如何確認你走在適合的人生道路上的關鍵訊息。

　　遵循你的人生策略能為你帶來機會去體驗適合你的事件和境遇，反之，偏離你的人生策略可能會招致最終無益的事件和經驗到你的生命裡。遵循你的人生策略，你就能確實完成你的個人使命。

　　要學會有效遵循人生策略可能要經過數個月或數年時間的練習；是以，你也可以透過人類圖分析師的指導、回饋和鼓勵來得到幫助。

內在權威中心（Authority）

　　雖然做決定和你的人生策略有直接關連，但你的權威中心卻會影響你使用策略的方式。定義的能量中心會決定你的權威中心為何。然而，並不是所有能量中心都具有權威中心的特質，權威中心也取決於你的人格類型和定義。

　　權威中心會受到制約化及情緒健康程度的影響。透過你的人類圖分析，你學習了解那些會阻擋你活出真正自我的痛苦和行為模式。只要有意識認知到舊有模式，你就會漸漸感到完整，並能將這些能量轉變為才智的豐厚來源。你愈是能清除舊有能量模式，你做決定的天賦能力（內在權威）就愈能有效運作。屆時，你就能回到你的內在權威、使用人生策略來幫助自己的人生做出更有益的決定。

　　請特別留意，內在權威並未凌駕於人生策略，它僅是變換你運用人生策略的方式，好讓你的決定和選擇更能符合你的人類圖整體能量。

　　六種權威類型：

- 薦骨型權威（Generated）
- 直覺型權威（Splenic）
- 情緒型權威（Emotional）
- 自我型權威（Ego）

- 自我投射權威（Self-Projected）
- 無內在權威（Mental）

某些種類的權威中心會產生強大的影響力，某些則相對輕微、對於你運用策略的方式也不需要太多調整（如果有的話）。關於內在權威中心，我們會在第二章詳加闡述。

非自己／情緒主題（Emotional Theme）

人類圖裡每種人格類型都有一個情緒主題。簡單來說，情緒主題是一個人生命的一部分，會帶來成長的課題和機會。你會體驗到自己的情緒主題，或是透過周遭人們回應你的行為來感受。

當你強烈感受到自己的情緒主題時，那往往是你沒有忠於自我（正在非自己狀態）的徵兆。舉例來說，生產者的情緒主題是挫敗；他們必須先等待某事物在外在環境顯現，才進而用自己做決定的人生策略來回應。假使你是生產者，但你總是迫使某事物在你生命中實現、不經等待去了解它是否適合你，那你極有可能因為事與願違而體驗到極大的挫敗感

若你強烈感受著你的情緒主題，退一步去評估你的人生不失為好的方法。當你能依照自己的人生策略生活，就能減輕體驗情緒主題的強度。或許你仍會感到它無所不在，但它將不再是一頭終日糾纏你的咆哮巨獸。

摘要

人類圖表的三大部分——人體圖、生日表和關鍵字各有其重要的內容面向，也都為人格帶來深刻的洞察。了解每一部分及它們在你的生命故事中扮演的角色，能幫助你對真實自我有更全面和深入的理解。

別忘了，每一部分都屬於整體的一個片段。雖然我們以拆解完整圖表的方式來學習每一關鍵部份的內容，但人類圖表真正的美在於所有部分的融合。當所有片段整合起來，關於你是誰的真實故事就能一覽無遺。

本書下一章節會提供你更能意識到真實自我的實用指南，以及具體的練習和策略，讓你開始敞開雙臂、擁抱適合你與你的人生之事物。

仔細瀏覽圖表的每一部分，並練習實踐人類圖表傳達給你的訊息。這個過程也許會有些漫長。很多人傾向一次挑選圖表裡的一個片段身體力行一星期。這些練習的目的是鼓勵你以嶄新和充滿力量的方式與真正的自我連結，同時也能幫助你在瞬息萬變的世界裡始終保有適應能力。

第二篇

人格類型、能量中心與人生角色

誠如你在人類圖表上觀察到的各種不同組成，這似乎相當複雜啊！儘管它包含許多內容，但喚醒真實自我的系統過程卻能簡單實現。只要依據能量類型來遵循人生策略生活，你就能輕鬆發現真實的自我。

首先，你必須知道自己屬於哪種能量類型。這就是第二章的論述主題。一旦你理解了自己的人格類型，便只要順從你的獨特人生策略即可。

接著，我們會在第三章探討人格類型的決定要素──九大能量中心。學習能量中心的相關知識能讓你對以下問題有更深刻的理解：你的人生運作方式為何？哪些部份仍存有讓你人生卡住的舊有能量模式？你來到這個世界上要學習成長的課題是什麼？

每一個人的學習方式各不相同。在第四章，我們會探討人類圖中的十二種人生角色；每一種角色各有獨特的學習風格，而不同的學習風格會影響一個人如何體驗這個世界。

你必須先從理解你的人格類型、能量中心和人生角色著手，才能更清楚看見真實自我的樣貌。僅僅這三塊基本的人類圖拼圖，就能賦予你關於「此生要與世界分享什麼？」的無比洞察力。

準備好出發了嗎？

第二章

五種人格類型

　　若你也是云云眾生裡的其中一人，到目前為止你或許過著「差強人意」的人生。或許你曾嚐過成功的滋味，某些事物在你的人生裡也總是順利發展。然而，你感覺還有更多可能性，只是你也許還不知道全然開啟真實自我的鑰匙就在你的內心之中。

　　其實大多數的人並非從小就被教育要活出真實自我。相反地，大多數的人被指引著走往不適合我們的地方。我們被教導著要踏入這個世界去闖、去讓夢想成真。雖然這些方法對某些人有效，但對絕大多數的人而言，這種作法只會讓我們在徒勞無功裡感到挫敗、痛苦或失望。

　　我們每一個人都是強大的創造者。但要能充分發揮你的潛質，你得先了解你的人生運作方式。人類圖中的人格類型明確地告訴你該如何用充滿力量、成就感和精彩的方式開創適合你的人生。

　　由於人格類型是學習人類圖最簡單卻也最重要的入門管道，因此我們將從這個面向開始談起。如下方圖表所示（圖表18），大多數的人都是某類型的生產者。投射者也佔不少比例，而有少數人是顯示者，最後，若你是反映者，那你的確是少數中的少數了。

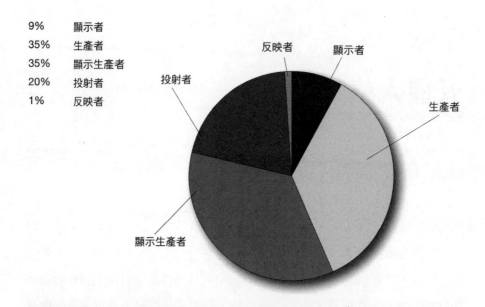

9%	顯示者
35%	生產者
35%	顯示生產者
20%	投射者
1%	反映者

圖表18：百分之七十的人口為生產者或顯示生產者

顯示者（The Manifestor）

顯示者資訊的音檔下載：

請至 www.understandinghumandesign.com

顯示者	
強項	**弱項**
• 精力旺盛、自動自發	• 憤怒、急躁
• 具有權力和影響力	• 專注於自我
• 成功	• 不擅團隊合作
• 衝動	• 缺乏耐心
• 神祕	• 隱藏自我

　　精力旺盛、具影響力、衝動和神祕……顯示者是人類圖系統中的少數類型，約只佔人口的百分之九。

顯示者的人類圖表

　　除了從人類圖表裡的關鍵字得知你的人格類型外，你也能從下列特徵確認你是顯示者：

- 你有一條開啟的通道直接從喉嚨中心連結至一或多個動力中心。
- 你的薦骨中心是開放的（請見圖表19-21）。

　　當動力引擎直接與喉嚨中心連接時，就會賦予一個人不須等待就能發起事物（例如對話，甚或是商業業務）的能量。不同於大部分的人必須等待機會或邀請，顯示者擁有發起事物的能量。

　　顯示者的腦袋總是能顯現完整的戰略圖。當他們有了想法便會立刻實行且通常都能做得相當不錯。顯示者是純淨能量的唯一類型。

　　我們每一個人在不知不覺中被制約，相信自己就是顯示者。我們自幼就被灌輸「做就對了」和「去闖、去讓美夢成真」

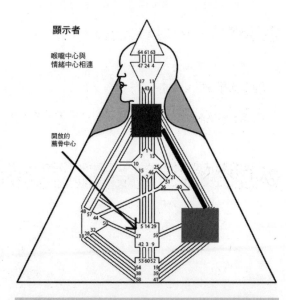

圖表19：顯示者擁有一條開啟的通道直接從喉嚨中心連結至一或多個動力中心（此範例為連結至情緒中心）

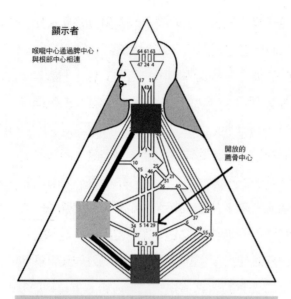

圖表20：定義喉嚨中心與定義根部中心相連的顯示者

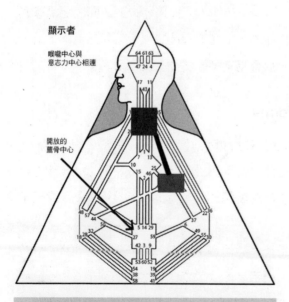

圖表21：定義喉嚨中心與定義意志力中心相連的顯示者

的信條。然而對大部分的人而言，這往往只會帶來事與願違的挫敗感。

雖然顯示者擁有巨大的發起能量，但他們卻無法以持續的方式工作（這種情況體現在開放的薦骨中心）。對顯示者來說，每週一到五、朝九晚五的規律工作會讓他們感到筋疲力竭；大多數的顯示者面對此種工作型態都會覺得不堪負荷，有時甚至會生氣暴怒。

由於顯示者是唯一能不必等待、直接行動的人格類型，因此他們的能量常會讓旁人感到些許不自在，尤其是當他們並不曉得自己能量特性的情況下。當顯示者開口說話或是進到某一空間，大部分的人都能感受到他們的能量，不論是他們的儀態或言語表達都散發著一股威

風之氣，然而，他們打算要做什麼、葫蘆裡究竟賣什麼膏藥，沒有人搞得懂。於是這會形成一種神祕，有時甚至是緊張不安的能量場。

由於顯示者具有發起行動的能力，因此他們未必需要其他人才能完成目的。顯示者有種「顯示目標的習慣」，他們純粹遵照自己強大的創造能量讓任務完成。

顯示者往往會面臨溝通的課題。他們充滿活力且自動自發，行事中的顯示者彷彿就像高速駛往目的地的子彈列車。然而，顯示者有時並未察覺，沿路月台上仍有等著上車的人們，但列車卻過站不停、呼嘯而去。候車的人便會感到氣憤或轉身離開；他們不明白，既然雙方的目的地相同，為什麼顯示者不能稍加減速，好讓彼此一起到達呢？最後只好作罷，改搭其他班列車吧。

與此同時，顯示者依舊無法看出問題的癥結。我不是既快速又有效率地抵達目的地了嗎？為何其他人總是想掌控我的步調呢？（顯示者單槍匹馬把事情做得俐落漂亮，謝謝你們！）這兩種觀點，一個傾向合作，另一個則持個人主義和結果導向，很容易在某一瞬間就會爆發衝突。

顯示者的策略：告知（Inform）

顯示者的策略是告知他人自身的行動。顯示者能產生很大的影響力，因此不妨藉由先觀察誰會因為你的行動而受影響，再告知對方接下來的行動脈絡，如此就能緩和自身能量的衝擊力道，進而利用能量來幫助自己和他人。

告知對顯示者來說並不是一件輕而易舉的事，他們甚至會覺得受控或受制於自身造成的影響範圍。顯示者的人生使命並非被動地聽從指令。絕大多數的顯示者不會告知他人自己的行動，因為他們很早便明白，其他人會試圖阻止或評斷他們想做的事是不可行的。

　　然而，顯示者必須理解「告知」會增進他們的人際關係並排除阻力，也會讓自身的權力和創造能量得到支持。顯示者務必牢記，告知並不代表你必須停止或改變行動。你只是讓旁人知曉接下來的行動脈絡。

　　顯示者分享他們的計劃時，身邊的人會感到更多尊重和被愛，反之，若人們能告知顯示者當下發生的情況，他們也會有同樣的感受。若你愛你身邊的顯示者，不妨對他們說說你此時的計劃和行動，那會有助於他們創造和減少一些天生的憤怒。

重要特質：權力掙扎

　　顯示者能增強薦骨中心的能量，就短期來看，工作產量會比一般人還多。但由於顯示者缺乏持續能量，因此當他們一開始的能量突然減弱時，他們明顯表現出的懶散可能會讓周遭的人感到灰心。

　　請記住，顯示者的人生使命並非勞動，而是發起。正因為顯示者擁有發起行動的能力，人們更不該認為顯示者會適合從事長時間的身體勞動或其他「日常規律」的工作類型。

顯示者的健康狀況

　　顯示者需要休息和時間來釋放系統內過剩的能量。這個過程也許會讓他們看來像個逃避工作的懶惰蟲和孤癖者。然而，靜養和休息是維持顯示者健康不可或缺的要素。

　　顯示者與失眠奮戰的情況並不少見。由於顯示者缺乏定義的薦骨中心，亦即他們天生並未被設定在一天結束之際要感到「精疲力竭」；他們必須先躺好、徹底放鬆才能入睡。也就是說，顯示者若能在感到疲倦之前就準備就寢，較能獲得健康的睡眠。假使一個缺乏薦骨能量的人拖到疲憊不堪時才準備睡覺，那麼他的睡眠品質就會大打折扣。

　　此外，顯示者獨睡也有助於更好的睡眠。顯示者孩子若能擁有自己的房間及睡眠空間往往會表現得更出色。這個建議也許有點難理解，但這並非從私人層面而論。單獨睡眠的時間能幫助顯示者釋放那整日不斷增強而過剩的薦骨能量。假使顯示者擁有恢復自身能量的機會，他們將睡得更安穩、感覺更舒暢，到頭來也就變得更健康。他們會用自己的方式完成這一切。他們天生的設計藍圖便是如此。

身為顯示者孩子的父母

　　顯示者孩子會為父母帶來一種有趣的挑戰。的確，顯示者孩子天生的能量設計就是突破難關和具有自我引導的能力。許多顯示者孩子在成長過程中漸漸學會，他們必須關閉自己的能量開關，或是他們必須祕密進行自己想做的事。基於上述原因，告知的觀念對顯示者來說不僅不自然，甚至也讓人畏懼。顯示者擔心其他人會勸阻他們的行動，或因自己的權力過大而遭受處罰。

　　大部分的父母馬上就能意識到，這個孩子需要接受許多管束和控制。父母的做法並非出於古板或冷漠心態，而是因為顯示者孩子總是會做出一些父母認為危險而擔憂不已的事情。舉例來說，一位顯示者小朋友望向外頭景色，感受到今天的美好；接著，他瞧往街道並發現在這條路的盡頭有一處漂亮的森林。由於顯示者天生的設計藍圖是不需任何等待地跟隨自己的靈感，因此這位小朋友推開後門、沿著街道一路走去，最後在那座森林裡玩耍了一整個下午（或更長的時間）。

　　沒錯，若那是顯示者孩子想做的事，那麼立即行動就是他與生俱來的本能。然而，這對父母而言確實是個嚇人的經驗。為了讓孩子安全無虞，父母的自然反應會是對他施加更多的控制。

　　若你的孩子是顯示者，你必須教導他在一開始便告知行動。這個過程也許耗時，但這將讓他終生受用。身為父母，若你命令顯示者（或每一個孩子）該做些什麼，會得到抗拒的反應是很正常的。然而父母應給予這些孩子選擇的權力，才不會讓他們陷入權力掙扎的僵局中。

　　當父母能以解決衝突的雙贏態度和顯示者孩子溝通，孩子便能明白：父母和其他人重視他們的需求、在乎怎麼幫助他們滿足所需。這會讓顯示者孩子更願意接納告知，也能與自己天生的權力保持密切連結。

給顯示者的肯定語句

- 我擁有強大的影響力。我不需要等待就能發揮我的力量。
- 我會觀察哪些人會因為我的決定而受影響並告知對方我的決定。他們不需要認同或答應給予幫助，他們的反對意見也不代表我必須放棄行動。
- 我的行動帶給其他人得以回應的事物。藉由告知引發回應的方式，我能確立自身在宇宙自然規律中的地位。
- 我總是能吸引到對的人，他們會支持和幫助我創造能量的流動。

生產者（The Generator）

生產者資訊的音檔下載：

請至www.understandinghumandesign.com

生產者	
強項	**弱項**
• 精力旺盛	• 時常面臨挫敗感
• 自身工作領域的天生好手	• 太快放棄
• 持續的能量	• 無法直接行動來實現目標
• 自我察覺	• 容易感到「卡住」

除了從人類圖表裡的關鍵字得知你的人格類型外，你也能從下列特徵確認你是生產者：

- 你擁有定義的薦骨中心。
- 你的動力中心和喉嚨中心之間沒有任何連結（請見圖表22、23）。

生產者的圖表

生產者擁有驚人的持續能量，也是唯一天生設定來工作的人格類型。但他們必須找到適合的工作和恰當的生命力發揮機會才會感到快樂。當生產者從事適合的工作時，他們的薦骨動力引擎便會啟動，進而讓他們獲得強大的能量來源。

反之，若生產者沒有找到適合的工作或能展現生命力能量的機會，就會感到挫敗。然而，挫敗在生產者的人生歷程中是很自然的一部分；生產者必須了解，挫敗的能量是為了吸引新的事物，讓你得以回應。

整體而言，若生產者允許人生自然開展在他們的眼前，而非積極主動地開創人生，就能過得快樂和充滿成就感的生活。對生產者和所有必須等待的人格類型來說，最好的策略是先設定計劃，再等待外在環境顯現出採取行動的適當時機與正確的行動方向。

　　生產者（即「身體力行者」）害怕的是，若他們只是枯坐等待，最後什麼都不會實現。然而，生產者的生命奧祕就在於，當他們停下腳步等待時，機會就會隨之出現。生產者始終是一邊和生命共舞、一邊回應著生命的存在。

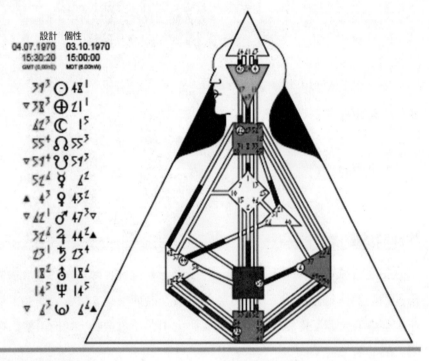

個人設計關鍵字

定義：	二分人	
人格類型：	生產者	
	主題：	挫折
	人生策略：	先等待再回應
內在權威：	情緒中心	
人生角色：	1/3 探究內省的烈士	

圖表22：生產者擁有定義的薦骨中心，此外，動力中心與喉嚨中心之間沒有連結

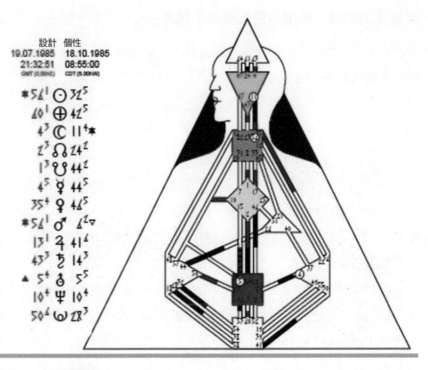

設計　個性
19.07.1985　18.10.1985
21:32:51　08:55:00
GMT (0.00hE)　CDT (5.00hW)

個人設計關鍵字

定義：　　　二分人

人格類型：　生產者

　　　　　　主題：　　　挫折

　　　　　　人生策略：　先等待再回應

內在權威：　薦骨

人生角色：　5/1 異端探究者

圖表23：生產者圖表的另一範例

生產者的策略：先等待再回應及了解自己

生產者面對或平衡弱點的兩種策略——先等待再回應及了解自己。

★ 先等待再回應

由於生產者的主要動力是缺乏發起能量的薦骨中心，因此生產者的策略是先等待再回應。生產者若讓自己身兼發起和執行的角色將會倍感壓力，因為他們的強項僅在於執行，並非發起。發起是顯示者的專屬任務。

絕大多數的生產者發現，當他們彷彿自己擁有發起能力般採取行動時，往往會嚐到人生的挫敗滋味。典型生產者通常會在萌生一個想法、想像它未來的可能樣貌後，就立即付諸行動。這就是生產者從小到大被教育和灌輸的觀念：「做就對了」、「別光想，用行動實踐吧」。

不妨試想：世界上百分之七十的人被教導要「放膽去做」，但為什麼他們總是感到挫敗呢？因為這種方法無法奏效。因此我們完全可以理解為什麼有這麼多的人感覺自己卡住、在工作泥淖裡動彈不得、覺得人生似乎沒那麼暢快美好……這不是沒來由的。生產者若試圖發起行動，幾乎很難獲得自己想要的結果，到頭來卻耗費許多精力，從事與追求那些最後只讓自己感到倦怠、挫敗的事物。

由於生產者擁有持續的能量，因此若他們不懂得回應生命，基本上就會淪為自己生命的奴隸。我們活在一個生產的世界，而生產者正是「執行」所有建造工作的特定人選（或至少這是他們的使命）。

當生產者不再扮演發起的角色，而是懂得回應，那麼他們就能掙脫束縛、獲得從事喜愛工作的自由，自身能量也會得到前所未有的釋放。等待聽起來也許有違常理，然而，學會先等待、再對適合的工作作出回應的生產者往往都能從事畢生愛好的工作（或者在這過程中有另一個對他們而言更好的回應機會出現）。

★ 了解自己

生產者維持能量持續及打破制約影響的關鍵就是「做出回應」。薦骨中心會因為薦骨的肯定回應而作用，進而帶給生產者充分取得薦骨能量的機會。

生產者是唯一能僅藉由回答是非題（對或錯的封閉性問題）就得到清晰思路與明確答案的人格類型。若你是生產者，不妨和你信任的人聊聊、請他就你目前正感到困擾或不知如何決定的情況提出一連串的是非題。這將有助於你以既簡單和愉快的方式接近自己內心深處的自覺意識。

舉例來說，假設你正考慮是否要搬新家；起初這個想法也許讓你難以抗拒，但透過友人的協助問答，你能將此重大抉擇分解成一連串較小的決定，最後你就會清楚知道自己真正想要的是什麼。

- 你是否想住在市中心？市郊呢？鄉村呢？
- 你的另一半是否有搬家的意願？
- 搬家對你的孩子是否有正面的影響？學區是否會影響你的住房選擇？
- 你要買一間自己的房子嗎？或是你要租一層公寓？
- 你希望家中有庭院嗎？你願意負擔必要的保養費用嗎？
- 你準備好讓你的親朋好友們知道你正在找尋新的住所嗎？
- 你想要請房屋仲介幫忙嗎？
- 若你想請仲介協助，你要洽詢住家附近的仲介嗎？還是從分類廣告上隨機尋覓有緣的仲介商？

讓你的回答沉澱、從中去發現哪些是經過一段時間後仍不變的答案。

重要特質：挫折

　　生產者具有階梯學習曲線（進步方式如階梯爬升）的學習樣態，而挫折感便是這段過程中很自然的一部分。生產者學習某樣新事物時，往往能在最初階段獲得相當不錯的學習成果。但經過一段時間後，他們會面臨學習高原（plateau，指學習進步的停滯期）；即便他們反覆練習也不見絲毫進步，於是挫折感油然而生，許多生產者正是在這一刻選擇放棄。學習高原造成的挫折固然讓人難以忍受，然而這也是希望的徵兆：代表他們即將體驗回應新事物的機會，那也許是指學習成果的嶄新階段、一份新的工作或是一段新鮮的旅程。

　　別忘了，生產者是天生的高手。當生產者處於學習停滯期而感到挫敗時，那也代表他們正漸漸釐清自己想要的是什麼，而通往下一階段的機會往往不久就會出現。到了機會出現的那一刻，生產者的任務便是回應。

　　生產者須謹記的關鍵是：當你感到挫敗時，請不要即刻放棄。學習傾聽你的薦骨，它的獨特功用便是安排生產者在對的時間去到對的地方。有時候當生產者感到極度的挫敗，薦骨也不會作出放棄的回應；有時候就算生產者深怕丟掉工作或錯失機會，薦骨卻會回以放棄的訊息。

　　對「回應」仍感到陌生的生產者不妨試驗自己的薦骨威力吧！在接下來的四周內，試著不要發起行動，靜觀其變。這將會帶給你前所未有的全新體驗和超乎想像的美妙感受。

生產者的健康狀況

　　薦骨的設計特性是隨著一天邁向結束而精疲力竭。大部份的生產者會試圖振作精神、忽視他們的薦骨需要休息和恢復能量。若你是生產者，而你有失眠或睡眠品質不佳的困擾，那麼你或許需要從事更多的體能運動來

讓你的薦骨「徹底疲累」。

薦骨的回應

薦骨的動能是透過薦骨的聲音（一種能量頻率）而啟動。當某位生產者的能量啟動，並經由共振回應薦骨的聲音時，在同一空間內的其他生產者也會開始發出薦骨的聲音。

薦骨的聲音是類似「嗯哼」或「哼哼」這種出於身體本能的回應聲響。絕大部分的生產者都會不自覺地發出這些聲音。

生產者天生會用這些語助詞（薦骨的聲音）來回應生活中的各種問題和狀況。如此能喚醒他們體內的能量頻率，並帶來自覺意識及知道怎麼做、又該與誰一起合作的能力。也就是說，他們能貼近自己的內在真實與內在指引。薦骨的回應始終能帶領他們去到對的地方、和對的人一起做對的工作。

不少生產者從小被告誡不該用這些對他們而言是與生俱來的聲音回應（聽起來不禮貌、漫不經心……），因此生產者初學人類圖的首要目標便是「喚醒」薦骨的回應，讓薦骨動力引擎恢復運作。最好的方法是透過他人向你提出是非題（對或錯），而你用自己薦骨的聲音來回答。

假想某一情境：你去拜訪一位久未碰面的舊識。在談話過程中，對方詢問你是否有意願到他的新公司工作。若你發出「嗯哼」（或其他肯定的聲響），那麼對你而言，這份工作會是不錯的機會；反之，若你的回答是「哼哼」（或其他否定的聲響）則代表這份工作或許不適合你。如同這個例子描述般簡單，若你是薦骨人，你就能感受到內心真實的回應。

如果能永遠如此簡單地處理萬事萬物，那該有多好啊！只是，我們並不是每一次都會得到清楚明確、能讓我們從嘴巴發出「嗯哼」或「哼哼」等回應聲響的問句。有時候我們反而會獲得更多隱約的提示或刺激，而許

多生產者便是在此一時刻分不清自己當下的反應究竟是屬於回應，還是發起？以下是生產者（或顯示生產者）可能感受到關於薦骨隱約提示的兩個例子。

　　有時生產者不只是需要得到能回應的明確問句或其他聽覺刺激，而是只要回應自己的內在提示即可。舉例來說，姐夫打電話來告知，你姐姐剛產下了一個小寶寶的好消息。一般人對此類訊息的反應會是想去探視姐姐和小寶寶。

　　假設你與姐姐的感情很要好，你希望去探視小寶寶的想法可以視為一種內心回答「嗯哼」的肯定聲響，也就是你在內心已經回答了「你想去探視新寶寶嗎？」的問句。此時你不會只坐在電話旁等待、或期盼姐姐能親自打電話來邀請你探訪。事實上，若你遲至收到正式邀約才前往探視，姐姐也許會感到非常失望。

　　另一個例子：不久前，我到舊金山參加一場新時代博覽會（New Age expo）。當我經過一處擺滿綠皮書的攤位時，我突然停下腳步，接著忍不住上前一探究竟。我發現一本正是我所需要、有助於自己現階段事業發展的書籍。在仔細閱覽書封介紹後，我的內心大聲回應著買下這本書的「嗯哼」肯定聲響。我並沒有枯站在攤位前、等著工作人員走上前來向我推薦這本書的內容，並問我「你想要收藏這本書嗎？」我就能強烈感受自己內心的答案。

　　這種源於薦骨能量中心的正面強烈感受往往會帶來精彩美好的事物。別光等待著言語的提示，而忽視了薦骨的回應。否則，你很有可能錯失某些非常適合你的機會。

★ 等待時機成熟

　　若你才剛接觸人類圖，我會建議你：先等待問題或機會清楚顯現後，再作出回應。當你對「做出回應」愈來愈熟悉時，你就會開始了解哪些是

你內心真正的答案、哪些又是你的腦袋分析處理後的想法。

雖然我想說，要分辨自己的反應是屬於「回應」或「發起」其實非常容易，但不能不承認，有時這兩種感覺只是細微的差別。我則是透過反覆試驗、摸索才漸漸學會。舉例來說，我的人格類型是生產者，人類圖告訴我，若我的腦中浮現舉辦工作坊的想法，那麼直接行動、開課講授的下場會是門可羅雀。我可以竭盡所能做一些有幫助的事，例如：寄出新聞稿、發送傳單、邀請貴賓蒞臨……但無論如何，這個工作坊並不會像我想像中的那般成功。相反的，若有人主動來找我、邀請我到一個性質相同的工作坊授課，而我的回應是「嗯哼」的肯定聲響，那麼我就會經驗另一個不同的結果：工作坊得到熱烈迴響，一切都順利進行。他人的邀請帶給我得以回應的事物，而透過自己肯定聲響的回應，我知道答應這份職務會是正確的決定。

請注意（特別是在初始階段），請等待事物以非常清晰的樣貌出現在你眼前、給予你回應機會再採取行動！當你不斷練習活在自己的生命藍圖裡時，你就能漸漸學會如何區別「回應」和「發起」。

★ 相信你的直覺

那麼，「回應」的本質是什麼呢？就理論上來說，回應是指以「嗯哼」或「哼哼」這類語助詞聲響來答覆一個答案為對或錯的封閉性問題。然而，就實際面而言，無論在某個當下是否出現一個讓你得以回應的具體問題，我認為「回應」代表相信你的直覺。

絕大多數的生產者擔心，若他們不發起、不立刻行動，就難以獲得回應的機會，最後便會面臨到一事無成的人生。不過人生就像神聖奧妙的幾何學；身為一個生產者，你只需讓你的天命設計自然迎向你。等待吧，你會得到得以回應的事物！

一位充滿智慧的偉大導師曾用以下的比喻向我闡述等待和相信的本

質：從前，有一位婦女想要渡過一條溪流。但溪水又寬又深且非常湍急，讓她無法安全涉水而過。她佇立在岸旁，眼睜睜地望向對岸：我想要去的地方就近在眼前啊。她心中充滿挫敗地沿著溪流岸來回踱步，不斷思忖著要怎樣才能到達對岸。

就在她孤伶伶的杵在岸邊、一點辦法也沒有的時候，她的耳邊突然響起一個溫柔的聲音，要她看看溪水裡有什麼。就在她的眼前、距離她能安全踏過的溪水範圍內，有一顆美麗平滑的大石頭。

這位婦女立刻踩上大石頭，但當她站穩、繼續等待著，她再次感到挫敗。現在距離目的地更近了，可是她仍然到不了啊。於是她無助地在那顆石頭上跳來跳去。

溫柔的聲音再次出現，提醒她把視線移向水面。就在腳下這顆石頭的不遠處，她看見另一顆美麗穩固的石頭。婦女輕快地跳了過去，心中對這一切安排與發生感到不解。

接著她看見第三顆、第四顆石頭……這個過程便如此重覆上演；每當婦女踩在新的石頭上時，她開始相信下一顆石頭很快就會出現。只是她必須等待。慢慢地，她成功渡過了溪流，到達了河岸的另一端。她在那一刻體悟：不論生命帶領她去往何處，通往下一步的機會永遠會自然顯現。

生產者的人生就像這條溪流。你站在岸邊、望著自己想去的地方，等待水裡的踏腳石出現。當下一個跨越機會顯現時，請用你的薦骨回應、判別它是否是你真正想要投入的機會。

你或許會發現，你走的路徑會通往比你預想中更上游（或下游）的地方。你或許會發現，當你起身離開、站在溪流中的時候，原本那一側的風景比你要前往的方向還要美。你或許會發現，生命會帶給你一顆顆最理想的踏腳石，引領你走向內心最強烈渴望的路徑。跟隨你選擇的踏腳石吧！並深信著，當你準備好的時候，它們永遠會顯現在你眼前。

身為生產者孩子的父母

生產者孩子若能擁有用聲音來表達薦骨能量的機會，將會獲益無窮。引導生產者孩子回答對或錯這樣的是非題，也能讓他們在未來得到極大的能量。

生產者的人生使命並非被動地聽從指令（沒有一種人格類型是如此），而是對參與或執行與否作出回應。然而這在群體的經驗裡往往是不被允許的。試想某些在參加數學考試時，面有難色的生產者孩子吧。他們也許尚未準備充足、也許那天心情不佳。但很顯然地，不作出肯定的回應並不是選項之一。

生產者對於那些他們被指示或交代的任務，就算內心並未作出回應，也往往很快就能懂得實踐的方法。當他們長大後，進而又會接收「別光想、去讓事情成真吧！」的囑咐。

缺乏適度運動的生產者孩子可能會面臨入睡障礙。久而久之，會造成長期的慢性睡眠剝奪（sleep deprivation），其症狀和注意力缺失症（attention deficit disorder）極為相似。薦骨中心能在每天結束之際獲得完全釋放的生產者孩子通常會較健康，也能在學業上有較出色的表現。

給生產者的肯定語句

- 我信任宇宙的無限富足，並等待著適合我的機會出現。
- 我天生註定要從事適合我的工作。當我從事適合我的工作時，我就會充滿活力和能量。
- 我始終知道怎麼做。我相信薦骨的回應，也相信直覺引領的道路。
- 我每天都必須運用自己的能量。我是一個擁有持續能量的人。

顯示生產者（The Manifesting Generator）

顯示生產者資訊的音檔下載：

請至 www.understandinghumandesign.com

顯示生產者	
強項	**弱項**
• 精力旺盛	• 情緒主題：憤怒和挫折
• 擁有同時處理多件事情的能力	• 略過重要步驟
• 擅於找捷徑	• 嘗試採取行動讓事情成真
• 自我察覺	• 厭惡等待
• 持續的能量	• 虎頭蛇尾

除了從人類圖表裡的關鍵字得知你的人格類型外，你也能從下列特徵確認你是顯示生產者：

- 你擁有定義的薦骨中心（同生產者）。
- 動力中心和喉嚨中心之間有開啟通道直接連結（同顯示者）。

顯示生產者的人類圖表範例請見圖24至26。

顯示生產者約佔人口的百分之三十五。而或許你也猜到了，顯示生產者同時擁有顯示者和生產者的人格面向。

顯示生產者天生擁有一次處理多樣事情的能力。然而這往往也是一種掩飾方式——他們同時安排了好幾個計劃，儘管內心並未對行動作出回應，但仍非常努力執行、讓這些計劃實現。

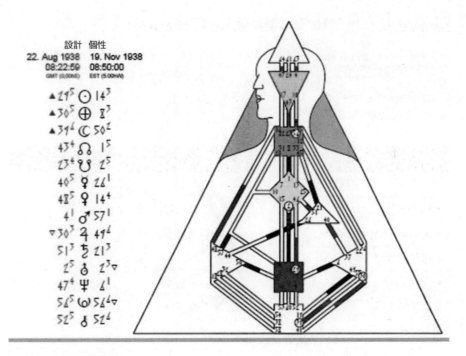

設計　個性
22. Aug 1938　19. Nov 1938
08:22:59　08:50:00
GMT (0.00hE)　EST (5.00hW)

個人設計關鍵字

人格類型：　　顯示生產者

　　　　主題：　　挫折

　　　　人生策略：　回應、展望、重整、告知、行動

人生角色：　　3/5 烈士異端者

　　　　14-8 / 29-30：The right angle cross of Contagion (4)

　　　　Right Angle - Personal Destiny：

定義：　　　　一分人

內在權威：　　薦骨

圖表24：顯示生產者擁有定義的薦骨中心，此外，動力中心與喉嚨中心之間有開啟的通道相連。

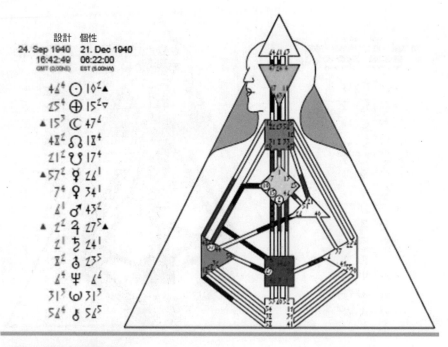

設計　個性
24. Sep 1940　21. Dec 1940
16:42:49　06:22:00
GMT (0.00NE)　EST (5.00HW)

個人設計關鍵字

人格類型：　　顯示生產者

主題：　　挫折

人生策略：　回應、展望、重整、告知、行動

人生角色：　2/4 隱士機會主義者

10-15 / 46-25：The right angle cross of the Vessel of Love (4)

Right Angle - Personal Destiny:

定義：　　一分人

內在權威：　　直覺型權威

圖表25：顯示生產者圖表範例

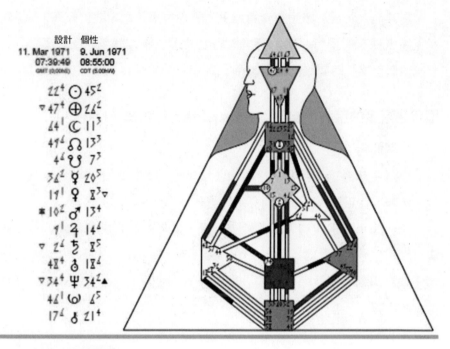

設計　　個性
11. Mar 1971　9. Jun 1971
07:39:49　　08:55:00
GMT (0.00N)　CDT (5.00W)

個人設計關鍵字

人格類型：　　顯示生產者

　　　　　　主題：　　　挫折

　　　　　　人生策略：　回應、展望、重整、告知、行動

人生角色：　　2/4 隱士機會主義者

　　　　　　45-26 / 22-47：The right angle cross of Rulership (2)

　　　　　　Right Angle - Personal Destiny:

定義：　　　　三分人

內在權威：　　情緒中心

圖表26：顯示生產者圖表範例

對其他人而言，顯示生產者似乎「一心多用，做事缺乏條理」。但顯示生產者擁有的獨特才能，能讓他們完成比一般人還多的任務事項，此外，他們也能長時間維持此種快速步調。

顯示生產者的策略：圖像化（Visualize）和告知（Inform）

★ 圖像化

顯示生產者首先要在腦中試想各種計劃的可行性並圖像化執行的結果。接著，在正式採取行動前必須等待。

由於顯示者生產者天生的能量配置，加上社會對發起能力的偏好影響，顯示生產者往往會以顯示者的方式行事。這也是導致顯示生產者的情緒主題為憤怒（源於顯示者的人格部分）及挫敗（源於生產者的人格部分）的原因。

★ 告知

顯示生產者也必須和顯示者一樣「告知」，才能讓所處環境的能量穩定。他們的行事步調迅速，而「告知」看似會讓他們的速度減慢，但實際上卻能減少他們感受到的外在抗拒和阻力。

若顯示生產者的內心沒有對行動作出回應，就極有可能面臨徒勞無功、白忙一場的結果。而就算顯示生產者作出回應，其過程也相當快速，因此他們往往會略過重要的步驟，而必須頻繁地回頭去處理那些他們遺漏的部分。

假設顯示生產者和生產者在同一時間著手一份相同的工作，那麼，顯示生產者似乎會比生產者更快領會完成這份工作的訣竅。只是經過半年後再比較兩者的情況，生產者將迎頭趕上，對工作的掌握度也會和顯示生產者不相上下。差別在於，生產者的行事過程較慎重。

重要特質：積極的多工處理

關於顯示生產者，人們通常很難理解的是：他們「需要」一次處理一件以上的事情。若他們無法將自身那部份的能量表現出來，實際上，對他們的健康是有害的，最後也會導致他們極度的挫敗感和憤怒。

大部分的顯示生產者認為，世界運行的速度太慢了，根本跟不上他們的步調。若你是顯示生產者，不妨記住，絕大多數的人並無法和你一樣，能同時處理多項任務或用快速的步調行事。試著培養耐心吧！

顯示生產者的健康狀況

顯示生產者在健康問題上，必須注意兩大重要面向：回應和維持充分的活動量。顯示生產者的甲狀腺格外脆弱。顯示生產者必須學會回應（對他們而言並不容易）才能保持健康狀態。

活動量不足且內心感到困陷的顯示生產者也會遭遇甲狀腺問題。休耕狀態的顯示生產者就像試圖在玻璃罐裡存放一道閃電。這個能量必須得到釋放與利用，否則它會在體內四處流竄。

和生產者一樣，顯示生產者必須每天讓自己疲累才能獲得較好的睡眠和能量恢復。整體而言，為了身體健康，他們必須保持活躍。

身為顯示生產者孩子的父母

顯示生產者孩子總是忙個不停！他們需要大量的活動、體能運動，以及著手進行某事、在過程中測試，若感覺不對便放棄的自由。許多父母擔心顯示生產者孩子無法堅持任務。他們可以，只是他們必須透過多方嘗試來作為自身創造過程的一部分。

　　顯示生產者看似忽視細節的特質也往往讓父母憂慮。他們並非不注重細節，只是在行動的過程中，他們通常會遺漏某些事物或略過某些步驟。身為顯示生產者的父母必須注意的是，盡可能不用批評或指責的態度來指正他們可能遺漏的事物。這就是顯示生產者天生的模樣——他們是迅速的創造者。

　　顯示生產者孩子需要透過從事許多活動來保持健康和參與感。這可能會讓父母（特別是並未擁有同類型能量的父母）感到疲累。有時，父母需要給予顯示生產者孩子一些協助，讓他們將事情完成。

　　憤怒和挫折也是顯示生產者孩子的父母可能會面臨的難題。顯示生產者就像顯示者一樣，滿懷雄心壯志與創意想法，但他們也必須像生產者般等待。當事情的結果不如預期，或進展的步調不夠快速時，能量瓦解的後果不堪設想。

　　年輕一輩的顯示生產者有時無法清楚說出讓他們感到挫敗的原因。他們的行事步調快速，而行動的過程並不總是能用言語表達。當他們深陷在挫折或憤怒的情緒裡時，這些顯示生產者有時會表現出咬嚙或丟擲物品的行為。父母必須幫助他們學會恰當處理他們的能量強度。讓他們以身體運動的方式來釋放精力往往能有所助益。

　　所有應用在教養顯示者與生產者孩子的方式也能適用於此。若你的孩子是顯示生產者，請同時參照顯示者與生產者的章節內容。

給顯示生產者的肯定語句

- 即便我是個充滿靈感與活力充沛的人，我也要等待時機顯現再採取行動。
- 我會以耐心待人。我理解並不是每一個人的行事步調都能像我一樣快速。

- 我需要一次處理多件事情。這就是我的本能。
- 就算我會略過某些步驟也無妨。若我必須回頭修正自己遺漏的事物，我也能理解這是屬於我密集創造過程的一部分。
- 我是個有影響力的創造者。當我作出回應時，我將能鼓舞他人支持我的創造過程，我也會進而告知他人我的行動脈絡。

投射者（The Projector）

投射者資訊的音檔下載：

請至 www.understandinghumandesign.com

投射者	
強項	弱項
• 管理和引領他人	• 被他人視為懶散
• 具洞察力	• 容易倦怠
• 具直覺力	• 極度敏感
• 充滿魅力和吸引力	• 缺乏自我察覺意識
• 協助集中能量以達成重要任務	• 容易感到人生苦澀

除了從人類圖表裡的關鍵字得知你的人格類型外，你也能從下列特徵確認你是投射者：

- 你擁有未定義（開放）的薦骨中心。
- 你的動力中心和喉嚨中心之間並沒有開啟的通道連結。（圖表27）

投射者約佔人口的百分之二十。投射者的天賦是管理、指導和引領他人。他們的能量場彷彿散發著「問我問題吧！我知道答案噢，我也非常樂意和你分享。」

健康的投射者鮮少感到苦澀或絕望。他們耐心等待著；在得到邀請後，他們能給予生產者和顯示者出色的指引，並讓彼此的能量和創造表現力獲得

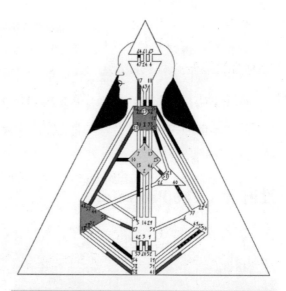

圖表27：投射者擁有開放的薦骨中心，此外，喉嚨中心與動力中心之間並無開啟的通道連結。

充分的發揮。世界井然有序地運轉，老天爺創造的每一個生命都擔負著自身的神聖任務，每一個人都能適得其所。

大多數的投射者受制約影響，認為自己就是顯示生產者，努力不懈只為了跟上其他人的腳步。他們相信自己可以發起行動，也能完成許多超乎自己能力範圍的事情。沒錯，他們的確可以做到，只是就短時間內而言。由於投射者的薦骨中心未定義，因此他們能吸取並放大薦骨能量，比起一般人，他們似乎能完成更多任務。然而，開放薦骨中心的能量並不具持續力，是以那些以生產者的方式行事的投射者會面臨身心受損的潛在風險。

投射者必須記住，他們的人生使命並非工作，至少不是我們所認知的傳統工作方式。投射者並不適合從事朝九晚五的規律工作（尤其是身體勞力的工作類型）。他們並非生性懶惰，純粹因為他們缺乏和生產者一樣的

工作能量。

投射者的策略：等待邀請

　　若投射者不了解自己的人格類型和策略，很容易陷入人生的煎熬。投射者的策略是等待邀請。在此所指的是人生中重要的邀請，例如：伴侶關係、事業和生活環境。

　　不同於不斷回應生命的生產者，投射者的人生是等待獲得重大的邀請。這種方式有時會讓投射者自己及其他不了解他們的人認為：投射者真是「懶惰」啊！只會被動等待著事情的發生。然而，這就是投射者天生的使命。缺乏等待的投射者幾乎很難體驗到成功。他們天生沒有「直接行動、讓事情成真（即便旁人總會提醒他們應該要這麼做）」的能量配置。

　　因為投射者的動力中心與喉嚨中心之間沒有連結，再加上開放的薦骨能量中心，因此他們會設法讓自己被聽見和看見。投射者擁有站在人群裡侃侃而談的能力，但假使在此之前根本沒有人邀請他們發言，他們很有可能被忽視、白費唇舌，或無意間批評冒犯了身邊的人。這種情況往往讓投射者的想法很難順利實現。

　　就算投射者的立意良善且確實擁有絕佳的意見，但若他們未得到邀請就主動貢獻自己的真知灼見，通常會被其他人視為控制慾強的發號施令狂。對投射者而言，自身才智無法受到認可和讚賞是非常痛苦的事。長久下來，他們會變得沮喪或憤憤不平。

　　反之，等待他人的徵詢、認可或邀請的投射者擁有豐富無比的才智與這個世界分享。他們能深切感受其他人的能量。投射者的直覺力賦予他們明白其他能量類型（特別是工作力和生命力能量）需要做哪些事，才能充分發揮自身能量的能力。

　　等待、進而得到生產者賞識的投射者，會獲得生命拼圖中不可或缺的一角。別忘了，生產者彷彿拚命三郎般執行任務，缺乏明確的方向、也沒有真正的終點。等待的投射者能分享出色的洞察意見，讓這些缺乏方向或目標的忙碌生產者獲得完成重要任務的強大能量。

　　對其他人而言，能在生活中認可和運用投射者的真知灼見至關重要。投射者會是幫助我們實現目標的珍貴幫手。

　　然而，投射者最擔心的莫過於，等待卻得不到任何給予意見的邀請。畢竟，心中持有答案，但必須閉上嘴巴等待、期盼著伯樂終究會出現的過程並不容易。但請記住，能量場會為你發聲。等待的投射者一定會得到那些能重視他們才智、對的人的邀請。

　　依循人生策略生活的投射者往往極具魅力和吸引力。對於耐心等待的投射者，人們絕不會忽視，也不會吝嗇給予邀請。這就是行星能量的奧妙安排！

　　然而，投射者對於生命中的重大邀請，例如：愛情、婚姻、事業、搬遷……等，務必要學會等待。若投射者主動發起上述事件，往往會面臨諸多挑戰和困難。

　　許多投射者發現，在等待的過程中，他們其實正不自覺地為即將到來的重大邀請預作準備。也許他們正鑽研某樣即將被邀請投入的知識，也許他們正熱切關注居住在某地區的生活條件。

　　若投射者理解了比起周遭其他人，自己達成目標的進程會看似比較緩慢，他們會有更自然、更好的表現。投射者在人生中切勿處處與生產者及顯示者比較。投射者天生會經驗到步調較悠緩的人生旅程。然而，這就是專屬於他們的人生風景，只要依循自己的道路前進，就能獲得發光發熱的持續能量和讚賞。

投射者能依循自己的人生策略生活，是再美好不過的一件事。他們會明白：邀請和賞識將來自於那些珍惜他們的才智與引導能力的人們。

重要特質：倦怠

投射者需要他人協助意識是否過量工作。投射者很容易吸取薦骨能量，進而瞬間變種為超級生產者。但這種狀態不具持續力。

不同於生產者和顯示者，投射者能運用的精力和時間量是有限的。大部分的投射者往往會以生產者的方式行事，是以到了四十歲左右，身體便不堪負荷而引發種種健康問題。

大多數精力耗盡的投射者仍無法釐清造成身體危害的原因。他們感到疲憊不堪和意志消沉，身體也愈漸衰弱，但他們依舊努力賺錢、保住工作飯碗。長久下來，甚至會失去重要的人際關係和支持。

對感受倦怠的投射者而言，花一段時間來恢復精力、或純粹等待邀請是極其重要的。但這種方式頗具挑戰性，因為並非每一個人都能在經濟上無虞，可以毅然決然地辭去工作。因此，感受倦怠的投射者在持續工作的同時也必須認知：你們正在等待適合的工作，而得到的方式正是透過邀請。這段過渡期間的工作只是為了支付生活所需，直到下一個機會自然出現為止。

投射者的健康狀況

投射者的人生使命是啟發他人。然而，投射者對他人的深刻洞察卻往往讓他們忽視自己的需要。他們不具有像生產者那般了解自己的能力；因此投射者時刻需要他人提醒是否過於勞累，甚至是注意他們的身體是否出了差錯。

　　投射者天生不適合體能勞動。此外，也並不是所有運動類型都適宜投射者，建議從事靜態或輕微的運動最為恰當。更重要的是，投射者必須學會尊重自己的身體、在乎身體的感受。

　　由於投射者非常容易受他人能量的影響，因此為了讓身體舒暢，他們需要獨處時間將其他人的能量從自身系統內釋放。這不是針對個人，而是一種必須。請記住，投射者天生就無法長時間保有薦骨能量。

　　投射者白天會需要小睡片刻。此外，他們也需要好好放鬆才能入睡。為了保護身體健康，投射者務必要在感到疲倦之前就準備就寢。若等到疲憊不堪時才拖著身軀上床睡覺，就會造成睡眠品質低落。

　　別忘了，投射者有時需要他人協助了解是否過量工作。對於那些以生產者方式行事的投射者而言，熬夜工作之後精疲力竭，卻還要與失眠奮戰的情況並不少見。獨睡也能讓投射者擁有更好的睡眠（尤其當他們的伴侶是生產者時）。

身為投射者孩子的父母

　　給予肯定和賞識是父母送給投射者孩子最豐厚的禮物。

　　以下是家中有投射者孩子會常遇見的事例：投射者孩子熱切地想和母親講述他腦中所有的想法。他不斷表達自己的每一個念頭，就算在不合適的時間也不例外。無論母親是因為忙碌著，或只是疲累而沒有正面回應他的想法時，投射者孩子便會感到挫敗和惱怒，而母親也可能轉而對自己的孩子無法約束自己而感到失望。

　　然而，若母親知道她的孩子是個投射者，也了解投射者孩子需要他人認可他的想法時，她便試著在孩子分享意見前主動詢問。這樣簡單的對策卻能大大改變親子關係間的互動方式。

　　某天，母親會突然發現他的孩子確實擁有某些很棒的觀點，也總是期待聽聽他的意見。而投射者孩子能感受到自己分享的事物受到了肯定和重視，也愈來愈習慣耐心等候母親開口詢問。對投射者孩子而言，這會是人生中第一次感到自己被聽見、被看見。親子關係會隨著這種互動方式而益漸穩固、彼此更能互相尊重。

　　提供機會給投射者孩子也能對他們幫助良多。請記住，投射者不該發起行動。他們非常需要其他人的協助來獲得機會和能量。沒有立刻採取行動的投射者絕非軟弱或懶惰，他們只是需要借助其他人的能量來邁出第一步罷了。

給投射者的肯定語句

- 我是其他人最有價值的幫手。
- 我的使命是引導那些尋求我的才智的人，而我會耐心等待對的人來認可我所提供的意見。如此能幫助我保存自己寶貴的能量，也能讓我感到受重視和被愛。
- 在等待邀請期間，我最重要的任務是：追隨自己的熱情、做自己真心喜愛的事。
- 我永遠無法猜測我的人生中會出現哪些精彩的機會。全心投注於我熱愛的事物是為我的下一段探險旅程預作準備。
- 我會珍惜及妥善利用自己的能量。
- 我尊重自己的能量運作模式。是以，我不需要跟上其他人的步調。我是獨一無二的。

反映者（The Reflector）

反映者資訊的音檔下載：

請至 www.understandinghumandesign.com

反映者	
強項	弱項
• 健談	• 極度敏感
• 熱情洋溢	• 情緒主題：失望
• 罕見獨特	• 需要穩定
• 和平及興盛的擁護者	• 設法讓腦袋澄靜
• 反映周遭社群的健康狀態	• 依賴

　　除了從人類圖表裡的關鍵字得知你的人格類型外，你也能從下列特徵確認你是反映者：

• 九大能量中心皆為空白（未定義）。

　　圖表28為反映者的人類圖表範例。

　　反映者在人類圖裡是最稀少的人格類型，僅佔不到人口的百分之一。他們也是相當罕見和高度敏感的族群，必須和對的人處在對的場域才能感受真正的快樂。反映者應受身邊人們的尊敬和珍惜，因為他們擔任的獨特角色能幫助人們做出增進福祉的決定。

　　反映者沒有內在權威。他們只能透過他人的反映了解真實。在理想社會裡，我們身邊會存在一群廣受支持、作為顯示全體境況指標的反映者。

反映者必須等待二十八天的月循環週期以做出正確的決定。他們往往非常多話（健談），而這正是他們獲得清晰思路與明確答案的方式。故而，聆聽便是旁人能給予反映者最棒的禮物。

我有幸遇見的幾位反映者都是對世上苦難有深層感受，並堅定擁護和平與繁榮，充滿熱情靈魂的人物。這當中有不少人行腳世界，以行動宣揚理念而獲得其他人的認同和響應。

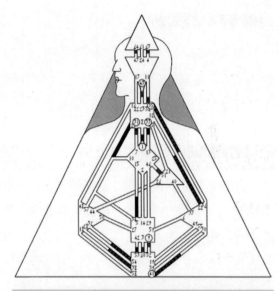

圖表28：反映者的九大能量中心都是空白的（未定義）。

反映者是受月亮主宰的獨特族類。你彷彿能透過他們的臉龐看見月亮的耀眼光芒。你或許也能發現，你在人生中遇見的反映者就像是指引歡樂的明燈，而這種景況不論對他們自己或其他人而言都是良好的徵象。

反映者此生的目的是如鏡子般反照出所處社群的境況。由此可見，快樂的反映者來自快樂的社群，而抑鬱的反映者則往往生活在一個不快樂的社群之中。

由於反映者的本質是能量反映，因此他們的制約經驗並不會像其他人格類型（尤其是投射者）那般強烈。反映者天生會受所處環境的深刻影響，但也因為他們的天生設計缺乏穩定持續的能量，是以，他們能以抽離的姿態、輕易地反映出事物的原始樣貌。

反映者的人類圖表

　　當我們觀看反映者的人類圖表時，我們很快就能發現其特殊之處。他們沒有任何定義的能量中心。因此，閘門對他們來說就相對重要了。這些閘門能量是他們僅有的穩定、持續能量。

反映者的策略：等待二十八天

　　反映者屬於月亮族類。月亮每二十八天會繞過六十四個閘門，完成一循環週期。隨著月亮運轉，反映者在圖表中的能量定義也會隨之改變。而根據這種穩定的循環模式，讓他們能以此作為決策的依據。反映者的策略是等待二十八天（月循環週期）再做決定。

　　人類圖的解讀有助於反映者清楚瞭解二十八天循環週期在他們的圖表中帶來的能量變化，是以，他們能知曉在此循環週期裡，哪些日子對從事某些活動或做決定具有穩定的能量。

　　然而，必須等待整整一個月才能確知自己決定的適切與否，在現今步伐快速的社會裡實屬不易。反映者通常會面臨失望的情緒（非自己）主題便是循此脈絡而來，他們往往在思路不夠澄明、答案尚且未明之前就迫不及待地做出決定。故而，他們時常會後悔自己的決定，並困陷在隨之而來的不愉快後果中。

　　此外，開放的能量配置也會讓他們感受到失望的情緒。反映者能深知人類的潛力範圍，因此，當人們未充分發揮自己的潛能時，反映者可是看得一清二楚，心知肚明。

　　在等待二十八天的決策時間裡，反映者務必要重視自己有與他人討論決定的需求。反映者沒有內在權威中心。因此，他們必須透過其他人的反映才能看清決定的真相。

　　對反映者而言，擁有一群能讓他們感到自在、且願意在他們做決定的過程中給予聆聽和支持的固定朋友無比重要。由於反映者具有能量不穩定的特質，因此，他們需要得以依靠的穩定能量場。

　　反映者也必須聽從自己唯一真實的內在權威，就是判斷是否「感覺良好」。當反映者身處在某個讓他們感覺舒暢的場所時，那便是對的場域。反之，當他們處在某個感覺起來不太對勁的場所，無論是到餐廳用餐或是所處的工作職務，那正是提醒他們離開的重要警訊。若是在餐廳裡，他們可以決定馬上離開，但若是離職，不妨利用完整二十八天的月循環週期確定離開該職務是正確的決定。

　　當反映者等待二十八天做出決定後，他們便可以放心地依據自己的決定採取必要的行動。不管是決定離職或搬遷，那就大膽地行動吧！成熟的時機精煉出確定的答案，已毋須再等待。

　　雖然反映者需要大量的獨處時間以釋放多餘的能量（尤其是薦骨能量），但他們也需要與其他人相處互動。隱士般的靜謐生活其實並不適合反映者。在一個完善的世界裡，人們能清楚辨識出反映者的存在，並關心他們的狀態與感受，因為反映者的快樂正是整體社群幸福的反照。

重要特質：不穩定和敏感

　　由於反映者從自己的內心及他人身上經驗無數的能量變化，因此，反映者人生中的每一天可能都是反覆無常、動盪不穩的日子。所以對反映者而言，有時很難判斷究竟什麼才是穩定可靠的事物和決定。唯一的解決方法是：耐心地以時間面對所有的選擇，並透過信任的朋友或家人「反彈」你的想法。的確，要花上一段長時間才能獲得清晰明確的答案，這種決策模式在當今社會實屬不易，於是反映者往往被迫倉促地做出錯誤和導致失望的決定。

反映者對於人類的充分潛能具有深刻的覺察。「真實」世界裡發生的事件會帶給反映者強烈的衝擊。戰爭、苦難和不公不義，讓他們的內心如撕裂般難受，全球性的災難事件也會帶來他們巨大無比的痛苦。反映者不妨多留意自己的思維模式，並找出相應的策略，例如情緒釋放技巧（Emotional Freedom Technique, EFT），以面對和處理經驗到的失望與痛苦感受。

反映者的健康狀況

如同所有缺乏薦骨能量的人格類型一樣，反映者在睡眠上可能會面臨困擾。因此，在入睡前額外保留一些時間讓身體先舒適放鬆地躺臥床鋪，對保持身體健康而言相當重要。

由於反映者開放的能量設計，他們也需要大量的獨處時間以釋放體內的多餘能量。然而，對於需要及天生設定要與人共處的人而言，有時獨處會是充滿挑戰性的一件事，但無論如何，獨處有益身心健康。

雖然反映者的開放特質讓他們比起一般人，似乎還擁有更多的能量，但就其本身而言，他們卻沒有任何固有的穩定能量。是以，反映者並不適合從事過於劇烈的運動或勞力工作。只要反映者時刻記得要適量及不過度工作，那麼那些讓他們「感覺良好」的事物，大致上都能對反映者有益。

由於反映者此生的任務是反映他人的健康狀態，因此，他們並不總是能清楚觀照自身的健康。他們的生活中最好能擁有一些了解他們、能幫助他們意識自身健康問題的伙伴。當反映者感覺不適時，除了需要好好休養身體以外，也需留意社群的內部狀態，察看是否存在造成反映者感覺不適的因素。

身為反映者孩子的父母

反映者孩子需要穩定一致的感覺，轉變對他們而言並不是一件輕鬆的事。此外，由於他們擁有開放的脾中心與自我中心，因此，反映者孩子表現出黏人、需要父母陪伴在旁的情況並不少見。

請記住，「感覺良好」是反映者真實的權威指引。若他們感覺舒適自在，那麼他們便處在對的場所。身為反映者的父母，你也許需要協助反映者孩子遷移或調整環境，幫助他們找到能感覺舒適的所在。在孩子所處的學校環境中，也需留意教室的能量裡是否存在不安或問題，孩子會反映該能量並說出自己的不良感受。

反映者也會反映出身邊友人的狀態，結交良友對反映者孩子而言相當重要。別忘了，反映者孩子是所處同儕團體的反照。因此，若他們在同儕中感覺抑鬱不樂，父母也許能在孩子的人際交往上給予他們適當的幫助、認識更適當的朋友。

給反映者的肯定語句

- 我能反映周遭的環境。若我的感覺良好，我便處在對的場所。反之，若我感覺不舒服，則需要改變我的所在地。
- 我會尊重自己做決定所需的時間。我會和親近的朋友討論我的選擇，並仔細聆聽他們的回饋意見，從中感受這些選擇是否適合我。
- 我對周遭環境非常敏感。我能深刻感受其他人的痛苦和煩惱。
- 我擁有一貫的策略以幫助我面對從外在環境中感受到的強烈失望感。我會尋找慰藉，透過大自然、動物和孩子幫助我恢復內在精神、找到喜悅。

內在權威中心（Authority）

在顯示者、生產者、顯示生產者和投射者的人類圖表中都能找到所屬的權威中心。反映者則由於缺乏定義的能量中心，因此除了自身的策略外，並沒有實質的權威中心（圖表29）。

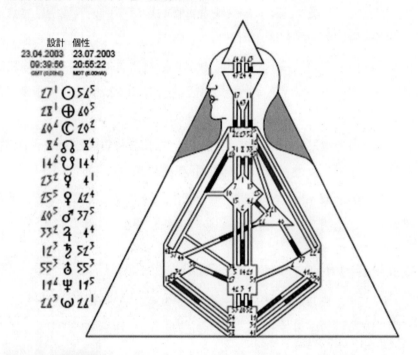

個人設計關鍵字

定義：	無定義
人格類型：	反映者
	主題：　　失望
	人生策略：　等待二十八天週期
內在權威：	無
人生角色：	5/1 異端探究者

圖表29：由於反映者缺乏定義的能量中心，因此，他們並沒有真正的權威中心。

薦骨型權威（Generated Authority）

薦骨型權威代表你擁有定義的薦骨中心且情緒中心為空白。薦骨是你做決定的唯一能量中心，薦骨傳送的直覺回應永遠會帶給你正確的指引（圖表30）。

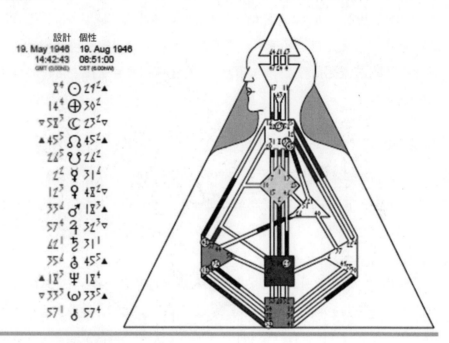

設計　個性
19. May 1946　19. Aug 1946
14:42:43　08:51:00
GMT (0.00hE)　CST (6.00hW)

個人設計關鍵字

人格類型：　生產者

主題：　　　挫折

人生策略：　先等待再回應

人生角色：　2/4 隱士機會主義者

29-30 / 8-14 : The right angle cross of Contagion (3)

Right Angle - Personal Destiny :

定義：　　　二分人

內在權威：　薦骨

圖表30：生產（或稱薦骨）型權威

直覺型權威（Splenic Authority）

　　脾臟是關乎於生存、時間、健康和直覺的能量中心。由於它是維持基本生存的能量，因此分秒必爭、不容猶豫；此外，它始終與當下的直覺意向一起運作。你信賴你的直覺，並依從直覺作出的決定來行事。這種方式對顯示者和投射者而言並不困難，但有時卻會讓生產者感到困惑，因為他們可能納悶脾臟此時是否凌駕於薦骨的回應。若你是擁有直覺權威的生產者，請務必遵從薦骨當下的回應。你的脾臟和薦骨是攜手合作的夥伴（圖表31）。

情緒型權威（Emotional Authority）

　　若你擁有定義的情緒中心，那麼它將大大影響你的人生策略。定義的情緒中心是一個充滿一陣陣浪潮般湧動能量的動力中心。假設你的情緒中心是填滿顏色的，你或許能感受到自己的情緒能量變化頻繁或喜怒無常（圖表32）。

　　情緒中心定義者通常很害怕做決定。他們的過往人生不乏此種經驗，比方他們滿腔熱血地驟下決定，隔了幾天卻發現自己的心境改變了，但此刻他們必須背負責任去履行那些不再感到興致勃勃的計劃或關係。了解情緒權威中心除了能讓你做出更好的決定，也有助於你的決定不受情緒波動的影響。

　　若你的情緒中心是填滿的，那麼你天生就不適合衝動行事，就算其他人往往會在無形中迫使你驟下決定。一個擁有情緒權威的人，不待情緒澄澈便倉促做決定，只會為自己的人生帶來混亂局面。

　　反之，你仍要遵從你的人生策略，但你必須等待，等待感覺對了、等待情緒澄明再做決定。

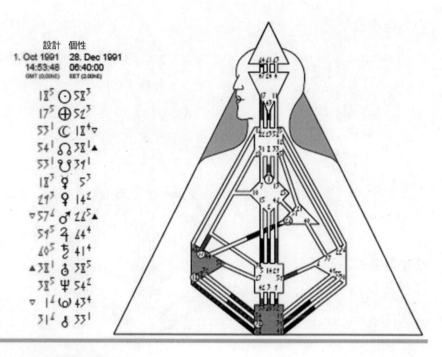

設計　個性
1. Oct 1991　28. Dec 1991
14:53:48　06:40:00
GMT (0.00NE)　EET (2.00NE)

個人設計關鍵字

人格類型：　　　投射者

主題：　　苦澀

人生策略：　等待邀請

人生角色：　　3/5 烈士異端者

58-52 / 18-17：The right angle cross of Service (4)

Right Angle - Personal Destiny:

定義：　　　　一分人

內在權威：　　直覺型權威

圖表31：直覺型權威

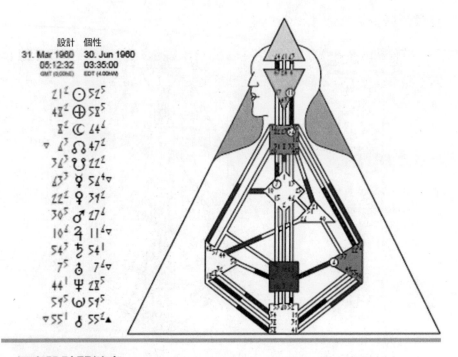

設計　個性
31. Mar 1960   30. Jun 1960
05:12:32   03:35:00
GMT (0.00NE)   EDT (4.00NW)

21² ☉ 52⁵
4꒐² ⊕ 5꒐⁵
꒐² ☾ 44⁶
▽ 4³ ☊ 47⁶
31³ ♇ 11²
43³ ☿ 54⁴▽
22² ♀ 39²
30⁵ ♂ 17⁶
10⁶ ♃ 11⁶▽
54³ ♄ 54¹
7⁵ ♇ 7⁴⁶
44¹ ♆ 18⁵
51⁵ ⊙ 51⁵
▽55¹ ⚷ 55²▲

個人設計關鍵字

人格類型：　生產者

　　　　　主題：　　挫折

　　　　　人生策略：　先等待再回應

人生角色：　5/2 異端隱士者

52-58 / 21-48：The left angle cross of Demands

Left Angle - Trans-Personal Karma：

定義：　　　二分人

內在權威：　情緒中心

圖表32：情緒型權威

自我型權威（Ego Authority）

　　唯有顯示者擁有自我權威中心。它在人類圖表上的呈現方式為，意志力中心與喉嚨中心之間有一條開啟的通道連結（圖表33）。

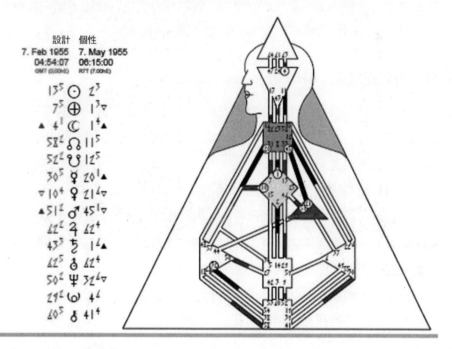

設計　個性
7. Feb 1955　7. May 1955
04:54:07　06:15:00
GMT (0.00hE)　RTT (7.00hE)

個人設計關鍵字

人格類型：　顯示者

主題：　　憤怒

人生策略：　行動前先告知

人生角色：　3/5 烈士異端者

2-1 / 13-7：The right angle cross of the Sphinx (2)

Right Angle - Personal Destiny:

定義：　　一分人

內在權威：　自我型權威

圖表33：自我型權威

擁有自我型權威的人不需要等待就能直接行動；但必須注意的是，你是否已養精蓄銳、準備好在你的人生舞台上大顯身手。定義的自我能量以工作和休息的循環方式運作；此外，它挾帶的強大意志力很容易將你推至精疲力竭的狀態，進而造成健康損害。若你擁有自我型權威，請在你做出下一個決定之前自我覺察：你是否需要一段休息時間？

自我投射型權威（Self-Projected Authority）

唯有投射者擁有自我投射型權威。它源於一條開啟的通道連結自我中心與喉嚨中心，除此之外，並沒有其他凌駕能量（例如：情緒或脾／直覺能量）影響（圖表34）。

自我投射型權威意指，你必須透過其他人的反照或投射才能「看清」自己的決定。因此，為了能讓你能確知哪些事物適合你，你需要擁有能和你討論關於你自身選擇的親密朋友圈。藉由聆聽自己向他人表述的內容及觀察他人的回應，你就能判別某事物究竟適不適合你。

然而，這不代表你必須聽從朋友或家人的建議來做決定。你可以不認同他們的見解，但你真切需要透過他們的投射來了解自己的想法和意見。藉由對談的方式分享你的選擇，你會漸漸得到明確的答案。

無內在權威（Mental Projected Authority）

無內在權威中心是具有定義的邏輯中心連結至喉嚨中心，除此之外，喉嚨以下的能量中心都是開放的投射者所有。它和自我投射權威中心相同，代表你必須透過與他人的對談和討論來釐清哪些邀請才是適合你的（圖表35及36）。

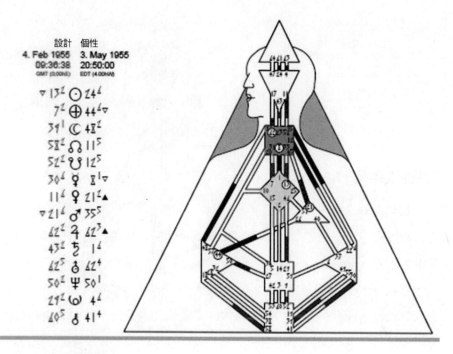

設計　個性
4. Feb 1955　3. May 1955
09:36:38　20:50:00
GMT (0.00hE)　EDT (4.00hW)

個人設計關鍵字

人格類型：　　投射者

主題：　苦澀

人生角色：　　6/2 人生典範的隱士

24-44 / 13-7：The left angle cross of Incarnation

Left Angle - Trans-Personal Karma：

定義：　　　　一分人

內在權威：　　自我投射型權威

圖表34：自我投射型權威

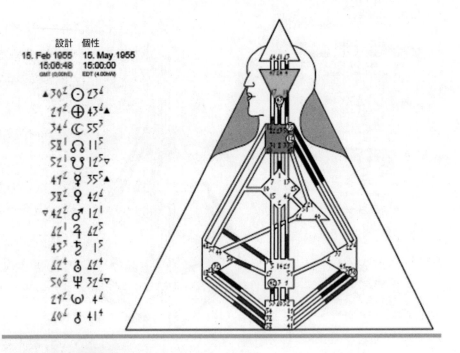

設計　個性
15. Feb 1955　15. May 1955
15:06:48　15:00:00
GMT (0.00NE)　EDT (4.00HW)

個人設計關鍵字

人格類型：　投射者

主題：　　　苦澀

人生策略：　等待邀請

人生角色：　6/2 人生典範的隱士

23-43 / 30-29： The left angle cross of Dedication

Left Angle - Trans-Personal Karma:

定義：　　　一分人

內在權威：　無內在權威

圖表 35：無內在權威

我們每一個人都擁有創造和經驗這個世界的獨特人生策略。在人類圖系統中，你的人格類型和人生策略是你不可不知的重要訊息。若你能依照自己的人格類型來聽從你的人生策略，那麼，你的人生將不斷提升，進而活出真實的自我。

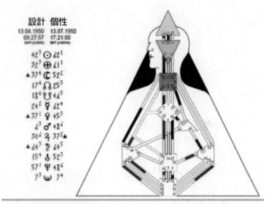

個人設計關鍵字

定義：	一分人
人格類型：	投射者
主題：	苦澀
人生策略：	等待邀請
內在權威：	無
人生角色：	1/3 探究內省的烈士

圖表36：無內在權威

重要的是，雖然每一個人都是與眾不同的個體，但只有當我們整合、凝聚在一起時，人類圖及整體人類的美才能徹底展現。我們需要彼此；每一個人天生獨特能量的作用正是在於幫助彼此、完整全體。

當你認識了自己及身邊所愛之人的人格類型，你就有機會開創出發自內心、互相尊重的互動關係。我的人類圖個案最常和我分享的心得是，了解自己的天生設計藍圖不僅能幫助自己看見屬於自己的那片天空、真心接納彼此真正的模樣，還能不再處處評判他人。這個世界需要更多互相理解的美好體悟，讓彼此都能自在活出真實的自我，不是嗎？

第三章

九大能量中心

每一個能量中心負責處理特定的能量。

定義的能量中心擁有固定和穩定的能量。這些能量始終為你存在，並會發散至外界影響他人。定義的能量中心有其專屬的主題，但一般來說，比起開放中心時而面臨的痛苦經驗，它們相對容易處理多了。遵從你的人類圖策略生活，你就能活出定義能量中心的美妙與深層作用。它會賦予你始終知道該做些什麼的強大力量。

開放的能量中心是空白、未定義、易變的。此處的能量特性是不穩定的，它會取決於你所處的環境和心情。在接下來的每一段落會包含一些有助你面對開放能量中心的肯定語句及自我問答。理解開放能量中心的問題能幫助你和自身的能量一起攜手合作，而不再成為外來能量的受害者。

讓我們進一步了解九大能量中心及其特徵吧。

第一個能量中心：頭腦（The Head）

「我的腦袋全白，我是不是腦袋空空的人啊？」

頭腦中心的音檔下載：

請至 www.understandinghumandesign.com

頭腦中心位於人體圖的最頂端，以一等腰三角形為標誌（圖表37）。

頭腦中心和大腦裡的松果腺（pineal gland）有關。這是一個屬於靈感的能量中心，並始終承受著回答問題的壓力。頭腦中心回答的問題取決於附屬的三個閘門，其性質為抽象、邏輯或在本質上具有神祕性。它不具引發行動的動能，而是刺激思考的壓力中心。

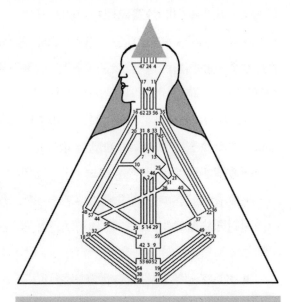

圖表37：頭腦中心

開放的頭腦中心

頭腦中心開放者沒有接收靈感的恆常方式，因此當他們獲得靈感時，他們往往會將那些想法吸入腦袋，並不斷在腦中放大思考。

若你是頭腦中心開放的人，你很容易便感覺自己「受到啟發」；除此

之外，你也同時感到實踐這些靈感的壓力。這會讓你好像不知道自己在忙些什麼，或是毫無計劃般嘗試各種不同的事物。其他人甚至會提醒你「堅決果斷點吧，選擇一樣事物後，就堅持到底！」對自己的開放頭腦中心有所了解的人，便擁有判別哪些人、哪些事物才是真正具有啟發意義的能力。他們也能清楚知道：哪些靈感值得付諸實行，而哪些只需觀望、僅供參考即可。

頭腦中心開放者不僅會在腦中吸收並放大外在世界的靈感，同時也會放大各式各樣的問題，這往往會讓做決定變得困難。舉例來說，假設你打算出外用餐，你原本超級想吃烤起司三明治，但到了餐廳，你的腦袋突然湧入各式各樣的靈感（多半是源於鄰桌客人點的菜色）；最後你改變主意，點了鮮蝦冷盤。當冷盤送上桌後，你卻一邊吃、一邊琢磨自己為何點了這道菜。

你的頭腦也許會充滿靈感能量，然而，做出適當決定的唯一祕訣便是依據你的人格類型，跟隨你的人生策略。

★ 給開放頭腦中心者的問句

- 你是否覺得自己總是籠罩在回答他人問題的壓力中？
- 你是否發現自己經常陷入在他人的想法和靈感裡？

★ 給開放頭腦中心者的肯定語句

- 我始終都能感受到深刻的啟發。
- 我會跟隨我的人生策略，以幫助自己決定該怎麼做。
- 我的腦袋裡的各種問題是來自於其他人；因此，我只要回應那些真正啟發我的問題，而不必費力拆解所有的問號。

定義的頭腦中心

　　定義的頭腦中心會填滿黃色。由於定義的頭腦中心能量始終保持「開機」狀態，因此擁有定義的頭腦中心者可謂地球上的靈感推動力量；他們會不斷發散靈感至這個世界。然而，他們未必能屢屢察覺，因為它屬於持續作用的強烈能量。

　　定義的頭腦中心擁有穩定的靈感來源。他們會不斷地發問，若得不到解答便會感到焦慮不自在。靈感是一種反思的過程；若你是頭腦中心有定義的人：不斷思考和解析那些源源不絕的問題固然重要，但千萬別仰賴答案來做出人生決定。

　　頭腦中心有定義者往往沒有意識到，對於萬事萬物，他們其實抱持著懷疑或質問的心態。你甚至會發現，他們的臉上似乎總是掛著詭異的表情，這只不過是他們一貫能量的部分展現。

當定義與開放的頭腦中心相遇時……

　　當某個定義頭腦中心者，進到另一開放頭腦中心者的能量場時，前者會「置放」問題至後者的腦袋裡。開放的頭腦中心會接收此問題的能量，並不斷在腦中擴大、增強，最後花上大半時間努力思考或設法解決這個原不屬於自己的問題。

　　若你是定義頭腦中心者，而你的孩子是開放者，你會發現，孩子的小腦袋彷彿裝了十萬個「為什麼」、簡直是個充滿疑問的「問題」寶寶。然而，他們只不過是放大了你自身的問題（無論你是否察覺到這些問題的存在）。

★給定義頭腦中心者的肯定語句

● 我是個常受到啟發及帶給別人啟發的人。

● 無論我去到何處，我總是能散播靈感的種子，與他人分享我的想法
和洞見。

第二個能量中心：邏輯（The Ajna）

「思考是變化多端、遼闊無邊的腦部活動。」

邏輯中心的音檔下載：

請至 www.understandinghumandesign.com

　　邏輯中心以大腦裡腦下垂腺（pituitary）的前後葉為根基點，為一察
覺中心（圖表38）。

　　它的功能是探究和概
念化。

開放的邏輯中心

　　邏輯中心開放的人，
能從多面角度看待任一問
題。他們非常公正、審慎
明智、善解人意且擁有開
闊的心胸。開放的邏輯中
心是聰明與智慧的象徵。
它沒有固定的思考模式，

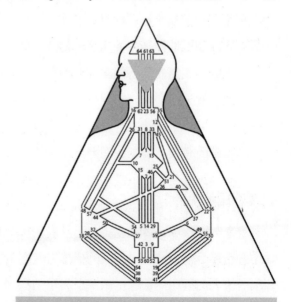

圖表38：邏輯中心

因此能以廣闊多元的方式處理和理解訊息。擁有開放邏輯中心、且懂得放鬆的人，會成為洞察他人心思的佼佼者。

　　由於開放邏輯中心的設定功用是吸收訊息和想法，並從各種不同的理解層次與角度看待事物，因此，「鎖定」某一固定的想法或信念，對開放的邏輯中心會是一種挑戰。他們也許努力嘗試就能持有固定的想法，但這個過程並不容易，或可謂違背天性。若你是開放邏輯中心者，你或許曾被告誡「你應該對某事物下定決心，義無反顧、堅持到底！」請記住，你的人生課題之一是在各種想法和信念中學習、得到智慧，但你卻不一定要採納任何一種想法。運用你的人類圖策略和內在權威得出的信念，才是值得你堅信的真理。

★ 給開放邏輯中心者的問句

你對自己做出的決定是否感到信心不足？

★ 給開放邏輯中心者的肯定語句

- 我能開放地接受各種訊息和信念，並從中得到智慧。
- 我的天賦是能從各個面向觀看某一問題，並且擁有各種充滿彈性與變化的見解。
- 我不需要下定決心。
- 我會隨時寫下那些我想要記住的事物。

定義的邏輯中心

　　定義的邏輯中心會填滿綠色，其設定功用為保有資訊。雖然定義的邏輯中心可靠且值得信賴，但它的構思方式卻是固定不變的。請特別留意，頭腦是偉大的智庫，卻也是做決定的可怕深淵。記住，任何一個決定都不該源自頭腦！

當定義與開放的邏輯中心相遇時……

　　當定義邏輯中心者踏入開放邏輯中心者的能量場時，後者會將前者腦中的想法納入自己的腦袋，並在不知不覺中，將它們視為自己所有。擁有定義邏輯中心的父母在教養邏輯中心為開放的孩子時，常要求他們以特定的方式思考，但這往往會帶給孩子巨大的思考壓力。開放邏輯中心的思考模式是變幻無常的；此外，他們腦袋接收的所有訊息都是間接的二手材料。對孩子而言，若父母迫使他「照我的邏輯方式思考」，其實會讓他感到非常焦慮和難受。

★ 給定義邏輯中心者的肯定語句

- 我會尊重自己的思考模式。我也會牢記在心：思考訊息的方式相當多元，不單只一種。
- 我天生便擁有對事物抱持確信的能力。
- 我會仔細聆聽他人的想法，並以友善的態度包容無限的思考。

第三個能量中心：喉嚨（The Throat）

　　「嘴巴冒出的言語挾帶力量。請帶著謹慎態度及責任心開口說話，並學會尊重言語的能量。」

喉嚨中心的音檔下載：

請至 www.understandinghumandesign.com

你曾有多少次覺得根
本沒有人認真聽你說話而
感到挫敗和氣餒？你是派
對裡的靈魂人物，但在歡
樂結束後，你是否感到自
己的喉嚨疼痛或沙啞？你
的孩童時期是否因為太愛
說話，而常常被老師處
罰？上述這些例子是當你
沒有依據喉嚨中心的適當
策略生活時，可能會發生
的情況。

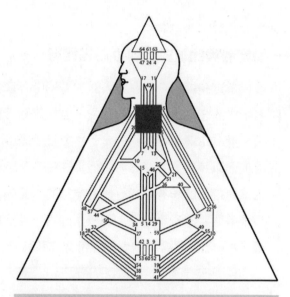

圖表39：喉嚨中心

　　喉嚨中心是甲狀腺與副甲狀腺的象徵。喉嚨中心在人體圖上的位置呈
現，為位在頭腦和邏輯中心下方的正方形（圖表39）。它是代表溝通及展
現行動的能量中心。

開放的喉嚨中心

　　喉嚨中心上有十一個閘門，而閘門的啟動與否會影響我們的說話方
式。擁有白色（或開放）喉嚨中心的人，總覺得自己籠罩在「開口說話」
的壓迫感中。但在學校或是團體生活中，此種情形往往會招致諸多問題。
開放喉嚨中心者經常脫口說出某些評論或是答案，他們有時是不由自主、
甚至不知道自己怎麼會迸出這些言語（若邏輯中心也是開放的，這種情況
會更加顯著）。

　　然而，開放的喉嚨中心其實蘊藏著深厚的才智。許多優秀的歌手（像
是席琳狄翁）與知名演講者（例如前美國總統柯林頓）便擁有開放的喉嚨

中心。他們與不同的人相處時，就能以不同的方式談話。開放的喉嚨中心也具有精通外語口說和仿效他人演說樣態的潛能。

為了能讓開放的喉嚨中心及甲狀腺保持健康，依據你的人生策略來表達言語是你必須謹記在心的重要指引。我常常鼓勵開放喉嚨中心者不妨嘗試沉默；參加派對或是聚會時，試著不要發言，除非你收到某些需要回應的語句或是加入一場對話的邀請。若你保持沉默，你的能量場會為你發聲！你只要耐心地等候、靜觀其變。人們一定會主動來和你談話！

★ 給開放喉嚨中心者的問句

你總是想博取注意力，好讓自己被聽見、被看見嗎？

★ 給開放喉嚨中心者的肯定語句

* 得到發言的邀請時，我的言語就會獲得被認真傾聽的最佳機會。
* 我會保留我的話語給那些真心重視我的言語和觀點的人。

定義的喉嚨中心

定義的喉嚨中心會填滿棕色。它的設定功用為言語表達，但其講述的方式又取決於它與哪些能量中心相連。了解喉嚨中心的連結配置，正是理解自己是如何與他人溝通的重要步驟。舉例來說，若你的喉嚨中心與邏輯中心相連，你就是自己腦袋想法的最佳發言人。若喉嚨中心連結到情緒中心，你便具有如實抒發和表達自身感受的能力。

定義的喉嚨中心若要讓自己說的話被認真聆聽，很重要的關鍵是必須依據自己的人生策略來開啟溝通的大門：顯示者和顯示生產者能直接發言，生產者則需要回應，投射者要等待發言的邀請，而反映者則無定義的喉嚨中心。

有效的溝通是增進個人及整體人類福祉的重要因子。試著跟隨你的人生策略吧！你將發現，你的人際關係品質將會神奇地改善、提升。

當定義與開放的喉嚨中心相遇時……

在我的諮商生涯裡，我經常聽見個案抱怨著另一半總是不願表達或分享自己的情緒感受。當我比對兩人的人類圖後，我發現，那些被認為是木頭般、「沒血沒淚」的人，幾乎都是情緒中心與喉嚨中心之間沒有開啟的通道連結。我通常會建議這些伴侶們，不妨到半公共的場所（例如：餐廳）互相表達各自的情緒感受。因為在那樣的空間裡，他們能接觸到其他的能量場，進而得到有助於有效溝通的連結。

★ 給定義喉嚨中心者的肯定語句

- 我會帶著負責任的態度發表言語。我也會知道自己所說的話是源自身體的哪個能量中心。

- 我能尊重他人的發言權，也能透過我的言語內容，將其他人括入分享與互動的行列。

第四個能量中心：自我／G（The Identity）

「你是誰？」

自我中心的音檔下載：
請至 www.understandinghumandesign.com

在人類圖系統中，自我中心是非常重要和特別的能量中心。它與愛和方向有關，也是靈魂座落的位置。自我中心代表肝臟；也稱作「G中心」

（G-Center）或「磁單極」
（Magnetic Monopole），
位在人類圖表的正中央，
會以一菱形方塊呈現（圖
表40）。

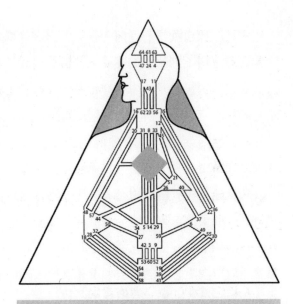

開放的自我／G中心

　　自我中心開放的人，
能領會其他人的自我意識
及方向。他們會吸收別人
的身分認同能量，並將它
放大增強，而獲得洞察對

圖表40：自我中心

方觀點的能力。我認識的許多治療師、教師、靈媒等，便是擁有開放自我
中心的人。

　　由於自我中心與方向有關，因此對開放自我中心者而言，能在恰當的
時機點、處在適合的地方極其重要。那些自我中心開放的個案曾向我描述
道，當他們處在適合的地方時，彷彿能感覺到身體裡的細胞都自在地呼
吸、通體舒暢。對他們來說，能居住在適合的城市、到恰當的餐廳用餐、
待在適合的辦公室……就會感到如釋重負似的安心。處在適合的地方也
能讓他們得到適合的機會。

　　反之，若開放自我中心者處在錯誤的地方，他們同樣能強烈深刻地感
受到。如此也會造成錯誤的機會紛沓而來，或根本沒有機會上門。

　　開放自我中心者表達自我的方式，會取決於當下相處的對象而有所改
變。青少年的父母尤須留意此現象；開放自我中心的孩子相對容易受同儕
壓力的影響，也極有可能融入小團體或幫派，成為其中的一份子。

　　由於開放自我中心者擁有動態的自我意識及方向感知，因此他們經常會擔心自己得不到他人的喜愛。他們對自我的身分認知總是不斷改變，也進而造成他們接收愛的方式變化萬千。基於上述原因，開放自我中心的孩子有時特別容易受「自尊」問題的影響。許多父母往往會希望這些孩子去「尋找自我」，然而，這並非他們的人生目的；他們此生的課題之一，是在經驗和感受他人中學習，進而得到人生智慧。

　　我會建議開放自我中心者，不妨辦個聚會或派對吧！開放的自我中心擁有感受他人的無限才能，他們往往能結交各行各業裡各種不同類型的朋友。毒販和地區檢察官互相認識有何不可呢？儘管來自不同領域，但他們都是開放自我中心者的朋友。這是關於人類的有趣研究，探看哪些人會蒞臨開放自我中心者的「人生派對」！

★ 給開放自我中心者的問句

- 你是否發現你很容易採納或吸收身邊人們的性格？
- 你是否懷疑自己的被愛能力？

★ 給開放自我／G中心者的肯定語句

- 我是如何感知自己，會取決於我的相處對象而有所改變。因此，我會選擇結交那些能讓我感到自在安心的朋友。
- 地點和場所對我非常重要。我會主動創造出能讓我感到撫慰和放鬆的環境。
- 當我處在適合的地方時，適合我的機會就會到來。

定義的自我／G中心

　　若你擁有定義的自我中心，你的人生目的之一便是給予愛。你的自我意識相當穩固；雖然你知道「你是誰」，也明白你的人生方向，但對於該

如何到達目的地，你卻並不總是清楚知道。

　　自我中心至喉嚨中心有開啟通道相連的人，很容易受到批評；因為他們的創造表現力是直接源於自我中心。

★給定義自我／G中心者的肯定語句

- 我就是我。
- 我的所有行為都是自我的展現。
- 我頌揚真實自我的美好。

當定義與開放的自我中心相遇時……

　　當定義與開放的自我中心者相遇時，開放者會吸收定義者的身分認同能量。若你能察覺自己天生的開放設定，你就會知道自己正經驗、感受著對方的身分，並且領會或欣賞他們的自我模樣。這可謂相當理想的能量配置，因為開放者在某種程度上，能將自己「變種」成與對方相同的自我。但其中的關鍵要點是，無論如何，開放者都要忠於最真實的自己。

　　我發現具此種能量搭配的伴侶最大的挑戰在於，開放自我中心者通常很難決定方向（尤其是伴侶關係中的方向）。相較之下，擁有定義自我中心的另一方就非常擅於指引方向。然而，若你帶有傳統的性別觀念，認為「引導」是男人的責任，那麼你們的相處關係就會變成棘手難事。指引方向對開放自我中心者而言，天生注定不是一件容易的事。改善之道在於：摒除那些傳統的性別刻板印象吧！

　　另外，開放自我中心者也須注意，別在關係中「迷路」。根據你的人格類型來跟隨你的人生策略，你就能確知自己在關係裡的方向。

第五個能量中心：意志力／Ego（The Will）

「意志力的奧妙之處，便是你得擁有一些意志力。」

意志力中心的音檔下載：
請至 www.understandinghumandesign.com

意志力中心位於自我中心（人體圖正中央的菱形）的右邊，以一個小三角形呈現（圖表41）。它是關於心臟、胃、膽囊和胸腺的能量中心，也是四個動力中心之一。

意志力中心是負責將事物實現於物質層面的動力引擎。它在人類圖系統中，屬於和金錢、交易有關的迴路；它積極強力地

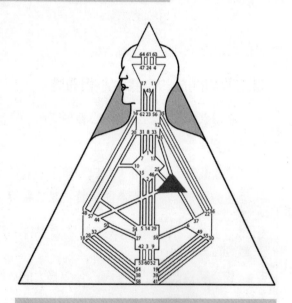

圖表41：意志力中心

追求和價值、商業管理、資源分配相關的事物，也是一股無畏險阻、不顧一切完成任務的能量。

開放的意志力／Ego 中心

你在人生中，曾有多少次嘗試著要節食減重、戒菸或是養成規律運動的習慣？你每天耗費多少精力設法做好你認知的「份內工作」或是完成你承諾的任務？

嗯，在此請誠實面對自己吧，你其實缺乏意志力。然而，這並不是性格的缺陷。絕大多數的人都缺乏意志力（這也許會讓你釋懷一些）。由於大部分的人（約占總人口的百分之六十三）未擁有定義的意志力中心，因此，也就缺乏穩定的意志力能量。

若你是意志力中心開放的人，能以你的人生策略做出約定和承諾極其重要。若非如此，你將運用自己實際上缺乏的能量，並面臨陷入錯誤境遇、卻還背負完成責任的風險。你也可能因此錯失適合你的機會，因為你仍費心費力地逼迫自己從事你根本不想做的事情。

此外，由於意志力中心也關乎價值和物質水準，因此往往會造成你輕易地貶低自己的價值。就意志中心開放的人而言，主動對自己提供的商業服務索取低價，或甚至免費效勞都是很常見的現象。我常會鼓勵意志力中心開放的個案，不妨針對他們提供的服務、調查現今市場的價碼，以此衡量自己的收費標準。若你受雇於他人，也請評估自己的報酬是否合理。

由於開放的意志力中心會受到意志力證明需求的刺激驅動，因此我也會建議你在做出新的約定前，試問自己究竟想證明什麼？你想證明自己是個友善仁慈的人嗎？或是你想證明你的能力比一般人還強？

別忘了，開放的能量中心是我們最深沉的智慧來源。開放的意志力中心能幫助你領悟生命中真正有價值的事物為何。隨著時間和經驗的累積，你會漸漸體會自己在事業領域及自我人生中的價值。你也會更能清楚掌握自己何時該工作、何時又該休息。

許多人也許會納悶，如果我沒有意志力，我怎麼能完成任務呢？你確實可以，只是你必須根據你的人格類型、跟隨你的人生策略來做出每一份承諾。開放意志力中心者務必要銘記在心：遵從你的人生策略能讓你的人生更順暢。我們每一個人都受制約影響，而相信人人皆有意志力。這是一個信奉「做就對了」的社會。但假使我們背棄自身的人生策略、強迫自己「做就對了」，可以預期我們不僅無法如願，最後甚至會感到自己一文不值、疲憊不堪。

舉例來說，假設你是個生產者，你注意到你的鄰居似乎正準備粉刷他的房子。你主動開啟友善的對話，並在不知不覺中，自行提議明天一早會來幫忙油漆工程。你的鄰居當然接受了你的慷慨心意。隔天早上睜開睡眼，你便後悔自己當初的友善提議，並思索著某些能讓你抽身的合理藉口。你打算裝病，或甚至編造其他的謊言。但你的良知最後戰勝了所有念頭，於是你還是出發赴約了。

在辛苦了大半天後，當晚你拖著痠痛和疲累的身軀入睡，感覺難受極了！而你的鄰居除了同樣感到疲累外，還帶著些許失望，因為你的幫忙並不如他的預期。他現在還得悶不吭聲地回頭收拾那些你「幫忙」的殘局。

請記住，生產者的策略是「等待，再回應」或「給予他人得以回應的事物」。由於你並沒有遵從自己的策略，就匆匆踏入約定，因此事件的發展漸漸荒腔走板、不如預期。再者，你忽視自己當下的真正感受和意願，在缺乏意志力的天生條件下，仍強迫自己去履行約定，最後便落得筋疲力竭的結果。

假使你等待鄰居主動徵求協助，或你先詢問他是否需要幫忙（回應，或給予他人得以回應的事物），事件的發展是否會有所不同呢？你也許就不會捲入之後讓你感到有責任執行到底的約定。你的薦骨回應會預防你做出錯誤的約定或承諾。

★ 給開放意志力／Ego中心者的問句

你想設法證明什麼？

★ 給開放意志力／Ego中心者的肯定語句

- 我會非常謹慎地做出承諾，並記住只跟隨我的人類圖策略。
- 我不需要證明任何事，我會發自內心看重自己。
- 我會無所畏懼且充滿自信地要求我應得的報酬。

定義的意志力／Ego中心

定義的意志力中心在人體圖上會填滿紅色。若你的意志力中心是有定義的，你便擁有穩定的意志力能量。你也可能非常固執倔強。

若你是定義的意志力中心者，假設你決定要開始每天晨跑，即便你並不熱愛這項運動，你也能輕易地就讓自己養成按時晨跑的習慣。你也許會中斷、休息幾天，但不久後，你又能重拾規律，繼續堅持。

對定義的意志力中心者而言，承諾和履行對你的自尊至關重要。請認真看待你的承諾，因為它需要時間和能量才能貫徹到底，而你總會信守承諾、說到做到。

定義的意志力中心運作方式是「工作，接著休息。」暫時從繁忙的工作脫身或是定期休假是必不可少的安排；若你過度鞭策自己、絲毫不給自己喘口氣的機會，你的心臟或消化系統就很有可能出毛病。

若你擁有定義的意志力中心，你會強烈地賦予其他人一種彷彿他們無所不能的能量。只要這些人處在你的能量場裡，他們的確無所不能。舉例來說，假設你是一位擁有定義意志力中心的勵志講師。在你講課的過程中，學生們都沐浴在你的意志力能量裡；他們感到備受啟發，並下定決心要實踐你傳授的所有知識。然而，大部分學生回到家後，從未真正貫徹那

> ## 當定義與開放的意志力中心相遇時……
>
> 當開放與定義的意志力中心能量交流時，會擦出奇妙的力量火花。定義的意志力中心具有持續的堅定後盾和關於價值的能量。別忘了，這種定義的能量是固定不變的。因此，定義意志力中心者擁有貨真價實的意志力；當他們下定決定要做某事時，他們往往會說到做到。
>
> 開放的意志力中心會放大定義中心的意志力。他們得到的是授權式的活躍能量，要特別留意自己是否困陷在此種能量掙扎中。就短期而言，意志力得以放大；但由於開放的能量並不具持續力，定義的意志力中心最終會削弱開放意志力中心的能量。簡言之，在這場意志戰役中，定義的意志力中心永遠是最後的贏家。

些新學到的知識。因為他們離開了你的意志力驅動能量場，但卻無法從自己身上獲得半點意志力。

寬待周遭那些不同於你、無法「做就對了」的人吧。事實上，絕大多數的人都缺乏意志力，並且他們會以不一樣的方式做出他們自己的約定。

★ 給定義意志力／Ego中心者的肯定語句

- 休息和恢復我的意志力能量對我非常重要。
- 我會謹慎做出承諾，並實踐自己的諾言。
- 我會寬容看待我對他人的期望。因為我知道，並不是每一個人都像我一樣擁有意志力。

第六個能量中心：情緒（The Emotional Solar Plexus）

「當一面篩子吧，別成為一塊海綿。」

情緒中心的音檔下載：

請至 www.understandinghumandesign.com

　　情緒中心位在人體圖的最右邊，以一個大三角型呈現（圖表42）。情緒中心與腎臟、胰臟有關。它屬於四個動力中心之一，其情緒能量如浪潮般起伏湧動。

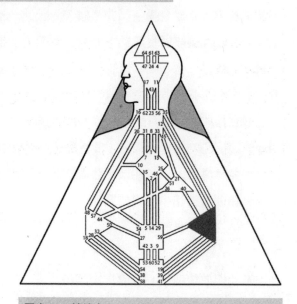

圖表42：情緒中心

開放的情緒中心

　　約有一半的人口擁有開放的情緒中心。情緒中心開放者此生的課題之一便是了解情緒能量、漸漸懂得掌握內心的感覺。若你的情緒中心是開放的，你便具有強烈的同理心，並會吸收、放大他人的情緒能量。

　　這是很棒的天賦！我本身擁有開放的情緒中心，我便會運用這項特質作為更了解個案情緒狀態的方式之一。許多開放情緒中心者非常擅長銷售工作，因為他們能夠馬上察覺客戶的情緒狀態，進而為客戶量身打造出相應的推銷話術。

　　由於開放的情緒中心會吸收、放大情緒能量。因此，若你不了解它的運作模式，這也將會是一個讓你飽嚐痛苦的能量中心。你很容易就認為自己感受到的情緒是屬於你的，而假設周遭某人帶著負面的能量，當這些能量滲入你的意識層面時，你就會感到難受。也因此開放情緒中心者普遍會發展出一套包括了友好、討喜、避免衝突及低調生活的非自我應變策略。

　　開放情緒中心者並非軟弱或缺乏個性。只是對他們而言，踏入高度緊張的情緒場域確實會讓他們非常痛苦。因此，他們務必要學會察覺情緒能量，如此就能讓該能量的頻率波動穿越而過，卻不會讓你感覺要為這些情緒負責，或是你必須要收拾或修補這些情緒。試著讓自己成為情緒的篩子吧！而不是全盤吸收的海綿。

　　通常那些情緒表現始終充滿戲劇性的孩子，都擁有開放的情緒中心。開放情緒中心的孩子會接收、放大家人的情緒能量。然而，這些孩子的本性也許非常溫和，只是從未經驗過如此多的情緒能量罷了。

　　★ **給開放情緒中心者的問句**
　　你是否避免真相和衝突？

　　★ **給開放情緒中心者的肯定語句**
- 我能在當下做決定。
- 我會仔細注意我的情緒來源。此外，我不會將他人的情緒經驗視為自己所有。
- 我非常敏感，我信任自己對他人情緒的洞察力。
- 當情緒能量過於強烈時，我會好好休息、讓自己回復平靜的狀態。

定義的情緒中心

　　定義的情緒中心會填滿棕色。擁有定義的情緒中心者約佔人口的一

半，他們始終保有情緒能量。

連結情緒中心至其他能量中心的開啟通道會決定你感受到的情緒波。某些人經驗的情緒波頻率只有微小的起伏波動，而某些人則會感受極高的情緒高峰、極低的情緒低谷，其高低落差顯現出情緒高原的樣貌。

由於情緒能量波浪般的特徵，往往會讓人將波浪低谷的悲傷情緒誤認為憂鬱症。若你擁有定義的情緒中心，在你試圖為自己的低落情緒找出根本原因時，憂鬱症可能就會成為頭號嫌疑犯。我們的社會文化對負面情緒存有諸多不良評價。然而，並非所有的負面情緒都是消極、具有毀滅性。悲傷情緒或是情緒波的低谷，它同時也是極為重要的創造能量；它讓某人能以許多不同的情緒觀點評價某一事物。

情緒中心有定義的人不妨試著每天記錄你的情緒能量。每個人都有其獨特的情緒變化規律，而了解自己的情緒模式有助於你做出明智的決定，也能讓你推測自己達到情緒澄明需要的時間範圍。

由於你是以波動的方式經驗情緒，因此懂得尊重你的情緒過程至關重要。定義的情緒中心為你恆常的內在權威，是以無論你屬於哪種人格類型，在採取行動或回應前，都必須等待情緒澄明。擁有定義情緒中心的個案曾告訴我，當他們情緒澄靜、準備好做決定時，都能發自內心感受某種內外協調的「默契感」；但他們也表示，就算情緒清明，他們還是會在某種程度上，對自己的決定帶有些許的緊張不安。在採取行動前，先停下來、等待適當的情緒狀態到來，就能預防自己做出後悔莫及的衝動決定。

★ 給定義情緒中心者的肯定語句

- 我有充足的時間做決定，也知道經過一段時間後，我會到達情緒澄靜的狀態。
- 我天生的設定步調是從容謹慎，而非衝動自發。

當定義與開放的情緒中心相遇時……

　　人與人之間的情緒能量交流會因為情緒中心的定義與開放而增添不同風味。當兩種相反的情緒中心相遇，進而產生強烈的情緒作用時，情緒中心開放者往往是表現出極端或其他劇烈情緒反應的那一方。別忘了，開放中心會吸收、放大能量。

　　定義情緒中心者會經歷情緒的波動，反之，開放情緒中心者會吸收、放大那些情緒波。我和我的另一半都是開放情緒中心者，而我們的四個孩子中，只有一個擁有定義的情緒中心。某天，我和另一半站在廚房愉快的聊天。我們那位擁有定義情緒中心的女兒碰巧經過廚房，而過沒多久，我和另一半不知怎的吵了起來！

　　當我察覺事情的始末後，我才發現，原來女兒當時正處於情緒波的低谷，她的情緒頻率正巧傳送到廚房，也就是這一刻，我和另一半在那兒吸收並放大了這股情緒能量。知曉此種能量的特質，並懂得讓它流動經過、不過度反應是一段非常美妙的過程。

　　兩個開放情緒中心者之間可能會產生更劇烈的情緒作用。當情緒火苗在兩者間竄行時，這股能量會在當中反覆來回、不斷放大增強。

　　對開放情緒中心者而言，處理衝突最好的策略便是離開讓你感到不適的能量場。打破能量場域能讓情緒能量離開你的身體系統，如此，你就能快速降低緊張的強度，最後再以平靜的態度面對問題。當雙方都能理解在此過程中，彼此都需要緩解的空間時，就能較輕易處理日常生活中的大小衝突，而不至於破壞組成關係的親密結構。

　　雙方都擁有定義情緒中心的伴侶也務必要學會互相尊重，並時刻意識對方經驗的情緒波動。假設一方正處於情緒波的低谷，而另一方則相反，就會構成相當有趣的組合。雙方都該了解：情緒能量並不代表個人。不帶批判、容許彼此經驗情緒的波動對這類組合關係極為重要。

第七個能量中心：根部（The Root）

「籠罩在渴望自由的壓力中。」

根部中心的音檔下載：

請至 www.understandinghumandesign.com

人體圖最下方的正方形為根部中心（圖表43）。它是有關腎上腺素的能量中心，也是人類圖系統中的兩大壓力中心之一（另一個為頭腦中心）。根部中心能量以動力驅動的方式運作。

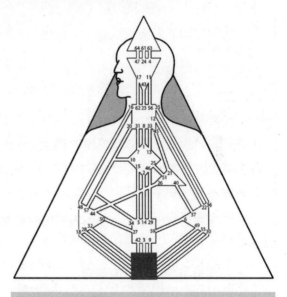

圖表43：根部中心

開放的根部中心

若你的人體圖最下方的正方形呈現白色，你便擁有開放的根部中心。開放的根部中心會吸收、放大他人的腎上腺素能量。你或許喜歡站在一大群人面前、享受成為焦點的快感，或熱衷於其他能讓腎上腺素激增的體驗，像是跳傘或高空彈跳。從一般的角度而言，開放根部中心者會選擇相對安全的腎上腺素刺激物，像是咖啡因或巧克力。

由於根部中心為壓力中心，因此，開放根部中心者有時會籠罩在渴望自由的壓迫感裡。換句話說，以這種方式處理能量的人很難放鬆或盡情玩

樂，除非他們已完成所有的工作任務。雖然「先完成工作、再享受玩樂」
似乎非常合理，但對根部中心開放者而言，他們承受著必須完成任務的壓
力，卻完全不允許自己騰出時間來恢復精力。最終，他們會感到筋疲力
竭，連帶造成工作效率低落。

　　有時候開放根部中心吸收的能量會讓人難以負荷，進而導致精神壓
力，甚至是怯場、恐慌症的後果。每個人對自身開放能量中心的敏感度各
有差異。

　　開放根部中心的實質認知是，工作永遠沒有做完的一天。假使你交付
一項任務給開放根部中心者，他們便會為了脫離完成任務的壓迫感而快速
執行。當然了，雖然他們的辦事效率極高，但在迅速的步調中，常常會出
錯或略過某些必要過程（尤其當這些人是顯示生產者時，更是如此）。

　　自然而然地，人們往往會分派更多工作給這些人，且由於愈重的工作
量也代表他們承受著愈大的完成壓力，因此他們會更賣力、實現更多成
果。這便成為永無止境的循環。這類人應當意識到，開放的根部中心只是
身體的能量中心之一，你不需淪為該能量的受害者。擺脫束縛、讓內心自
由自在吧！

★ 給開放根部中心者的問句

你仍設法完成工作，好讓自己解脫嗎？

★ 給開放根部中心者的肯定語句

- 我會設定切合實際的目標。
- 我決定要讓自己感到自在，並且知道事情的完成就如水到渠成。
- 我能運用壓力創造出更多能量。而在一天結束之際，我會好好地休
  息和放鬆，即便我的待辦項目仍未完成。
- 就算倍感壓力，我仍會遵從我的人類圖策略做決定。

● 我會提醒自己停下來喘口氣、好好放鬆；也知道自己還有充裕的時
　間完成任務。

定義的根部中心

　　若你的人體圖最下方的正方形填滿棕色，你便擁有定義的根部中心。
這意謂著，你會用固定的方式處理腎上腺素能量；它也會依據你的根部中

當定義與開放的根部中心相遇時……

　　在關係中，根部中心的能量會帶來有趣的的挑戰。請先了解「覺
察是掌握每一種能量的關鍵」。當你意識到根部能量是如何在你的人
際關係中作用時，你就不至於感覺到被冒犯而耿耿於懷。

　　假設你擁有開放的根部中心，而你的伴侶、孩子或主管……則
相反，那麼，你會覺得這些人彷彿不斷對你施加壓力，即便他們只是
單純地指出今天的天空真晴朗。只要你的周遭存在定義的根部能量，
都會讓你倍感壓力。到最後，你甚至會認為你的關係中，充滿了各式
各樣你無法達成的期望。

　　當你對自己的根部中心能量有所理解後，你就會明白，你感受到
的種種壓力只不過是一股動力能量，而其相伴而生的他人期望甚至可
以說是虛假的。

　　反之，若你是定義根部中心者，而你的伴侶、孩子或主管……
則相反，你或許會對你的親愛伙伴們因為你的緣故而倍感壓力，覺得
自責難過。再次強調，只要心存覺察，你就能理解對方的壓力是源於
動力能量，而非針對個人。

心延伸而出的開啟通道，而採循環運作。當腎上腺素動力存在時，你就能完成工作；反之則未必。你對自身腎上腺素的感受力如同自然的循環。

　　若你擁有定義的根部中心，那你幾乎能免於腎上腺素帶來的壓力。但這並不代表你不會感受到壓力，而是你的壓力也許源自其他因素，或是經由你的人體圖中其他的開放能量中心而來。簡單的說，對定義根部中心者而言，任務自然就會完成，瞎操心也沒用。

★ 給定義根部中心者的肯定語句

- 我會尊重我的根部中心動力，並會等待完成任務的能量到來。
- 當我的能量開關開啟時，工作產量便會增加。
- 當能量開關關閉時，我會好好休息、讓能量恢復。

第八個能量中心：脾／直覺（The Spleen）

「帶著恐懼走入闃黑的洞穴是明智的。」

脾中心的音檔下載：

請至 www.understandinghumandesign.com

　　脾中心位在人體圖的最左邊，以一大三角形呈現（圖表44）。它與直覺、時間、淋巴結及免疫系統有關。

　　脾中心的直覺是基於生存，在每一個當下都嚴密運作著。當你對某事物萌生「直覺」時，這種感覺通常會一閃而過、瞬間即逝。而這正是人們很容易忽視自己的直覺，做出某些後悔決定的原因！脾中心是一個以「感覺良好」為本質的能量中心。

基於生存的直覺有時感覺起來會像恐懼。由於脾中心原始、出於本能的特性，它也有點像是一個「穴居人」能量中心。然而，一定程度的恐懼是有益無害的，例如害怕在深夜走進暗巷。若你的脾中心有許多開啟的閘門，有時你會很容易感受到各種不同的恐懼，當然並不是每一種恐懼都是有益的。

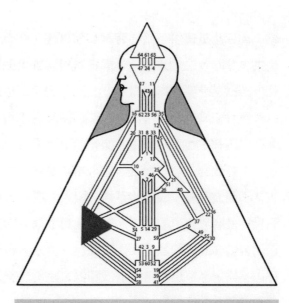

圖表 44：脾中心

幸好，脾中心的恐懼僅存在於當下；就算它們令人毛骨悚然，卻也能讓人輕易克服（尤其是這些恐懼似乎沒道理可言）。

請記住，人類圖是一個全然關乎能量的系統。我們有時會體驗到某些讓人摸不著頭緒，或甚至感覺略為私人的能量。了解你的人類圖能確實幫助你從某些能量（例如恐懼）的桎梏中解脫。

脾也是關於時間的能量中心。對脾中心有定義者而言，活在當下並非難事。更確切地說，他們有時很難將當下拋諸腦後。此外，脾中心也與免疫系統有關。

開放的脾／直覺中心

開放的脾中心代表你可能擁有非常敏感的免疫系統。這似乎意謂著你很容易生病，但其真正的意思是：你對自己身體內的細微變化極為靈敏，當你開始感到一丁點「不適」時，你往往就會察覺。你對藥物也相當敏

感，需低劑量使用，不妨嘗試順勢療法（homeopathic remedies），或許能產生更好的效果。此外，要留意你的酒量與毒品耐受性偏低，微量的攝取就會讓你感受到其作用力。

擁有開放的脾中心代表你缺乏持續穩定的「感覺良好」能量。你喜歡處在定義脾中心者的身邊，如此能讓你得到呵護與安全的感覺。

對開放脾中心者而言，放下執念並非一件容易的事。在此所謂的執念包括了個人財產、成癮的事物、與人的關係，甚或是怨恨感。舉例來說，假設你是開放脾中心者，你的交往對象則為定義脾中心者。和這個人在一起能帶給你舒適的感受，你感覺自己得到呵護與安全感。然而，對方也許待你不好，你卻很難結束這段關係，因為在潛意識裡，你的能量場域喜歡處在這個人的能量之中。

別忘了，開放中心會以無限可能的方式體驗該中心的能量。也就是說，若你擁有開放的脾中心，便能體驗到各式各樣、變化萬千的直覺力。你也許某天感受到「直覺」、某天經驗到「內心的靈通」、某天聽見內在的指引聲音或得到預言夢境……等等。只是由於開放的脾中心缺乏持續穩定的直覺能量，許多開放脾中心者便因此認為自己的直覺洞察力不足。

開放脾中心接收直覺力的方式會因相處的對象而改變，但他們通常都能獲得強烈的直覺感受。

由於脾中心也是和時間相關的能量中心，因此，開放脾中心者與時間觀念奮戰的情況並不少見。這當中有許多人是遲到慣犯，而有些人則謹記過往遲到的不好經驗，而強迫自己提早到場。若你的孩子是開放脾中心者，你尤須了解上述的情形。在你必須準時出門的情況下，請記得預留一小段額外的緩衝時間；開放脾中心者很難匆忙行動！再者，由於開放中心也存放著我們最深刻的制約影響，因此，開放脾中心者也具有高度意識時間的潛質，尤其是他們曾因為忘掉時間而有過不好的經驗時。

請記住，開放之處正是我們獲取智慧的所在。當開放脾中心者漸漸了解該中心蘊藏的能量時，他們就愈能懂得掌握自我療癒、直覺和時間。

★ 給開放脾／直覺中心者的問句

你對某事物是否仍緊抓不放？

★ 給開放脾／直覺中心者的肯定語句

- 我會率性地拋開所有對我不好的事物。
- 我會重視我的身體和它傳遞給我的訊息。當我覺得身體不適時，就會好好休息。
- 我會尊重自己的時間安排。我會在最恰當的時間抵達赴約地點。
- 我也會尊重其他人的時間觀念並養成戴手錶的習慣。
- 我信任我的直覺。我知道我會以各種不同的方式得到直覺洞察力。

定義的脾／直覺中心

定義的脾中心在人體圖上會填滿棕色。若你擁有定義的脾中心，你的天生設計便是活在當下。你的決定出於當下的直覺，你的行動時機便是「此時此刻」。定義的脾中心會加快你的反應速度，並賦予你時間意識及持續的當下直覺洞察力。

定義的脾中心擁有非常強大的免疫系統。然而，強健的免疫系統也往往會讓脾中心定義者「錯過」自身疾病的早期症狀。你或許要到病狀極為嚴重時，才會察覺自己生病了。定義脾中心者抱病仍持續工作的情況也很常見。因此，務必記得定期為自己安排健康檢查，或當旁人問候你「還好嗎？」的時候，仔細審視自己的身體狀況。有時，旁人會比你還更早注意到你的健康亮紅燈了。

當定義與開放的脾／直覺中心相遇時……

當定義和開放的脾中心在關係中相遇時，會碰撞出兩大主題：時間節奏和連結感。開放的脾中心擁有易變的時間意識與時間節奏，而定義的脾中心具有強烈的時間感，並能據此安排相應的計劃。是以，定義脾中心者經常會與開放脾中心「流動」的行事特質奮戰。對前者而言，時間的焦點永遠只在現在、當下、此時此刻。

我的另一半擁有開放的脾中心，我則相反。（好險我知道我們的能量配置！）在我們的生活中，很常出現以下的情況：他打電話告訴我，他會在二十分鐘內到家。但在回家之前，他會繞道至乾洗店、雜貨店、書店（他在此處具有「弄丟」時間的驚人能力），最後再到學校接女兒下課。

出於我的定義脾中心及與生俱來的時間節奏，我能百分之百確定，他絕對無法在二十分鐘內到家，我最好先去學校接女兒為妙。這種類似情況很容易讓人感到灰心，但這確實不是他的問題。開放的脾中心往往無法掌握時間的節奏。

另一個相遇主題為連結感。脾中心是一個「感覺良好」的能量中心。開放的脾中心會不斷找出能讓自己感覺良好、安全和健康的能量；這會讓他們看似非常需要，或是依賴脾中心定義者。對此現象的認知，在當我們觀察脾中心開放的幼童及其分離焦慮時，就顯得無比重要了。擁有開放脾中心的孩子很容易陷入分離焦慮的困境，尤其是當父母為定義脾中心者時，這種情況會更加明顯。請給他們多一點的耐心；這種狀況會隨時間而改善，只不過往往是轉移到其他擁有定義脾中心的新同伴身上。

　　定義脾中心的直覺只會傳達一次，絕不重複第二遍。對於你應不應該做某事，你感受到的直覺正是你的脾中心在對你說話。絕大多數的脾中心定義者到了年屆四十左右，才學會傾聽脾中心的「聲音」；而在那一刻之前，他們用人生的大半歲月累積了無數次「果然！我不該這麼做……」的悔嘆。

　　由於脾中心是基於生存而生的能量中心，因此，它也會為你帶來恐懼感，包括了匱乏的恐懼、對責任感的恐懼、對自身缺點的恐懼、擔憂人生無意義、害怕夢想永遠無法實現……等等。這種種恐懼很容易就會將人吞噬、讓人氣餒無力。然而這種源於脾中心的恐懼其美妙之處在於，無論它們多可怕、多嚇人，只要嘗試排除和克服，就能徹底戰勝它們。

　　定義脾中心的挑戰是，如何分辨你的直覺正帶給你關於生存的重要訊息，抑或你只是純粹感受到脾中心的能量；你必須對這兩者有更深刻的理解與洞察。而這便是依循你的人生策略之所以重要的原因。當你感受脾中心的恐懼時，請依據你的人格類型、運用你的人生策略來決定你是否該做某事。千萬別讓脾中心的恐懼把你逼到動彈不得的死角。

★ 給定義脾／直覺中心者的肯定語句

- 我信任我的直覺。
- 我會傾聽自己的身體。
- 我會休息並好好照顧自己。
- 我尊重自己的時間意識。
- 我會記得並不是所有人的反應都和我一樣快速；我能順應宇宙的時間節奏。

第九個能量中心：薦骨（The Spleen）

「嘿吼，嘿吼，收工了，我要走囉……」

薦骨中心在人類圖系統中是相當重要的能量中心，也在四個動力中心裡佔有舉足輕重的地位。薦骨位在人體圖的中下方，以一正方形呈現（圖表45）。它是關於勞動力及生命力的能量中心，也和男女的生殖器官睪丸和卵巢相關。

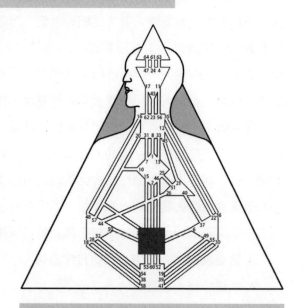

圖表45：薦骨中心

開放的薦骨中心

開放的薦骨中心擁有經驗生命力與工作力能量的無限才能。開放薦骨中心的人生課題便是在工作和性慾中得到智慧。

若你是開放薦骨中心者，你便擁有在短時間內吸收、放大工作和生命力能量的能力。這短暫的爆發力能讓你像生產者和顯示生產者般賣力工作，甚至比他們更拚命。許多開放薦骨中心者會誤認為自己具有超乎常人的工作耐力，短時間內來說，的確如此。

　　但請記住，「持續力」是認識薦骨能量的關鍵字。開放薦骨中心者若要長時間維持能量的高水平，肯定會把自己弄得筋疲力竭。換句話說，開放薦骨中心者天生便不適合從事每週一到五、朝九晚五的工作。對絕大多數的開放薦骨中心者而言，聽到自己天生就不適合以傳統認知的形態工作真是鬆了一口氣啊！不過這並不是指你擁有開放的薦骨中心，就無法工作或不需要工作，而是若能找到一種具一定彈性的方式工作會更為適合。

　　我的許多人類圖個案都是燒壞自身身體系統電路（一點都不誇張）、年約四十的開放薦骨中心者。對非薦骨人而言，健康狀況在四十歲左右開始「崩壞」，卻仍努力維持過往忙碌生活形態的情形並不少見。由於持續力對非薦骨人來說，是相當重要的影響因素，務必要時刻留意自己是否工作過量、幫助自己辨別何時該工作、何時該休息。

　　總而言之，我們對工作的價值和重要性抱有諸多信條，非薦骨人缺乏持續勞動能量的特性，卻往往讓他們被貼上懶惰或無能的標籤。事實上，非薦骨人會用他們特有的才智和能量為這個世界增添風貌。他們只不過以不同的方式工作罷了。

　　非薦骨人被視為懶惰的另一原因為，他們需要午睡和大量的獨處時間，這些需求對他們的身體健康極其重要。身為一個非薦骨人，你需要獨處時間釋放體內過剩的薦骨能量，也需要透過午睡來恢復精力和體力。獨處的時間及充足的睡眠是能讓你保持健康的關鍵。

　　睡眠對開放薦骨中心者而言，是另一重要的影響因素，他們與失眠奮戰的情況也很普遍。若你擁有開放的薦骨中心，千萬不能拖到疲憊不堪才準備就寢，否則就會面臨入睡的困擾。你必須在感到睡意前就準備睡覺。在入睡前至少三十分鐘就先躺在床鋪上，也是對你有益的作法。若你想在睡前閱讀或看電視也無妨，但最好能以舒適的躺姿好好放鬆，到了該就寢的時間絕不拖延。

一星期內至少安排幾晚獨睡時間也非常重要。若你和生產者同睡，你將會受他們的能量干擾而更加疲累；你的薦骨中心得不到釋放所有多餘能量的機會，進而導致你的系統受損。當然了，你應該和你的伴侶（生產者）好好討論這個問題、找出雙贏的解決辦法。請永遠銘記在心：了解你的人類圖設計，並採取適當的措施來保護和照顧你的能量系統，是保持強健身體的不二法門。

★ 給開放薦骨中心者的問句

你知道自己何時該工作、何時該休息嗎？

★ 給開放薦骨中心者的肯定語句

- 我天生便不適合以傳統認知的型態工作。
- 我能憑藉短暫的爆發力而賣力工作，但之後，我需要獨處的時間釋放體內多餘的能量。
- 我知道我的能量特性是易變的。我會好好照顧自己，並跳脫他人對我的期望。
- 當我恰當地運用我的能量時，便能成為有影響力的人。

定義的薦骨中心

定義的薦骨中心會填滿紅色，而這塊紅色的正方形正是生產者的象徵。工作是薦骨中心最重要的功能。因此，若你擁有定義的薦骨中心，你就是天生的工作者。沒錯，真正的挑戰在於你必須找到你熱愛的、適合你的工作。

我的大部分輔導個案都是憎惡自己的工作、覺得困陷在目前職位而感到挫敗的生產者及顯示生產者。這種情況的導因，通常是他們和現在的工作締結了一段錯誤關係。

　　薦骨中心的能量和大多數人從小被教育的觀念背道而馳。我們自幼即被灌輸「放膽去闖、讓夢想成真」、「命運操之在己」等信條，然而結果就如同許多人曾體驗到的。若你擁有定義的薦骨中心，卻總是積極行動、努力實踐成功的傳統定律，那麼往往只會飽嚐事與願違的挫敗滋味。

　　擁有定義薦骨中心的人，天生的設計便是要等待事物顯現。這其實非常困難，因為薦骨能量就像不斷嗡嗡作響的蜜蜂、無時無刻都渴望行動。薦骨人是相當忙碌的族群。他們天生的使命就是「執行」。

　　然而等待及回應顯現於外在環境的萬事萬物，是薦骨中心的核心概念。若你是薦骨中心定義者，不妨回想看看，在你的人生中，曾有多少次發現那些神奇、意想不到的機會就突然展現在你眼前？

　　而若你放膽去闖、努力讓想望成真，又產生了什麼結果呢？

　　我本身是個顯示生產者，我其實費了很大一番工夫才漸漸懂得如何等待事物顯現；坦白說，我還稱不上是一個有耐心的薦骨人。還記得我初次學習到自己的薦骨動力及其等待與回應的能量時，我著實在這整套觀念中掙扎不已。我這輩子幾乎從未等待過任何事啊！但我也必須承認，我的人生在此之前充滿了挫敗。

　　若你懂得先等待對的事物顯現再回應，薦骨能量就能得到最有效的發揮。但請記住，機會顯現不代表你必須照單全收。你永遠有選擇的自由。

　　定義薦骨中心者的天生機制，就是每天都得耗盡薦骨提供的動力能量。他們會感到筋疲力竭，接著就該呼呼大睡。反之，若你強迫自己重振精神，你便會耗用你已缺乏的能量，最後導致健康受損。

　　若你是常在夜晚面臨入睡障礙的定義薦骨中心者，這通常代表你在白天的身體活動量不足。你不妨嘗試能多消耗體力的規律運動。生產者每天都必須用盡體內的薦骨動能。

當我們討論到生產者孩子時，上述的情況就格外需要關注。在我的家庭輔導案例裡，我接觸到不少被診斷患有注意力缺失症（attention deficit disorder, ADD）或注意力不足過動症（attention deficit/hyperactivity disorder, ADHD）的孩子。他們當中有許多人其實只是缺乏適量運動，因此每晚都未能耗盡薦骨動能的生產者。由於這些孩子在夜晚無法好好入睡，長久的睡眠剝奪造成他們的血清素水平降低。血清素不足的症狀包括：易怒、注意力難以集中、自尊心低落，而這些症狀就和注意力缺失症（ADD）或注意力不足過動症（ADHD）極為相似。

我後來發現，只要協助父母為他們的孩子找出能增加身體運動量的方式，就能大大地改善孩子們的入睡困擾、提升他們的睡眠品質。若孩子的良好睡眠情況能持續數週，上述的病徵通常也就會神奇地消失。這種方法對成年人也同樣奏效。

薦骨中心也和性慾有關。在此所謂的性慾，是指性行為和繁衍。薦骨中心是關於性愛、扶養孩子、保護他們長大成人的動力能量中心。若你擁有定義的薦骨中心，你便會用固定的方式處理性能量。也就是說，你經驗和看待性慾的方式通常是此生不變的。此外，薦骨人的天生設定也包含了生育及撫養孩子。薦骨中心會賦予你照顧孩子、工作以提供孩子溫飽的持續能量。

了解薦骨能量的真正關鍵在於，了解定義的薦骨中心會帶給生產者持續的生命力、工作力能量。而這也正是薦骨人與非薦骨人之間最主要的差異所在。

★ 給定義薦骨中心者的肯定語句

- 我會從容耐心地等待，我知道對的機會將會出現在我眼前。
- 我只需要回應這個世界，如此我就能開心地從事適合我的工作、和對的人相處在一起。

當定義與開放的薦骨中心相遇時……

　　定義與開放的薦骨中心在關係中相遇時，會面臨諸多挑戰。但這並非指這段關係不適合，而是意識彼此能量的差異非常重要。

　　「持續力」是薦骨能量的關鍵字。定義的薦骨中心擁有持續的能量，開放薦骨中心則相反。就短時間內而言，開放薦骨中心者能放大定義薦骨的能量，但最後，他們會感到精力透支、疲憊不堪。這種現象也許會讓定義薦骨中心者覺得挫敗，尤其是若他們不明白自己的另一半其實比他們更需要休息和靜養的時候。

　　開放的薦骨也需要獨處的時間釋放來自周遭的薦骨能量。當開放薦骨的能量「過度充足」時，就會讓人感到亢奮、激動和狂躁。開放薦骨中心的設定機制並不適合持續保有薦骨能量，那些無法順利釋放的能量最終會嚴重損害健康。因此，開放的薦骨需要時間和空間來釋放能量（特別是在夜晚時分）。也許會讓生產者失望的是，我總是會建議開放薦骨中心者最好能在自己的房間、自己的能量場裡單獨睡覺。獨睡的建議也適用於開放薦骨中心的幼童，擁有自己的臥房（如有可能）會對他們的整體健康有所助益。

　　定義與開放的薦骨中心在伴侶關係中的另一挑戰和性慾有關。請記住，開放能量能帶給人的經驗和感受幾乎是無限的，反之，定義能量的感受就相對固定許多。開放的薦骨中心能感受各式各樣的性經驗，甚至是性偏好。然而，當開放薦骨中心者處在定義薦骨中心者的能量場裡時，他們常會成為另一半的反照。若你是擁有各式各樣性經驗的開放薦骨中心者，那麼你的開放能量也許便是幕後的「始作俑者」。很重要的是，開放薦骨中心者最好能享受另一半（定義薦骨中心者）的性慾，因為無論經過多少時間，你們之間的性愛感受基本上不會改變。

● 我會無所畏懼地尊重我的回應；我也知道我的內心會帶領我在對的
　　時間去到對的地方、做對的工作。

　　隨著我們一層層揭開人類圖表的面紗，你對真實的自己及天生運作機
制是否有了更深入的理解呢？九大能量中心顯露出我們豐富的生命感受，
對於每一個人如何經驗這個時而讓人感到受困的世界，能量中心也賦予我
們更深層的察覺能力、和得到智慧的良機。當你仔細感受這些能量，及體
會它們是如何在你的人生中演繹生命故事時，請記得活出真實自我、徹底
展現你所有能量的關鍵，便是根據你的人格類型來遵從你的人類圖策略。

第四章

爻線與人生角色

　　人生角色是了解你的人類圖及發現真實自我的另一個重要片段。人生角色闡述的主題是關於你的學習風格和你在人生道路上的遊歷姿態。

　　人類圖表包含了三大探討要素，分別為輪迴交叉、人格類型、人生角色（圖表46及47）。

　　「輪迴交叉」描繪出你的人生道路或生命故事的主要情節。假設你在人生道路上開展的旅程是一齣戲或一部電影，比方說電影裡有個男管家的角色，你的「人格類型」就是你在自己的生命故事中扮演的角色，而「人生角色」則代表你演繹角色的性格或特徵。以剛才的電影比喻：同樣是男管家的身分，卻可能有各式各樣不同的性格，例如有易怒的管家、求知慾強的管家或粗枝大葉的管家……。在人類圖表中，每個人的特徵或性格便顯示於人生角色。

　　你的人生角色由兩個數字組成，代表兩種共同打造出你體驗學習風格的能量，分別是意識及潛意識太陽的閘門爻線。第一個數字是你有意識、或許也很快能認同的角色面向。第二個數字則是你未察覺、但仍是你的性格中鮮明部分的角色樣貌。人生角色共有十二種組合：

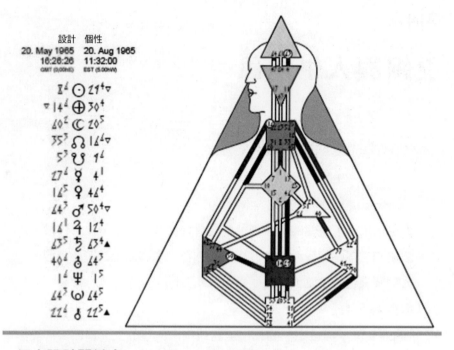

個人設計關鍵字

人格類型：　　顯示生產者

主題：　　　　挫折

人生策略：　　回應、展望、重整、告知、行動

人生角色

人生角色：　　4/6 機會主義典範者

29-30 / 8-14：The right angle cross of Contagion (3)

Right Angle - Personal Destiny:

定義：　　　　二分人

內在權威：　　直覺型權威

圖表46：人生角色列於關鍵字區塊

1／3——探究內省的烈士

1／4——探究的機會主義者

2／4——隱士機會主義者

2／5——隱士異端者

3／5——烈士異端者

3／6——烈士典範者

4／6——機會主義典範者

4／1——機會主義探究者

5／1——異端探究者

5／2——異端隱士者

6／2——人生典範的隱士

6／3——人生典範的烈士

個人設計關鍵字

意識　　　　　潛意識

人生角色：4/6 機會主義典範者

圖表47：人生角色的細部說明

　　在你的人生角色中，意識和潛意識區塊攜手創造出一種獨特的能量組合、決定了你開展與經驗人生旅程的方式。有時只要了解構成你人生角色的數字，就足以幫助你理解自己的某些內在困境核心，也能從中得知面對改變、關係、學習及能量影響時，最適合你的處理方式為何。

　　六條爻線的可能組合構成了人生角色。若要理解自己的人生角色所代表的意義，就務必要先各別了解六條爻線的含義。

認識六條爻線

　　如同占星學的觀念，你的能量配置是在某一特定的時間形成，也就是由你的出生地點和出生時間決定。你的人格特質及獨一無二的人類圖設計就封存在你出生的那一瞬間。

　　當我們瀏覽人類圖表時，通常只會看見人體圖。然而，人體圖上創造出定義的閘門與爻線其實就是你出生那一刻行星與閘門位置的寫真快照。

　　為了便於解釋，我們從完整的圖表中擷取出人體圖。完整的人類圖表是由包含了人體圖在內的曼陀羅組成（圖表48）。

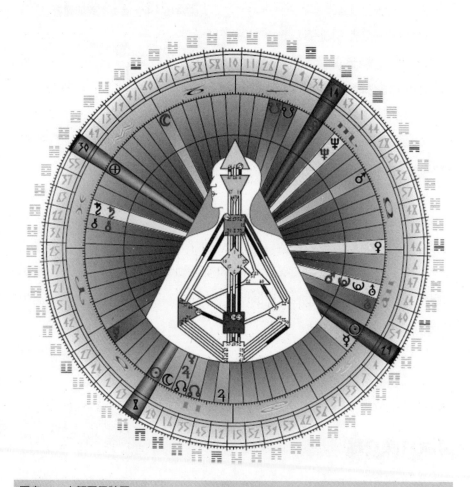

圖表48：人類圖曼陀羅

如圖所示，人類圖曼陀羅有兩個圓輪。內輪是標示出十二宮位的傳統占星圖，外輪則是包含了六十四個閘門的圓環。你出生那一刻閘門的行星位置便是由這兩個圓輪測量而出。

你不妨想像這兩個圓輪是測量當下時間的度量工具。就像時鐘上的時間是以分、秒為單位，每一瞬間在時鐘「圓輪」上都有特定的位置。在占星學裡，時間在占星「時鐘」上的運行是以度（degrees）和分（minutes）為度量單位。每一個星座各佔三十度，而每一度又可細分為六十分。占星學家透過星座度數和分就能對你的星盤所蘊藏的潛能有更深入的洞察。

在人類圖「時鐘」上，時間的運行是以爻線為測量單位。六十四卦的每一卦都有六條爻線，而這六條爻線便記錄著時間在曼陀羅上的運行軌跡（圖表49）。

卦

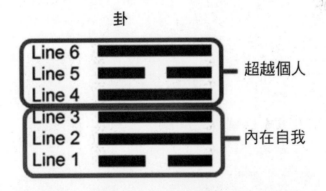

圖表49：易經的卦是由六條爻線組成，依屬性可區分為超越個人及內在自我。

閘門的位置也會顯現於爻線中，讓你能更深入理解該閘門是如何在你的人生中展現。

每一條爻線都具有影響閘門表現方式的特定能量。

人生角色中的爻線來
自於意識及潛意識閘門的
太陽位置（圖表50）。

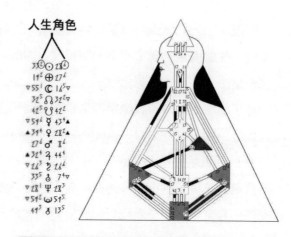

人生角色

圖表50：人生角色標記於出生表

人生角色裡的一爻到
三爻是內在自我的爻線，
屬於內省、個人經驗和理
解的能量。四爻到六爻則
是超越個人的能量，講求
在關係中和他人的互動。
某些人天生較專注於個人
的生命發展，某些人則較偏向與人的關係互動。

六條爻線的角色名稱：

- 第一爻：探究者
- 第二爻：隱士
- 第三爻：烈士
- 第四爻：機會主義者
- 第五爻：異端者
- 第六爻：人生典範

某些爻線具有相似的主題，因此，特定組合會產生較高的內在和諧
度。反之，某些爻線組合則具有天生的能量衝突。

- 一爻與四爻和諧。
- 二爻與五爻和諧。

- 三爻與六爻和諧。
- 一爻和五爻、六爻衝突。
- 二爻和四爻、六爻衝突。
- 三爻和四爻、五爻衝突。

這種衝突或失調（dissonance）並非會引發苦難，而是能幫助你掌握個人的內在挑戰，進而讓你成長和進化。當你懂得駕馭個人圖表中失調的部分時，你就會培養出自我意識與自愛能力，這樣一來便更有利於你開創和諧的人生。

請記住，人類圖系統中並沒有苦難。那些我們固有的動能挑戰其來有自，它們是促成我們在人生道路上成長、在此生完成個人進化的強力催化劑。當你最終能依循自己的人格類型和策略生活時，圖表中顯現的各種內在難題將會迎刃而解。

首先，我們將探討六條爻線的能量。接著，我們會結合六條爻線，拼湊出十二種人生角色的樣貌。

下卦：內在自我的能量

內在自我的能量具有內省的特質，與個人經驗和自身理解息息相關。

第一爻：探究者（The Investigator）

一爻的人生角色（1／3, 1／4, 4／1, 5／1）天生便充滿求知慾。一爻角色需要建立訊息基礎才能對所處世界感到安全和穩固。因此，網際網路的發明可謂你的一大福音！

在你要做出人生改變或調整之前，你需要對自己的行動目標進行徹底的探究和學習。假設你打算去度假，你會事先覽遍所有的指南書籍，好讓自己為接下來的探險旅程作做足準備。

一爻在人生道路上扮演的角色作用是與他人分享你懂得的知識。旁人很可能把你視為學識淵博的智囊或能排除疑難雜症的智多星。

一爻角色的挑戰在於不容易改變，此外，若你覺得自己懂得不夠多時，你就會坐立難安、焦慮不已。對於某一工作或情況，你可能做足了萬全的準備，但當事態未照著你的預期計劃發展時，你就會感到極度不安。

一爻角色在關係中需要時間來「研究」另一半。你希望能了解對方及與這段關係相關的一切。

一爻能量若徹底展現，你就會是一個知識淵博的權威。

反之，一爻能量未充分發揮，你就會恐懼未知、對萬事萬物抱持質疑心態而錯過許多人生經驗。

★ 肯定語句

- 我會從容地為人生中的探險旅程做準備。
- 我的知識是我獻給世界的禮物。
- 我相信我的所學足以幫助我順應人生中的改變。
- 我的自信根植於我對訊息的掌握與理解，我會放心地讓自己充分研究與學習。

第二爻：隱士（The Hermit）

二爻人生角色（2／4, 2／5, 5／2, 6／2）的人生主題包括了害羞和孤獨。身為隱士的你通常渴望和需要大量的獨處時間自我充電。

然而，二爻能量說來有點滑稽；它採反常式運作，亦即，隱士愈是隱藏自我，旁人愈是能一覽無遺。若你擁有二爻能量，你會感受到某種能量

漩渦，那就是當你不著痕跡地隱藏起來時，反倒會吸引他人來到你的身邊。人們會找到你、辨識出你的才智。這對生產者和投射者而言是非常美好的能量。

隱士能量在關係中往往是害羞靦腆的，需要得到召喚或賞識才能正確地進入關係。由於隱士的角色具有渴望關係的超越個人能量，因此，這也會帶來一股不斷拉扯的內在衝突，有時會讓人感到沮喪無力。

的確，身為一名隱士，最理想的伴侶關係是你的另一半也需要和你不相上下的獨處時間，並且不會把你的孤獨需求視為某種針對個人的藉口。你並不是想遠離你的伴侶，你只是需要一些獨處時間。或許你會發現，你也喜歡和能與你一起享受獨處時光的對象在一起。對你來說，兩人在靜謐的夜晚時分，一起坐在沙發上各自閱讀也是甜蜜的浪漫約會。

二爻能量若徹底展現，你會等待召喚，進而踏入適合你的人生經驗，你也能從容不迫地活化與提升自我。

反之，二爻能量未充分發揮，你就會封閉自我、離群索居而錯過人生的歡樂美好。

★ 肯定語句
- 我的獨處時間是讓我保持能量強大與活躍的重要條件。
- 我會尊重自己想要獨處的內在驅力，我也知道神聖的秩序會在恰當的時機找到我，將我從孤獨的狀態中召喚而出。

第三爻：烈士（The Martyr）

三爻人生角色（1／3, 3／5, 3／6, 6／3）會透過試驗來學習。你的角色作用是藉由自己的親身試驗，與他人分享哪些事物行得通、哪些則否。你在人生中鮮少犯錯；你曾嘗試的所有無用結果都是幫助你掌握有效方法不可或缺的步驟。假使你想知道做某事的最佳方法，徵詢三爻角色準沒

錯，他們已嘗遍各種可能。

　　三爻角色的人生道路充滿實驗色彩。你會設法檢視各種事物的缺陷或漏洞。然而，三爻角色有時會出於害怕犯錯或擔心自己的理解錯誤而停止發揮角色特性，尤其是在你曾因為判斷錯誤而遭受批評的情況下。

　　請務必記住，那些所謂的錯誤是你學習歷程中的一部分。這無關乎你的知識多寡或你是否準備充足，因為事物總是有「出錯」的時候。這些「錯誤」並不是你的性格倒影，而是你實驗過程中非常重要的一部分，它們能以實際方式幫助你發現真正有用和有效的方法。

　　到了四十歲左右，你的某些試驗特質會趨於穩定。年少時的探索經驗會賦予你確實洞察人生的深厚能力。你曾想嘗試萬事萬物，但年屆四十後，對於哪些事物需要實驗、哪些則否，你已具備更深層的覺察意識。

　　在關係中，你需要花時間來釐清自己的慾望和必需。三爻能量往往會讓你一見鍾情，認為自己找到了此生的真愛。遺憾的是，三爻能量讓你在愛情中冷卻的速度也和你墜入愛河時一樣快速。身為三爻角色，在一段關係裡，你需要許多空間、自由和時間來辨識這段感情是否適合你。放慢腳步吧。如此能有助於你避免失望或傷害他人的感情。

　　三爻能量若徹底展現，你會基於自身的實驗和體驗而在人生中學到各式各樣的智慧。

　　反之，三爻能量若未充分發揮，你會害怕嘗試新事物，因為你知道在此過程中免不了摸索與經驗失敗的可能。

★ 肯定語句

- 我是一個實驗與體驗學習者。我需要透過嘗試才能對事物有更深入的理解。
- 那些所謂的錯誤是我累積智慧的重要過程。

- 我知道哪些方法行得通、哪些則否，因為我已嘗遍各種可能，而我也因此得到明察善斷的智慧。

上卦：超越個人的能量

上卦（第四到第六爻）是關於超越個人的能量及與人的互動關係。

第四爻：機會主義者（The Opportunist）

對四爻（1／4, 4／1, 4／6）角色而言，你的人際關係相當重要。在你的人生中，你或許曾透過你的社交網路或朋友而得到某些絕佳的機會。四爻能量根源於人際關係，具有群居和交際的特質。四爻角色的一生就是不斷學習奠立關係基礎的過程。你是發自內心地在乎人際基礎。

四爻的人生角色不太容易、甚或是不太樂意做出改變。你喜歡事物維持原貌，也希望人們能像你接受自己那般接納你，別想設法改變你什麼。

若你擁有四爻能量，便會處處講求基礎。當你做出某一改變時，會讓自己從某一基礎移轉至另一基礎；你必須做足萬全的準備，此外，新的機會也必須出現在可及範圍內，你才會決定改變。這也意味著除非新的工作機會叩門，你不會毅然決然地辭職。除非新的交往對象出現，你不會和你的戀人分手。除非你明確知道自己的目的地，你不會輕易遷移。未知會帶給你極度的不安。

要擁有一段良好的關係，你必須先從建立穩固的朋友基礎開始。若非如此，你會感到膽怯、沒有安全感。你的能量具有某種柏拉圖式（純友誼）的特質，而這有時會讓你覺得沮喪，因為你的可能對象並不一定能察覺到你已墜入情網。他以為你們只是好哥們、好姐妹。然而，四爻的人生

角色需要隨時知道自己所處的階段位置。對你來說，愛情關係最終化為友誼的情況也很常見。那些分手的昔日戀人或許如今仍是你的好朋友。

四爻的能量若徹底展現，你會保有穩定一致的狀態，也將會是他人的好朋友。

反之，四爻能量若未充分發揮，你就會害怕表達內心的感受、缺乏調整事物的勇氣。你只是為自己創造一個前進的選項，有時並沒有真正的面對挑戰。

★ 肯定語句

- 我會從容謹慎地做出改變。我會等待對的機會自然展現在我眼前，再縱身投入、體驗機會。
- 未知對我並無益處且會動搖我的基礎。
- 我的人際關係是我的人生基石，也是我生命中許多機會的來源。

第五爻：異端者（The Heretic）

五爻角色（2／5, 5／1, 5／2）的人生具有遠超乎你想像的宿命特質。身為異端者，你的人生道路關乎於幫助他人。然而，這不僅是指藉由你的具體行動幫助他人。就能量層面而言，你就像是一面能幫助他人療癒及重整能量的鏡子。這種情況未必是你有意識作為的結果，有時純粹是你能量的傑作。

此種能量的反射往往讓人們很難以你真實的樣貌看待你。你呈現在他人眼中的模樣是他們的意識投射，及關於他們基於療癒目的而需要的方法。是以你有時會覺得自己彷彿處在錯的地方、和錯的人相處，自己則成為一面錯誤百出的「鏡子」。這便是異端者的名稱由來。人們有時會投射予你錯誤的期望，而假若你無法達成這些期望，你就會遭受撻伐、名譽受到損害。

　　反過來說，若你遵循你的人類圖策略，你會發現自己能處在對的地方、和對的人相處，以一種充滿影響力和自覺應變能力的方式發揮自己的作用。遵循人生策略之所以如此重要，是因為異端者能就此避免許多痛苦和責難。

　　由於他人的投射，五爻角色非常擅於隱藏。沒有人知道真正的你究竟是什麼模樣（他們以為自己心知肚明，事實則否）。這未必代表你個性內向、高深莫測，而是你對自己的想法、計劃……等，一向是祕而不宣。

　　充分發揮的異端者角色擁有影響眾人、以及徹底展現自身能量的能力。這也意謂著，魅惑力是你人生主題中的一環。你有本事以自己的個性、想法，或甚至是性別迷倒一屋子的人。五爻能量讓你在眾多面向都能成為極出色的推銷員。

　　在關係中，你喜歡自己充滿魅力的模樣。人們總是會被你吸引而來到你的身邊。你在關係裡擁有無比的權力和掌控力，你能決定何時施展或解除你的魅力魔法。某些異端者角色會過於迷戀此種魅惑能量，而忽略關係中其他的重要意義。若不留意，你便會沾染某種風流特質。再者，由於人們會對你投射某些想法或觀點，因此就算你對感情忠貞不二，旁人還是會把你視為大情聖。旁人的投射場域有時會讓你在關係中感到矛盾、甚或是窒礙難行。由於你慣於掩藏自我的天性，在關係中，你需要經過一段時間才能感到安全和自在；異端者並不總是習慣處於危險或暴露可見的位置。當一切都調整妥當時，你便能開心地繼續迷倒你的另一半，並漸漸向對方展現真實的自我，你的伴侶關係能量及絢爛火花便得以保持活躍和發展。異端者角色始終追求愛的極致表現。

　　五爻能量若徹底展現，就能有效地影響眾人。

　　反之，五爻能量未充分發揮，你會因你的個人利益而濫用你的魅力特質，有時會造成傷害他人的後果。

★ 肯定語句

- 我擁有影響和誘發他人產生新想法和靈感的無比能力。我會將此影響力運用於多數人的利益。

- 我會遵循我的人生策略；當我正確踏入關係時，我會成為推動改變的巨大力量。

- 我知道其他人並不總是能看清我真實的模樣，因此，對於我的表達和溝通，我會抱持謹慎、不厭其煩、明確的態度。

第六爻：人生典範（The Role Model）

　　六爻的人生角色（3／6, 4／6, 6／2, 6／3）會歷經三段截然不同的人生階段。你的人生道路最終會引領你成為他人的人生典範。六爻的人生角色可謂大器晚成者，然而，你在人生旅程中踏出的每一步都是你打造往後角色作用的關鍵過程。

　　第一階段是從出生到二十九歲左右。你的人生在這段期間與經驗和實驗息息相關，你的行事表現和三爻角色非常相似。

　　第二階段約從二十九歲到五十歲。大多數的人要到三十五歲後才會真正感受此階段的發生。在第二階段中，你或許會發現人生不再像二十來歲時那般「騷亂不安」和變化劇烈。你也會感受到，你必須耗費更多的能量和氣力才能像過往那般行事。你對埋首回覆電話和電子郵件、與人閒話家常或八卦談天似乎不再那麼感興趣。你反而更偏好學習，或甚至單純地放空休息。第二階段的目的之一是幫助你在人生的第一階段後獲得療癒，此外，也讓你能觀察他人的成果與作為、了解他人是如何掌握人生。第二階段通常被稱為「站上屋頂」。

　　站上屋頂的時刻正是你打造事業或內省的絕佳時機。由於此階段多與內在作業有關，因此也較難開展任何形式的人際關係。在這段時間裡，

甚至連教養孩子都讓你感到困難重重（尤其當你不了解自己的能量變化時）。有時，六爻角色會在經歷第二階段的過程中感到自己抑鬱消沉。

最後一階段始於五十歲左右至生命結束。當你「走下屋頂」時，有時會帶給你猛烈的墜落感。那些人生第一階段的主題，將以新生的智慧與成熟姿態回到你的生命裡。你通常會在此階段體驗到劇烈的人生轉變，因為你正著手開創充分展現真正自我的人生。

最後一階段又稱為人生典範階段。此時，你已經歷了各種嘗試、明白人生的可行之路，如今你忠於自己而活。身為人生典範，最重要的任務便是做最真實的你。此刻的你是他人參照如何充分展現人生的榜樣。

六爻具有某種命運或命中注定的成分。身為六爻角色，你通常非常清楚自己的人生使命，並不斷感受展現使命的推力。若你仍不清楚、或未跟上你的命運腳步，你所處的外在環境會以激進的方式不斷提醒你、引起你的注意。六爻角色若無法掌握自己的人生方向，將會帶給他們無比的焦慮與不安。

在關係中，你需要也渴求遇見靈魂伴侶。對六爻角色而言，這會是一段漫長且絕望的旅程，尤其是當你站在屋頂上、不易開啟與人的交往關係之際。就像在尋找真愛的過程中，你難免經歷挫敗（或必須親吻過幾隻癩蛤蟆），但你的尋覓之路最終將值回票價；當你最後找到摯愛時，你會忘了這段漫漫歷程的等待。

六爻能量若徹底展現，你會是啟發他人的人生典範。

反之，六爻能量未充分發揮，你會困陷在自我冷漠中，並在如何走出來投入世界的懷抱的想法中不斷掙扎。

★ 肯定語句

- 我信任自己的人生軌跡，也知道在我人生旅程中的每一步都是邁向我的天命。

- 我會好好放鬆，並讓人生的進程自然地開展在我眼前。我以真實的自我為榮。
- 我知道我的首要任務是做最真實的自己，我會無所畏懼地將自己託付給真實人生。

十二種人生角色

六條爻線結合了意識與潛意識層面，創造出十二種不同的人生角色：

- 1／3　探究者／烈士
- 1／4　探究者／機會主義者
- 2／4　隱士／機會主義者
- 2／5　隱士／異端者
- 3／5　烈士／異端者
- 3／6　烈士／人生典範
- 4／6　機會主義者／人生典範
- 4／1　機會主義者／探究者
- 5／1　異端者／探究者
- 5／2　異端者／隱士
- 6／2　人生典範／隱士
- 6／3　人生典範／烈士

人生角色中的第一個數字恆為意識能量，是你首要展現且較能察覺的能量。第二個數字為潛意識能量，較隱約且展現在第一個數字的能量之後。在人生角色裡，意識能量永遠會先於潛意識能量。

　　舉例來說，若你的人生角色是1／3（探究的烈士），你便具有先探究、再試驗事物有效性的人生模式。第一個數字是探究能量的意識爻線，第二個數字則是和試驗有關的潛意識爻線。因此，1／3人生角色必須先著手探究再進而試驗，能量的作用順序恆常是如此。

　　雖然在此我們不會逐一詳細說明十二種人生角色，但你仍可藉由了解組成你的人生角色的爻線，對你扮演的角色特徵及性格有更清楚的領會。你也可以在我的網站www.understandinghumandesign.com找到關於每一種人生角色的解說音檔（長度約兩小時）。

　　了解你的定義及開放的能量中心所在，能帶給你關於你自己是如何運作、哪些能量經驗會讓你感到人生困陷，以及能量在關係互動中造成的影響……等豐富訊息。明白哪些能量是穩定一致的、哪些則具有多元變化的特性，帶給你探見真實自我、人生使命及透過他人增長自己某部分智慧的線索。

　　你的人生角色則賦與你對自己的人生及生命經驗，另一層次的意識與理解。至此，你瞭解了自己的能量、你的學習風格，甚至隱約察覺到自己的人生使命和角色。

　　雖然你對自己的人類圖已經有了更深層的理解和自覺意識，但請銘記在心，充分展現真實自我的方式其實非常簡單，只要根據你的人格類型來遵從你的人類圖策略。如此一來，生命的魔法就會自然而然地展現在你眼前。

第三篇
閘門、迴路與通道

　　誠如人類圖表裡的所有能量，你能體驗到自身設計圖裡迴路的強烈或隱約展現。此章節所附練習題的部份，目的是幫助你探索自己的通道及閘門的定義主題，也期盼能激勵你帶著自覺意識，展現出個人獨特能量的最大潛能。

　　請記住，你擁有完整的人類圖能量，也就是說你並未缺少圖表中的任何能量。只不過，比起開放的區塊，你會更常感受到定義部分的作用。

　　我的許多學生認為：綜覽本章後，先練習自己的定義閘門與通道，再回過頭來著手自身圖表裡開放的能量。如此能讓他們獲益無窮。

第五章

閘門

　　人類圖系統中共有六十四個閘門。閘門代表特定的能量主題，無論是你的個性、人生驅動力、人生使命、你在關係中面臨的主題、你的創造表現力，甚或是你直覺的運作方式及你和宇宙的連結方式……閘門都能帶給你更深入的洞察。

　　每一條通道皆有兩個閘門。你出生那一刻的行星位置決定了你的圖表中哪些閘門會開啟。開啟的閘門是你會持續感受與經驗到的能量。當一條通道的兩端閘門都開啟時，這條通道便會啟動，而通道連接的能量中心也會連帶具有定義。雖然在你的圖表中，你擁有個人獨特的開啟閘門，但就某種形式而言，我們每一個人都具有完整的閘門能量。依據你相處的對象及所處的環境，你的開放閘門會以多元的方式體驗能量。

　　如同人類圖表中的所有能量，每一個閘門也都有強烈或隱約的表現樣態。當你瀏覽自己的閘門狀態時，不妨試問自己，這份能量是如何影響你的人生？我們每一個人的生命本質都是愉悅、彼此連結、充滿創造力、富足和有影響力的。當你充分活出自己的能量時，人生的魔法將自然在你眼前施展出美好的模樣。

　　在本章節中，每一個閘門介紹後都附有一段肯定語句和一系列的練習題，其目的是幫助你探索在自我人生中，每一道閘門能量的徹底展現。我會建議你先瞭解自己的定義閘門，再回過頭來瀏覽及思考那些未定義的閘門是如何影響你的人生。

　　請記住，盡其展現和發揮人生潛能的關鍵不僅止於自我察覺，同時依循你的人類圖策略生活也是不可或缺的重要條件。

1號閘門：自我表現

易　　經：創意（乾卦）
占星學：天蠍
生物學：肝臟

　　1號閘門是六條陽爻組成的卦。若你無法實現以創造力表現自我的需求，1號閘門便是一股驅策心靈的強大能量。它會讓你在夜半睡夢之際，突然想起自己應該在人生中實踐一些什麼而驚醒，但假使你不知道那究竟為何，你就會感到極度的焦慮。

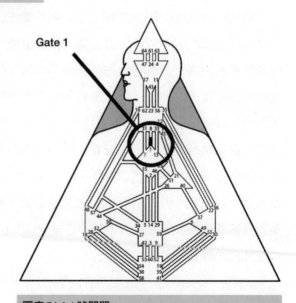

圖表51：1號閘門

　　1號閘門會主動尋找更多的能量，讓這股表現力通往喉嚨中心。它或許必須在與他人合作的過程中獲得，但無論如何，除非找到表現自我的方式，否則它不會感到自在或滿足。擁有此能量者不僅止於想成為貢獻心血的一份子，他們更希望改變世界。倘若他們能妥善利用1號閘門的能量，他們便有實現的推動力。

　　此通道（1-8）富含無比的通曉能力，包括了知曉在對的時間作出適當的貢獻。1號閘門者必須等待識別及恰當的能量，好讓自身靈魂的貢獻形諸於外在世界。等待並不容易，但就帶來正確的影響力而言，卻是不可或缺的過程。

肯定語句

- 每一天都是嶄新的創作。
- 我能給予世界最大的貢獻便是盡情展現自我的本性。
- 實現我的神聖潛能對人類進化而言至關重要。
- 我信任上天的安排，並會消除對「無法達成人生使命」的所有恐懼。
- 我正處於對的地方，執行創造正確貢獻的任務。

練習題

1. 你是否曾克制自己充分地表現自我？若你盡其展現自我，對你會產生什麼影響？
2. 對你而言，「遺產」代表什麼？你是否能為世界留下真實的遺產？你是否懷抱某種侷限的信念或經驗，讓你無法表現自我的真實性？你該怎麼做才能消除它們？

2號閘門：鑰匙掌管人／自我方向

易　經：接納（坤卦）
占星學：金牛
生物學：肝臟

2號閘門為管理財富的能量，是由六條陰爻組成的卦。

它未必是指賺錢的能量，而是喜好錢財本身及經濟基礎穩固且源源不絕帶來的安心感。2號閘門會吸取14號閘門創造的資源，並將這些資源分配以促進力量的展現。

然而，此閘門也具有不成熟的一面，那就

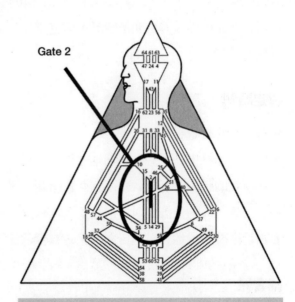

圖表52：2號閘門

是缺乏對創造財富必要條件的意識和意願而揮霍無度。就像一位年輕女孩帶著爸爸的信用卡在百貨公司血拚的情境。然而這份能量若臻成熟並徹底發揮，就能有效擁有和管理資源，也因此具備了在這個世界上展現改變和貢獻的一切所需。2號閘門管理資源，並利用這些資源來創造影響和完成改變任務。

肯定語句

　　我能有效掌握資源；為了致力於我的天命以及我對世界的貢獻，我知道建立穩固支持基礎的必要條件為何。

練習題

1. 為了順從你的天命，你需要採取什麼做法？哪些是必要的資源？
2. 你已掌握哪些資源？你該做些什麼才能為實現你的夢想創造扎實的支持基礎？

3號閘門：秩序

> 易　經：凡事起頭難（屯卦）
> 占星學：牡羊／金牛
> 生物學：卵巢和睪丸

　　3號閘門與突變和改革有關。從基因層面而言，3號閘門帶來新的遺傳物質，並不斷向舊有物質推進，從中觀察是否有整合的可能。從工作的角度來看，它設法改變工作的經驗和回應。3號閘門回應能帶來改變的工作，其毫無限制的尺度往往讓人感到適應不良或困惑不已。3號閘門的目的是回應世上那些有助於改革或創造改變的工作。它和所有突變歷經的過程相同，在改變之初最不易。但它必須經過此關卡，以「證明」能量確實值得整合。若缺少這段努力的過程，社會將會面臨到動盪不安和反覆改變的風險。

擁有此能量者有時會感到萬事萬物在起始之際，彷彿對他們特別嚴苛。然而，生命的韌性最終將揭示他們歷經的困難是否苦盡甘來、一切值得。

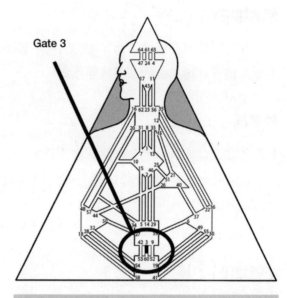

圖表53：3號閘門

肯定語句

- 我接受並擁抱侷限。
- 我相信當下的經驗將能完善地幫助我創造出我希望的局面。

練習題

1. 在你的人生中，你在哪些領域感到阻力或時常在人生階梯上「鬼打牆」？你要做些什麼才能接受或消除這些阻力？

2. 你是否想做某事，但隱約感覺時機不恰當？你要堅持行動，還是暫緩、相信老天爺的時間安排？

4號閘門：解答／公式化

4號閘門是解答的閘門。你也許會納悶，關於什麼問題的解答呢？不重要，解答本身就是重點。源於4號閘門的解答不太注重正確性，它們只不過是需要經過時間證實的各種可能性。

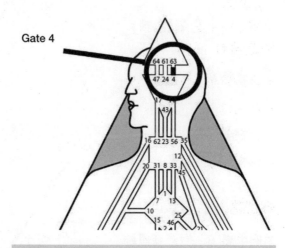

圖表54：4號閘門

擁有此能量的人（尤其是加上空白的頭腦中心）很常會籠罩在想出解答的壓力中，而答案有時便出其不意地脫口而出了。請記住，找尋解答的過程只是一種能量流動；某人想出答案並不代表那就是正確無誤的解答。

肯定語句

- 我的想法和經驗能賦予我知識，讓我能充滿自信、堅定地朝未來前進。
- 我會耐心等待，觀察我的答案是否正確。

練習題

1. 在你的想法、經驗和沉思中，你是否得到了新的覺察、知識或理解？
2. 在你的創造之路上，你重要的下一步為何？

5號閘門：固定模式

> 易　經：等待（需卦）
> 占星學：射手
> 生物學：卵巢和睪丸

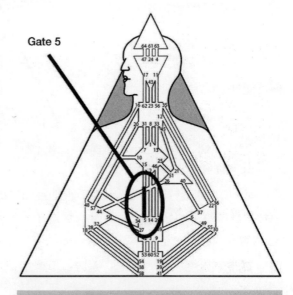

Gate 5

　　5號閘門深具韻律。若你擁有此能量，為了感覺良好和踏實，保持固定慣例非常重要。假使你的慣例中斷了，你會發現接下來的一整天似乎都不太對勁。

　　若你是擁有此閘門的生產者，你會回應充滿節奏感的工作和性愛機會。5號閘門偏愛按照慣例行事，就算是親密感和工作都具有固定的模式、一致性和韻律感。

圖表55：5號閘門

肯定語句

- 我的慣例和習慣必然能幫助我引領自己的生命動能。
- 我會給予日常節奏時間和空間。我尊重自己，因此我也會尊重我的特殊慣例。它們能讓我感到踏實及與宇宙的連結。

練習題

1. 你擁有自己的日常節奏嗎？你每天該做些什麼才能讓自己、宇宙和外在世界的步調得到尊重？
2. 你在外在世界中是否擁有足夠的時間？你該做些什麼才能夠和世界重新連結呢？

6號閘門：摩擦

> 易　經：衝突（訟卦）
> 占星學：處女
> 生物學：腎臟和胰臟

　　6號閘門能連結薦骨至情緒中心。這是一股具滲透力的能量，亦即，它能潛入人們的能量場。它是情緒的動能，而非引誘的能量。

　　從性的層面而言，這是「追蹤」某人能量場的能量，若妥善使用就能成為通往真正親密的大門。在人類圖裡，真正的親密不僅源於性，也來自繁衍的過程。

6號閘門的性慾具有情緒的特質，需要經過時間才能得到澄清與明朗化。「先評估，再深入」可謂此閘門的真言。用等待來確認這是否是正確的事件。

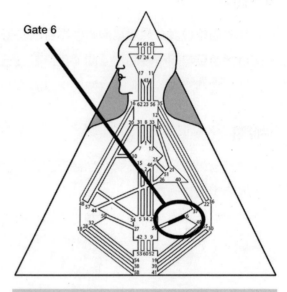

等待而來的親密帶有滋養成分的可能，即便滋養並非這個能量固有的特性。若你不加等待，這段關係將缺乏滋養感受，最終走向破滅。此種不適當

圖表56：6號閘門

的親密造成的瓦解結局可能是戰爭或衝突，即對錯誤選擇的強烈情緒反應。

6號閘門本身的戰爭和衝突能量中，同時也具有防衛的特質。而衝突，可能是為了保護親愛的人。家族人迴路群（參照第六章）需要你為了群體的巨大福祉而斷然犧牲自己。你會努力爭取愛和資源。帶著清明思緒的6號閘門會為了保護家族挺身而出、是向外敵投擲長矛的第一人。

沒錯，澄明在此至關重要。若缺乏澄明，戰爭將會成為毀滅性的災難，最終導致家族的滅亡。

肯定語句

- 我臣服於生命。
- 我臣服於自己的天命，這便是做自己和活出本來自我的意義。

練習題

　　你的渴望和真實的你協調一致嗎？你是否如實無畏地活出自己呢？哪些部份需要做出改變？

7號閘門：互動中的自我

> 易　經：軍隊（師卦）
> 占星學：獅子
> 生物學：肝臟

　　7號閘門的任務是擔任超越自我的領導角色。由於它的功用在於維持統御力，因此，7號閘門若未充分發揮，便往往會費力地設法取得領導權，但成效通常不大。

　　這種能量必須得到得到眾人的辨識和認可，就其本質而言，當它徹底展現時，便符合真正的民主特性。你無法強迫這股能量發揮領導作用，如此得來的成果也不持久。

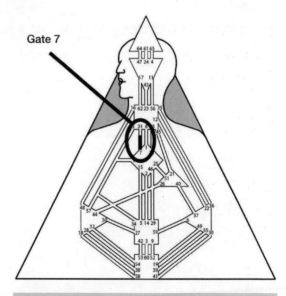

圖表57：7號閘門

　　擁有7號閘門或31號閘門者是眾人眼中的天生領導者。他們在團體中被分配至領導角色的情形也相當常見，而那也是他們本該擔任的位置。

肯定語句

- 我在人生中會擔任領導角色，我也知道我必須和世界分享我的影響力。
- 我充滿力量，我相信宇宙的奧祕安排能帶領我去到該去的地方，讓我展現真正的能力，為世界留下影響力。

練習題

1. 你在人生中的哪個部分需要得到領導權？你該做些什麼，才能夠引領你的夢想？
2. 你希望在你的人生中經驗哪種影響力和認可？是哪些原因讓你在過往人生中得不到認可？你需要做出什麼改變才能更加顯露自己的才能嗎？

8號閘門：貢獻

易　　經：凝聚在一起（比卦）
占星學：金牛／雙子
生物學：甲狀腺和副甲狀腺

　　8號閘門不像1號閘門存在著某些壓力，但它仍能感受到做出貢獻的迫切需要。這是源於薦骨中心至喉嚨中心，個體人的最終展現。

8號閘門渴望完成任務、改造、創造改變，但它必須搭配適合的能量及得到認可才能如願。恰當的時機和適合的能量是最大關鍵。有時這代表全然地等待，但這對於懷抱著改變世界理想的人而言並不容易。

8號閘門的能量若徹底展現，它會成為創意的典範。它等待恰當的時機

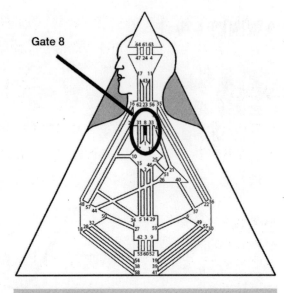

圖表58：8號閘門

再藉由「言行一致」分享。8號閘門若有效發揮會是啟發人心的能量，藉由以身作則來創造改變。

肯定語句

- 我能給予最大的貢獻便是和世界分享我的觀點、我的愛和我的本質。我會藉由充分展現自我的真實性，實現我的使命。
- 我絕不退縮並散發自我的能量。我是為整體人類帶來啟發的重要角色。

練習題

1. 若你能活在不需妥協和讓步的人生裡，那會是什麼模樣？
2. 你該如何做才能活出自己？什麼事物會讓你感到畏縮不前？

9號閘門：專注

易　　經：處理細節的能力（小畜卦）
占星學：射手
生物學：卵巢和睪丸

9號閘門屬於專注的能量。它具有痴迷行為和過度思考的能力。就某種程度而言，9號閘門會增強人類圖表中的所有能量（特別是當能量將9號閘門一路未中斷地帶往喉嚨中心時）。

9號閘門擁有聚焦的能力，但未必能長時間維持。在與注意力缺失症（ADD）類似的行為中，9

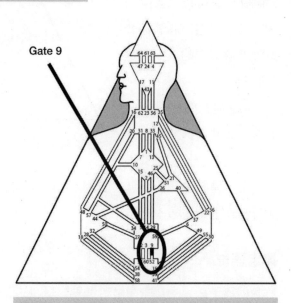

圖表59：9號閘門

號閘門扮演了關鍵的角色，即使全神貫注卻也靜不下來。

若你擁有9號閘門的能量，你在別人眼中也許是個鑽牛角尖、彷彿無法對某一想法善罷甘休的人。對9號閘門而言，的確是如此。不管你正在做什麼，無法說忘就忘，某些想法總是盤旋在你的腦中。除非你遇到擁有52號閘門的人，否則你很難靜下心來，專注於該事物。這兩道閘門（9號和52號）對學習和解釋集體行為模式至關重要。

肯定語句

- 就算我正忙於其他的事物，我也總能專注於我的計劃。
- 我會遵循我的人生策略，並帶著我獨有的專注力採取行動。
- 我知道我的內在專注能展現於外在世界。

練習題

　　練習以下的問題有助於你探索能讓夢想成真的具體步驟。

1. 拿出一張紙，在正中央畫一條區隔線。左半邊標上「我」，右半邊則寫上「宇宙」。
2. 在「我」的欄位寫下為了完成夢想你必須做的每一件事情。這些是你需要處理的實際項目，例如：寫一本書、考取駕照、架設一個網站、參加某課程……等。
3. 在右半邊的欄位寫下交由宇宙完成的任務。這些是當下你無法掌控的項目，像是吸引很棒的客戶、朋友或愛人到你的身邊，帶給你完善的資訊和支持……等。

10號閘門：愛自己／自我行為

易　經：前進（履卦）
占星學：射手／魔羯
生物學：肝臟

　　10號閘門是意義重大的代表閘門之一。它根源於自我中心，並和給

予力量有關。此閘門中給
予力量的能量是藉由以身
作則而發揮作用，換句話
說，10號閘門者往往能透
過展示自己的生命榮耀，
賦予其他人活出生命價值
的力量。

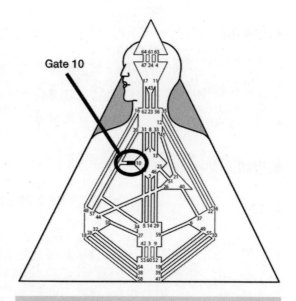

Gate 10

圖表60：10號閘門

　　10號閘門可謂是一
股難解的能量。能量若徹
底展現，這便是關於承擔
個人責任和充滿力量的閘
門。反之，若能量未充分
發揮，這就是一股責備他人、處於受害者立場的能量。

　　由於10號閘門未啟動者會放大此能量，故而，對具有10號閘門者而
言，生命中彷彿充斥著責備的主題。若無法去制約化，受到責備或責備他
人的情節將永無止盡的上演。

　　10號閘門的連結位置值得探討：

- 連結至57號閘門便會產生完美形式的通道及直覺生存力。
- 連結至34號閘門便會形成中央迴路，與生存和方向的完美形式有關。
- 連結至20號閘門，10號閘門便擁有傳遞力量的能力。

肯定語句

- 我尊崇屬於自己的生命奇蹟。我是造物主創造的獨特作品，我知道自己
  在世界上是獨一無二的存在。

- 我會選擇和採取能榮耀自身生命價值的行動，我也會讓身邊充滿支持我、滋養我、鼓舞我、提升我的人。
- 我擁有強大的力量，我是主掌自己生命方向的舵手。
- 我會做出能實現我神聖潛能的選擇。當我充分展現自我時，我便能開創讓他人也同樣能表現真實自我的空間。
- 我知道愛自己有助於讓我準確、不偏離地走在自己的人生道路上。

練習題

1. 你需要釋放掉哪些陳舊的能量以及「受害者故事」？
2. 對你而言，充滿力量和影響力代表什麼？你該做些什麼才能夠得到更多力量呢？
3. 請列出愛自己的事項。寫一封情書送給自己，並對著鏡子大聲朗誦。
4. 你能採取哪些符合愛自己的決定和方向？

11號閘門：想法／新想法

> 易　經：和平（泰卦）
> 占星學：射手
> 生物學：腦下垂腺的前後葉

　　假設創造力是一條溪流，絕大多數的人會拿著一只杯子踏入溪中、舀起一口喝下。擁有11號閘門者則會帶著二十個臉盆走入創造力之流，並站在堤岸邊思忖著如何利用這些想法。

11號閘門充滿了無數想法，然而，渴望執行腦袋所有的想法便是其挫敗感的來源。他們時常抱怨其他人「偷走」他們的想法或自己的點子被「剽竊」了。

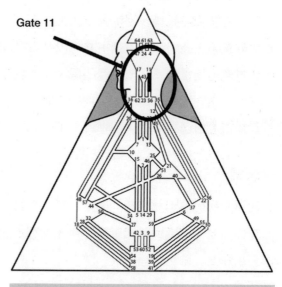

圖表61：11號閘門

若11號閘門者能明白，他們腦中產出的所有想法並不是為了服務個人，而是要在「得到邀請後」與人分享，這樣他們就能和自己源源不絕的點子和平共處。此閘門的挑戰在於耐心等待對的人走向前來、徵詢他們的想法。

11號閘門也是探尋者（而非發現者）的閘門。若11號閘門者能保持不斷探索的姿態且不抱持既定答案，就能享受人生旅程。別忘了，11號閘門是屬於想法的閘門。你不必急於展現所有（或任何一個）想法。若某個想法適合你去實現，它將會依循你的人類圖策略顯現在你的生命中。

肯定語句

- 我尊崇我的內在創造過程。
- 我對人生中曾經歷的教訓和冒險抱持感恩之心，我知道我的每一則人生經歷會為我的生命和人類的故事增添美麗和鮮豔的色彩。

- 我會以放鬆的態度，享受人生中追求真理的過程；我很清楚，我學得愈多，愈能讓我成長，而學習和成長永不止息。
- 我會品味生命中的每一刻，並將自己視為承載創意的容器。我會放鬆、深呼吸、相信，讓想法源源不絕！

練習題

1. 請評估過去幾週以來，你所完成的任務？你是否從中學習到什麼？你能如何精進那些已完成的項目？
2. 在本週內持續記錄自己的想法。你永遠算不準何時會遇見能分享想法的適合對象、何時自己會得到改變一生的重大想法！

12號閘門：謹慎

> 易　經：靜止不動（否卦）
> 占星學：雙子
> 生物學：甲狀腺和副甲狀腺

　　12號閘門之所以謹慎，是因為它需要確認自己是否受到尊重。若處於不對的情緒，此種謹慎的根本表現便是害羞，反之則為勇敢無懼。12號閘門也是與社會環境緊密相連的強大能量，而擁有此閘門能量且喉嚨中心呈現開放者，往往具有導引和預言的顯著特質。

　　12號閘門若在不恰當的時機分享就會面臨某種挫敗和憤怒。有時，當他們的真知灼見在事後證明是正確無誤時，這種能量便會退隱為「你看吧！我早就警告過你」的樣貌。

諷刺的顯示能量在此閘門中非常強烈。此外，這裡頭似乎存在著一股說話和表現的衝動，但假設你總習慣不假思索、為所欲為地表現，你便會體驗到言語冒失而引發憤怒的後果。時而在人生中打造「靜止不動」的狀態對擁有此能量的人而言，確實是內心的一大挑戰。他們若曾因為在不適當的時機

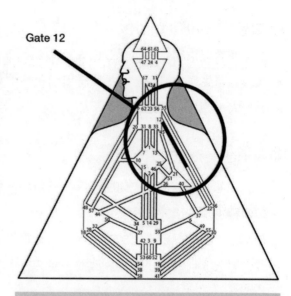

圖表62：12號閘門

表達自我而有過不愉快經驗，退而保守往往會讓他們變得畏縮停滯。

但12號閘門若在恰當的時機分享，就會是很出色的語言藝術家；它擁有覺知迴路（參照第七章）的創意表現能量，能以熱情、豐富和深刻的方式展現，充滿了藝術和創意能帶給人類的活力和力量。它會是一股創新、蛻變和極具影響力的能量。

肯定語句

- 我的言語、表現力和創作都受到神聖的指引，而我會完善傳達自己和自身創造物的美。
- 我的意見能得到聆聽和重視，而我會繼續分享我的洞見和經驗，以作為自身創造過程的一部分。
- 我的出色觀點能幫助我形成想法和創造。

練習題

1. 你是否運用意志力或神聖的力量來創造事物？

2. 停滯的狀態是否會讓你感到困陷？你該做些什麼才能讓自己繼續往前？

3. 現在是和他人分享你的觀點、想法和靈感的成熟時機嗎？

4. 你能做些什麼有趣的事，以激發自己的創造能量？

13號閘門：聆聽者

易　　經：夥伴關係（同人卦）

占星學：水瓶

生物學：肝臟

13號閘門像是某種神奇魔力。它是一股能引起周遭人們奇妙反應的能量。13號閘門會帶給周遭人分享自身祕密的驅力。若你擁有此閘門能量，人們（即便是不熟識的人也一樣）會忍不住向你全盤托出心中的每一件事。這就是聆聽者的能量作用。

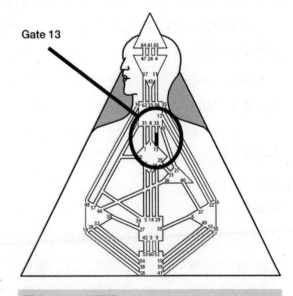

圖表63：13號閘門

　　當你持有這股能量時，你就是說故事者，但更重要的是，你也是故事的「保管人」。由於13號閘門的能量非常靠近喉嚨中心，此外，它也屬於表現通道的一部份，因此，你一不留意就會將他人的故事和祕密說溜嘴（若喉嚨中心有定義更是如此）。然而，保守故事是一件神聖的任務，從更高層次而言，你是持有開啟人類故事片段的鑰匙保管人。

　　13號閘門的能量作用不僅是聆聽，還包括聆聽故事後的方向指引。這是一股需具備憐憫心和智慧的特別能量。最理想的景象莫過於人們能感知13號閘門者是很棒的聆聽者，也相信這股能量是鋪設人生道路的材料之一。

肯定語句

- 我信奉神聖的宇宙。在我的內心深處，我和自己更崇高的使命並肩而行，我會採取能增進眾人福祉的行動。每一天，我會試問自己，我是否善用了頭腦、雙眼、言語、心靈、雙手、身體、我的觀點和存在，以完成神聖的任務。
- 我會仔細聆聽他人的言語、爬梳真正的意義。我會讓自己覺察所有話語裡蘊藏的真實，如此一來，我就能知曉每一則訊息的神聖意義。
- 我持有讓人類匯聚以實現崇高使命的神聖空間。
- 我以愛引領眾人。

練習題

1. 你如何看待自我價值？你能位居幕後，自在地為眾人的福祉效勞嗎？你在哪些人生領域仍感受需證明某事的驅動力？
2. 你能做些什麼，好讓你更能聆聽和真正聽見他人的話語？你需要做些什麼，才能更讓你聽見和聆聽自己的內心指引？

3. 你會為自己保留一些時間以釐清思路嗎？你能看見自己過往人生的真實意義嗎？你仍需放下哪些過往片段嗎？

14號閘門：權力技能／強而有力的技能

> 易　　經：掌握權衡（大有卦）
> 占星學：天蠍／射手
> 生物學：卵巢和睪丸

14號閘門屬於全然生產的閘門。此閘門擁有工作以獲得金錢報酬的能量。然而，它不僅是為了錢財而工作，它也會回應機會以創造資源。整體而言，這是關於權力技能、重要的社交網路及所有與財富相關的能量。

14號閘門彷彿得到了機運的祝福。當擁有此能量者做出回應時，該回應在某種程度上都與創造財富有關。

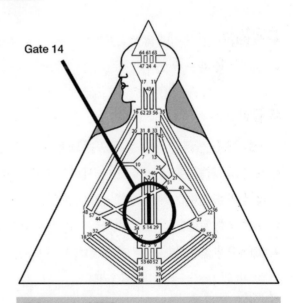

圖表64：14號閘門

　　天生具有14號閘門的能量就像生而坐擁一筆「遺產」。由於賺錢有時對他們而言簡直易如反掌，因此他們往往不在乎物質層面的財富象徵。

　　這股能量會不斷導向為整體人類創造貢獻的渴望。擁有14號閘門的人明白，沒有資金為本，世上的一切都是空談。然而，在此所謂的資金，並不是意志力迴路（參照第八章）裡的個人財務。它純粹是指從事適合的工作，再賦與此工作得以徹底發揮的能量。

肯定語句

- 我相信且知道只要我遵行我的人生策略，我所做的一切努力都會得到全然的支持。
- 我無限的創造才能會帶我支持的力量，而我會善用我的支持力量實現我的人生使命。

練習題

1. 列出所有你目前正在進行、感到激勵人心和有趣的事情。在這些事項中，承諾自己每天至少關注一個項目。
2. 若你只跟隨你的熱情行事，你的人生會變成什麼模樣呢？你會從事什麼工作？你會如何評價你的人生？你的能量能徹底展現嗎？
3. 你相信宇宙會支持你走在喜悅的人生道路上嗎？你能從事自己熱愛的工作，並相信自己會得到支持嗎？

15號閘門：極端

易　經：謙遜（謙卦）
占星學：雙子
生物學：肝臟

15號閘門是一股充滿影響力和多面向的能量。它屬於極端的閘門，尤其是韻律中的極端。擁有15號閘門者總是不斷在尋找自己的節奏，但它卻始終變化萬千。若他們能找到固定的節奏，那麼它也一定充滿多樣和極端的特質。這種情形有時會讓關係變得極具挑戰性，尤其是15號閘門和5號閘門在關係中相遇時。

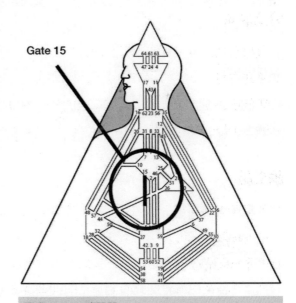

圖表65：15號閘門

15號閘門者擁有強大的能量場。對此，他們通常能察覺且試圖隱藏，但無法如願。15號閘門的能量場總能比他們搶先一步到達某一空間，成為眾人的注目焦點！

15號閘門代表人類之愛。它能通往對人類愛的極致表現。15號閘門具有烈士的色彩。但願它同時與10號閘門搭檔作用，如此一來，它便帶有給予力量的特質。

這股能量不僅帶給我們對世上其他人的深厚連結感，也讓我們和自然界緊密相繫。它是屬於自然、潮汐、動物和基本元素的能量。它清楚地展現出我們和自然界的命運是密不可分、緊緊纏繞在一起的。當我們和15號閘門攜手合作時，我們會試問自己希望能對這個世界以及世上的人們做出什麼貢獻？

肯定語句

- 我的生命豐富了人類的完善。我的努力讓世界受惠。
- 我無條件接納構成人類寬闊光譜的多元和節奏，並順從另一股更巨大的生命之流。
- 我對人類的多元和壯闊抱持敬畏之心，而正是此敬畏態度驅使我為眾人的福祉效勞。

練習題

1. 你在生命的哪個部分具有韻律？哪個部分需要調整，才會更能讓你順應生命之流？
2. 自然界想和你分享什麼訊息？你需要調整自己，讓自己的步調更能與自然一致嗎？
3. 你能為人類帶來什麼貢獻？你能欣然接受自己的使命作用嗎？你需要或想要強化你的承諾嗎？

16號閘門：技能

易　經：熱忱（豫卦）
占星學：雙子
生物學：甲狀腺和副甲狀腺

　　16號閘門充滿熱忱但缺乏深度（除非搭配48號閘門）。這是「做就對了」閘門，它會直接行動，事後再理解細節。慶幸的是，16號閘門通常滿懷天賦，也往往能擺脫膚淺的才能表現。

　　16號閘門賦予我們起身行動、對創造過程盡心盡力的能量。它是關於技能的閘門，但卻少了些深度，因此在這股熱血沸

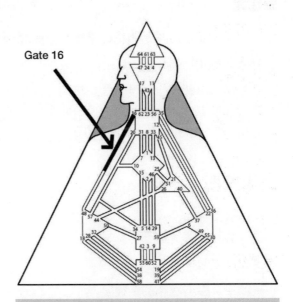

圖表66：16號閘門

騰中，也包含了某種年少、不成熟的氣息。在掌握創造的過程裡，我們仍有許多事物待學習，然而就如同塔羅牌裡愚者（the Fool）傳達的訊息——每一段旅程都始於踏出興奮的第一步。

肯定語句

- 我會讓自己不斷試驗和創造。
- 試驗和探索是富有創造力的我固有的一部分，它們能讓我找出正確的模式，得以展現自己的才能和靈魂的旅程；而正是對此旅程的不懈追求，才讓我活在喜悅之中。

練習題

1. 你有什麼夢想正開始開花結果嗎？你的試驗過程帶給你什麼啟示？你需要做什麼調整嗎？
2. 哪些信念是構成你展現自我試驗的一部分？你是否存有需要拋棄的舊有信念？

17號閘門：意見

易　經：跟隨（隨卦）
占星學：牡羊
生物學：腦下垂腺的前後葉

　　17號閘門的能量能讓我們拋出新的、仍待檢驗的想法。它是好奇的能量，不帶有確定的特質。邏輯的能量是透過經年累月地修正模式而臻純熟。17號閘門是邏輯迴路（參照第九章）中首要的修正能量，但它只不過是一種假象；若是沒有經過一段時間的檢驗和純熟，17號閘門終究純屬意見。

這股能量其實不容易掌握，尤其對那些不擅等待人們邀請再行動的人而言更是如此。17號閘門會出其不意地說出意見，有時並未清楚意識到意見只不過是一種想法。在人們尚未辨識出你的能力前，這些意見通常會遭受排斥，而提供意見者則往往會被忽視。

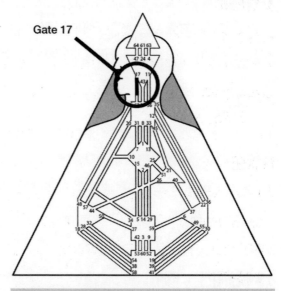

圖表67：17號閘門

17號閘門僅僅是提出點子；若他們能在內心知曉自己想法的奧妙之處，而非堅決行動並抱持著自己的意見就是無懈可擊的態度，那他們就能在創造集體完善的過程中扮演好屬於自己的角色。

不妨將17號閘門視為科學方法裡建立假設的步驟；假設是用來被試驗、檢驗是否為真的陳述。意見也許是、也許不是正確的，意見的存在功用是接受檢驗，因此在本質上是需要被試驗的新想法。

此能量若未充分發揮，它就是一個貿然發表意見的閘門。反之，若能量徹底展現，它便是一個發展嶄新可能或模式的大好機會。

肯定語句

● 我會耐心等待他人的邀請，再提供我的想法和意見。我知道當人們主動邀請時，他們就會珍視我的想法。

- 我明白我的真實並不總是他人的真實。每一個人都有屬於自己的獨特旅程，而不同的觀點會產生不同的理解。
- 我信奉事實，而我會等待那些支持我的事實的人。

練習題

1. 你會怎麼處理那些代表你的熱忱的想法和靈感？你擅於堅持想法，並等待對的人加入你的想法萌發階段嗎？
2. 「奉獻」對你而言，代表什麼？你準備好幫助他人了嗎？你希望再多盡一些心力嗎？你能全然無私地奉獻自己嗎？

18號閘門：修正

易　經：找出錯誤之處（蠱卦）
占星學：天秤
生物學：脾臟和淋巴系統

　　18號閘門是追求事物完美的直覺力，是屬於編輯和會計師的閘門。它也是和脾臟有關的閘門，因此不涉及思考，只全然地傳達直覺的理解，以及恐懼。18號閘門的恐懼為事事皆不完美，除此之外，它和所有源於脾中心的閘門相同，也潛藏著讓人因為擔心「永遠沒辦法把事情做好」而畏首畏尾、動彈不得的可能性。

　　18號閘門會讓人感到嚴厲，尤其是當它未獲得辨識及認可的情況下。18號閘門並未和任何一個動力中心連結。這股能量必須得到他人的識別和召喚。當它得到邀請而發揮時，就會成為出色和充滿活力的能量。

我們需要能「修正」和知曉如何讓事物更臻完善的人。擁有18號閘門者能找出最理想的模式，並以充滿影響力的方式展現於世。此外，由於18號閘門屬於直覺力，且非常靠近根部中心，因此，擁有此閘門者時常會籠罩在亟欲分享修正心得的壓力中，而人們往往不是反應淡漠，就是充耳不聞。有

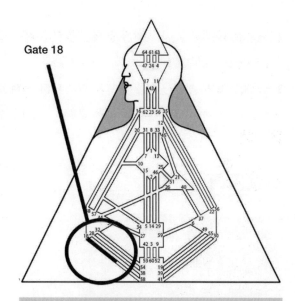

圖表68：18號閘門

時，我們會戲稱18號閘門為「看吧！我老早就告訴你了」閘門。

肯定語句

- 我的人生就是益臻完美的過程。我目前所處的人生位置就是我所有經驗的總和，而隨著我不斷學習、成長，我的理解力和察覺能力也將一併純熟。

- 現階段的我就是完美的。我的「錯誤」是幫助我成長的催化劑，而我樂於修正模式，並為自己的人生注入愈來愈多盡善盡美的事物。

- 每一天都能賦予我成長和發展的機會，而我會抱持愉快和感恩之心。

練習題

1. 當你回顧自己的人生時，你能發現哪些成功的模式嗎？你該怎麼做，才能讓這些模式重演？

2. 當你檢視過往人生，你能發現哪些自我糟蹋的模式嗎？你該怎麼做，才能消除這些模式？

3. 你該怎麼表達自己的感受？指責？抑或是寬恕？

4. 你的創造過程中，要調整哪些部份，才能產生更與內心一致的表達？

19號閘門：想要

易　經：靠攏（臨卦）

占星學：水瓶

生物學：腎上腺

19號閘門非常敏感。這條通道（19-49）真切需要在情感上坦誠，因情緒的敏銳度有助於決定是否要投入一段關係。假使這段關係並沒讓你「感覺良好」，它也就很難實現親密。

19號閘門的敏感度顯現在各種不同的面向。它很容易受情緒能量的轉變影響。父母務必要明白，教養19號閘門孩子的方

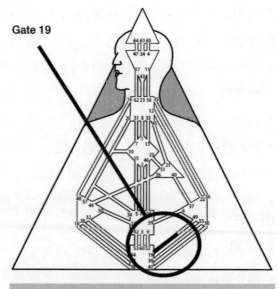

圖表69：19號閘門

式必須採溫和路線。吼罵、體罰或其他激烈的情緒表現都會為他們帶來殘酷的內心煎熬，尤其是這些孩子的情緒中心是開放設計時更是如此。

19號閘門對碰觸和感覺也非常敏感。情緒能量和觸覺有關，而促使親密發生的需求則深植於想要被碰觸與否的渴望。真正的親密需要讓身心都能全然感受。擁有真正的親密後，隨之而來的便是決心投入這段正式連結的關係。

這種情況會以敏感的肌膚和觸覺官能顯現。19號閘門者往往會剪掉衣物上多餘的標牌，喜歡柔軟的布料，或甚至將襪子反穿，以避開前端的縫線抵蹭腳趾。

19號閘門也擁有非常靈敏的味覺。它能在相似種類的食物間，辨別出味道和口感的差異。舉例來說，若19號閘門者改換麥片品牌食用，他們也能清楚分辨製造商的不同。

此外，由於19號閘門牽繫著哺乳類和動物能量的連結，因此它通常對動物的能量非常敏感。19號閘門者往往能從飼養寵物、把牠們視為同伴的過程中獲益良多。

肯定語句

- 我明白循環的尾聲永遠是新循環的開端。我會帶著祝福以及自循環中汲取的教訓，勇敢地朝下一階段邁進。
- 我尊崇我的敏感度，也信賴我的感受。

練習題

1. 哪些循環在你的人生中即將進入尾聲？你從中學到了什麼教訓？你在哪部分得到了澄明？

2. 對於這些結果，你是抱持抗拒或是接納的心態？你需要做些什麼才能為新的循環創造開始的空間？

3. 對你而言，親密代表什麼？你的需求是否得到滿足？是否滿足另一半的需求？是否清楚傳達了自己的希望？是否接受你的另一半為你付出？

20號閘門：蛻變／當下

易　經：冥思／注視（觀卦）
占星學：雙子
生物學：甲狀腺和副甲狀腺

20號閘門充滿影響力。它將整合型迴路（參照第七章）帶往喉嚨中心，決定了直覺意識的表現是否能轉化為適切的行動。20號閘門能以多變的姿態與賦權、自我、直覺、力量和生命力擦出火花。它屬於個體的聲音，能產生突變、賦予力量，也能停滯不前、失去力量。（請記住，並不是所有個體的聲音都具有適應能力。）

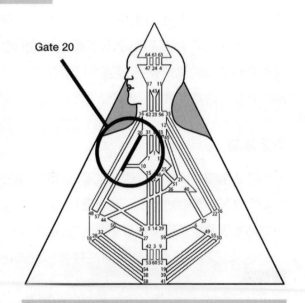

圖表70：20號閘門

當20號閘門充分發揮潛能時，它便是整合的徹底展現，就算與外界背道而馳，仍會堅持採取對的行動。這好比在森林中，當其他人在臉上塗抹上亮粉紅色時，你卻選擇漆上綠色保護色，或採取其他和主流格格不入的「正確」措施。

由於20號閘門是整合的展現，因此富含天生的智慧。在傳統易經中，二十卦代表明智的君王在採取行動前，佇立山巔、觀察風向趨勢。20號閘門需要時間來展現本身蘊藏的智慧，以作為整合的一部份。它觀察、注視，並等待展現高深知識、洞察與覺察的時機。最終，它會將覺察和識別轉化為行動。

20號閘門也具有辨識他人天賦才華的能力。它就像是優秀的藝術評論家或是獨具慧眼的出版商，憑直覺就能知曉最高境界的覺知及自我表現。在人類圖表中，20號閘門帶給我們最饒富趣味和有違常理的認知。由於我們受制約影響而深信權力和魅力屬於一種強迫能量，即若缺少伸張或甚至侵略，就無法得到認可的能量。

然而，人類圖表告訴我們，唯有先得到認可，權力、魅力和領導能力才能有最極致的表現。專制和急於展現並不真正有效，並且往往只會遭受人們反抗。

真正的權力存在於等待恰當的時機、適當的認可與等待過程中的準備。擁有此閘門者須耐心重整自己的渴望、行動及心態。在你的心田播灑適切的思想種子，再灌溉以信念、信任和見識，最後交由神聖的秩序掌管一切。20號閘門不僅能實現對的機會，也能讓對的人在過程中加入、並肩作戰。

肯定語句

- 我有能力完成某事，並不代表我必須或應該實現某事。我會善用我的人生策略來決定行動，我只願執行那些對我而言是正確的事。
- 我是一扇通往完美宇宙的大門，也是創造神聖秩序的行動開端。我決定執行的行動在其他我選擇不作為事件襯托下，才得以變得更加顯著。

練習題

1. 關於不採取行動，你的感覺是什麼？
2. 在你的生命中是否存在著你汲汲營營追求，卻毫無方向的人生區塊？在此追求過程中，你是否感到筋疲力竭？其成效是否符合你的預期？
3. 在你的生命中是否存在你需要掌握領導或代表權的人生區塊？
4. 請試著描繪你的個人力量。你是否充分發揮了你的個人力量？

21號閘門：財務長／獵人

> 易　經：奮勇前進（噬嗑卦）
> 占星學：牡羊
> 生物學：胸腺

　　21號閘門是掌管財務的閘門。我們能在21號閘門裡探見控制資源的極限。這是一條極度渴望掌控實體資源的物質通道。

　　擁有此能量者非常愛護自己的所屬物。假設他們買了一輛新車，他們可能會將它停放在停車場的角落邊緣，以防其他人的車門碰撞到自己的愛車。21號閘門在旁人眼中也可能是個控制狂。即便此閘門具有與喉

嚨中心相連的可能，但就其本身而言，它屬於投射性質，亦即，除非人們主動要求，否則不會接受21號閘門者的控制。

當21號閘門得到識別與認可後，它就能成為他人的珍貴資源。21號閘門的智慧讓我們知曉善用自身資源及花費金錢的最佳方式與最好時機。

雖然我們會抗拒21

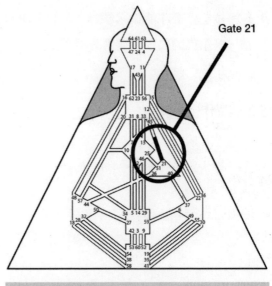

圖表71：21號閘門

號閘門的控制，但不可否認地，它是維持富足的重要能量。優秀的財務長不一定討喜，但飽滿的銀行戶頭肯定人人皆愛。

肯定語句

- 我能掌控我的想法和行動。我會消除自己對他人的掌控欲。
- 我會利用我的能量管理自我，並信任宇宙會帶給我各種機運和神奇魔法，讓我徹底展現自己的渴望。
- 我的靈感是他人靈感的來源。我藉由以身作則來引導眾人。

練習題

1. 在你的人生中，你需要解除對哪些事物的控制？
2. 你該做些什麼才能讓他人盡情展現自我，為他人保留自由的空間？

3. 你該做些什麼才能加深你對宇宙的信任？你該消除哪些舊有的信念和恐懼，好讓你的信任感變得更穩固？

22號閘門：開放

> 易　經：優雅（賁卦）
> 占星學：雙魚
> 生物學：腎臟和胰臟

擁有此能量的人，若處在對的情緒之中，會非常地優雅和迷人。他們知道如何「遊說影響」他人，也會是很出色的資金籌募者和贊助者。22號閘門的祝福源於領會美麗和優雅是來自於內在，也明白此內心世界只能和那些願意等待、且珍視他們的人分享。當內在的美麗和優雅得以被掌握時，對的

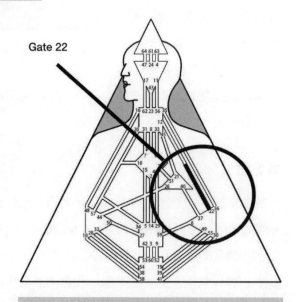

圖表72：22號閘門

人便會賞識這份美麗，進而為它開創出表現的空間。

　　反之，無法理解美的內在世界便會褪去優雅的光采。衝動行事、冒失發言或在不恰當的時機表露情感皆會產生一種因而讓人群遠離、喪失傳達美的機會的能量。擁有22號閘門的人務必要等待正確的時機，並在分享前主動告知。

　　這道閘門隨著自我成熟會益發顯露無比的智慧；它學會了判斷何時是適合分享的時機、何時又該沉默聆聽。當它在真正的優雅中萌芽綻放時，這股能量就會吸引眾人的目光。

肯定語句

- 在神聖的秩序面前，我會保持優雅和儀態。
- 我會觀察、評估、整合，進而分享我的覺察。我會在對的時機從容地表達我的想法。
- 我會善用我的正確意識能力，並將我的覺察和理解分享給他人。
- 我是暴風雨中的寧靜。

練習題

1. 當你面對情緒能量和他人的激烈反應時，你能採取包容和覺察的策略為何？你的超脫策略為何？
2. 你的講述風格為何？當你辨識出運作模式時，你該如何發表你的認知？
3. 你在生活中的哪部分會產生劇烈的情緒反應？你對你的情緒能量有何感受？你會等待情緒的澄靜，或是猛然躍入情緒浪潮、事後再自我釐清？

23號閘門：同化

易　　經：裂開（剝卦）

占星學：金牛

生物學：甲狀腺和副甲狀腺

23號閘門是不折不扣的遊戲規則改變者。它深知所有的基礎都能以新的想法和意識來瓦解。能等待正確時機的23號閘門，才蘊藏著轉變和促成進化的真正力量。只要具備正確的時機、邀請和認可，23號閘門的言語能改變世界，或至少能改變那些被分享對象的世界。若23號閘門靜候時機成熟，它的洞見會被視為天才的創見。

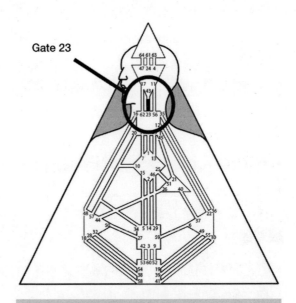

Gate 23

圖表73：23號閘門

但若缺乏適當的時機，它會被當成怪咖的狂言，毫無幫助。

23號閘門延續著43號閘門的轉變進程。身肩找出言語以表達覺知迴路（參見第七章）思想突變的任務。23號閘門的天賦便是能將43號閘門的想法，切碎成能清楚表達的細小片段。

肯定語句

- 我最大的優點便是擁有靜待他人邀請以分享洞見的能力。
- 我對自己的思考見識充滿自信，我相信自己明白和持有為自己及眾人福祉開創有力改變的良善之意。

練習題

1. 你如何保有你的洞見？哪些日常事項能幫助你保有自身計劃的能量？
2. 你是否有勇氣堅持你的洞察，就算當下沒有人能領會和理解也無所謂？你能習慣孤軍奮戰嗎？格格不入是什麼滋味？你會在什麼時間點選擇放棄？你會在什麼階段保持穩健和從容的人生步伐？

24號閘門：合理化／體悟

> 易　經：回歸（復卦）
> 占星學：金牛
> 生物學：腦下垂腺的前後葉

　　24號閘門是關於合理化的能量。在改變的過程中，24號閘門抱持的想法是「前進兩步、後退一步，最後至少仍前進了一步」。當你愈深入了解人類圖，你愈能明白，每一階段的擴張之後總是緊跟著收縮。雖然我們永遠都無法回到原來的位置，但會留有一個擴張的基礎，允許自己有修正發展的空間。我喜歡稱此過程為「重新調整」。24號閘門具有找出61號閘門真正有效想法的能力，並創造出正確的聚焦方向。

這是關於前進的強大能量，需要專注、計劃及放棄不適改變的精準眼光。這股能量能讓我們合理化過去和現在，充分利用並創造出新的事物。

24號閘門的合理化也具有投射的特質。合理化必須透過邀請才得以被分享和適應，否則我們會認為這只不過是瘋狂或不正常的事物。事實上，你擁有將任何事情合理化的能力。得到邀請之後，24號閘門的合理化就會是有道理且實用的。24號閘門是屬於聽覺、突變的能量，也帶有憂鬱的特質。即便你擁有合理化的能力，有時也會感到力不從心。

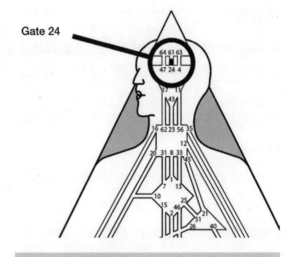

圖表74：24號閘門

肯定語句

- 我會將注意力放在自我進步和所有良善的事物上。
- 我專注於有用的方法及與之相應的協調事物，我相信所有有益的事物將成長發展。
- 我會讚頌自己的成功，並藉由專注投入於適合我的事物，來創造出更多成功。

練習題

請列出在你的人生中，所有讓你感覺美好和有效運作的事物。

25號閘門：靈魂之愛／自我精神

易　　經：天真（無妄卦）
占星學：雙魚
生物學：肝臟

我們從發起的衝擊（51號閘門）踏入到靈魂之愛。這是一股充滿愛的甜美能量，當然了，其中毫無衝擊的成份。它是全然的愛，當你置身此能量場時，就能感受得到。

然而25號閘門者的挑戰，是懂得理解他人行為的目的與原因。當25號閘門者目睹某件他們認為缺乏愛的事件時，他們

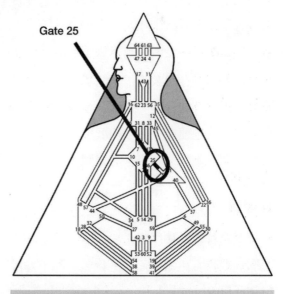

圖表75：25號閘門

會感到困惑不已。他們試著就事論事，但卻難以改變什麼。這股能量的考驗在於，你要學會成為愛。在得到邀請前，你必須懂得克制自己傳佈愛。記住，你不需要據理力爭或以言語說服他人。你的存在就是愛。

　　25號閘門擁有非常強大的療癒能力。你未必需要經過任何訓練，你天生就是個親力親為的治癒者。若你擁有開放的脾中心及25號閘門，你不但是天生的治癒者，也是能以愛的力量療癒他人的直覺治療師。的確，25號閘門告訴我們，此刻世界需要甜美的愛，每一個人都該能得到和感受這份愛。

　　25號閘門的能量邀請我們摒棄對人類的批判認知、接納更廣闊的愛。

肯定語句

- 我完全準備好在神聖的秩序中，站穩我的位置。
- 我知道我的計劃會依據神聖的安排而實現。我會帶著放鬆和信任的心情前進。
- 我知道人生中存有意想不到、更重大的結果，而它們都是為了我更崇高的良善而存在。我相信一切都會安適美好。
- 對於萬事萬物呈現的樣貌，我會懂得寬心看待。我知道當我需要明白的時候，真理便會在我眼前展現。
- 我的靈魂是我一切良善的來源。

練習題

1. 你信任神聖的秩序嗎？
2. 若此刻你在生命中面臨的挑戰，你不妨試問自己：「愛」會怎麼處理這些挑戰？

26號閘門：騙子／利己主義者

易　經：偉大的馴服力（大畜卦）
占星學：射手
生物學：甲狀腺

26號閘門是推銷員的閘門。它擁有精心策劃買賣成交，以及傳達某夢想是絕佳想法，族人應該「買下」這些夢想的能量。沒錯，族人接著會交付資源以讓夢想具體實現。然而，26號閘門有點狡猾。這股能量可能代表真相，也可能是假象。好的銷售員會賣給你可靠的夢想並履行他的諾言。但畢竟26號閘門的能量與銷售息息相關。有時銷售員會為了販賣而推銷，到後來卻成了誇大不實的賣藥郎中。

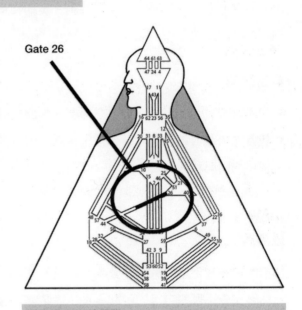

圖表76：26號閘門

26號閘門的最佳展現是誠信。它會表達從過往汲取的教訓，並擁有依據家族呈現過去的方式來形塑家族身分的力量。你不妨想想，歷史是可以改變的；26號閘門能將歷史隨心所欲地打造成它所希望的樣貌，再將重塑的版本呈現在族人眼前。

　　26號閘門也和意志力中心相連。因此，工作狂的現象在此暫時紓解。自我意識並不需要得到太多的認可，剛好足夠就能準備休息了。騙子讓你交出金錢，如此他就能放心離開。換言之，他銷售夢想，為夢想起頭，其餘困難的部分就交由其他人完成。（試想電影《歡樂音樂妙無窮》（The Music Man）裡，推銷員販售了一套虛構的樂器給純樸小鎮居民的橋段。）說穿了，這只是一場銷售活動。契約和交易的收入則含納在意志力迴路的其他部份。

肯定語句

- 我的言行充滿誠信，我會坦率地與親愛的人分享我的內心世界。
- 我會謹慎從容地發表言語或作出承諾，因為我知道，我所說的話語描繪出我的內心和靈魂。
- 我深切地留意自己的影響力，我會帶著慈愛之心傾聽週遭人的意見。

練習題

1. 你的行動和言語與意圖一致嗎？你該怎麼做才能讓它們不彼此偏離？
2. 你應該分享哪些自己的內在事實？你希望在這星期內創造哪些真誠率直的關係連結？
3. 在你的人生中，你真切重視哪些事物？你是否有表達出感謝之意？

27號閘門：責任／照顧

易　經：滋養（頤卦）
占星學：金牛
生物學：卵巢和睪丸

27號閘門付出的關懷和責任以及教育有關。得到良好照料的家族擁有最完善的神經發展系統，故而每個成員得以繼續實踐家族的價值標準。27號閘門承擔著透過教育和提供資源以傳達家族價值觀的責任。它供給食物，並教導家族如何成長和分配更多資源。

這絕非一股輕鬆的能量。畢竟，它屬於家族的

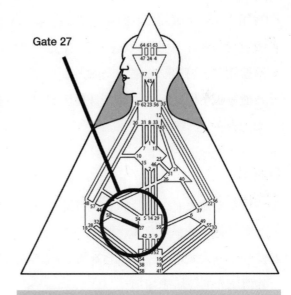

圖表77：27號閘門

能量。責任伴隨的壓力無庸置疑，傳達和滋養的實現也許要付出個人極大的代價，但卻能讓家族獲得無比的回報。

27號閘門的能量就像是德雷莎修女，充滿愛心、責任感、影響力和培育精神，為了眾人的福祉而奉獻自己。

這股能量若是健全發揮便能帶給你力量，讓你擁有屬於自己的收穫，也讓他人承擔應負的責任。

請記住，你無法迫使他人成長。他們必須下定決心為了自己而進化。若你設法扛起讓他人幸福的責任，只會徒費寶貴的能量，並以犧牲自身的幸福作為交換。

肯定語句

- 我相信面對挑戰時，我總是清楚知道該怎麼做。
- 我會先照顧好自己再照料他人，如此一來，我的能量會更趨強大，我的關懷能力也將廣闊無邊、充滿力量。
- 我能夠賦予他人得以承擔自身責任的力量，並相信他們擁有充分和完善的能力。

練習題

1. 你總是將他人能力所及的事物包攬在身上，為他人代勞嗎？你需要採取什麼作為，好讓雙方都能得到力量？
2. 此刻在你人生中的核心思想為何？你該在哪部分集中你的能量，好讓你能傳達和展現該思想？
3. 你依賴他人的認同、許可或識別嗎？在你的人生中，是否有哪些人是你必須停止設法取悅的對象？
4. 你能更加善待自己嗎？若可以，你該對自己承諾些什麼？

28號閘門：掙扎／玩家

易　　經：偉大（大過卦）

占星學：天蠍

生物學：脾臟和淋巴系統

28號閘門是玩家的閘門。它是根源於恐懼人生無意義或價值的脾中心能量。28號閘門必須設法找出人生的意義。然而，這必須是正確的奮鬥，否則到頭來只會是一場無謂的戰役。

擁有28號閘門能量的人若未遵循自己的人生策略而活，有時會感到人生並不公平；與其他人相較，自己的人生之路彷彿

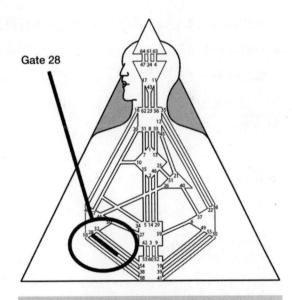

圖表78：28號閘門

更艱難。就某種程度而言，的確是如此。28號閘門就像是人體圖中關於奮鬥的預設程式。若你活出你的人生策略，就會投入正確的奮鬥，而這些努力將有助於你發現和分享人生的意義。反之，若你背離人生策略，便有可能將精力投注於錯誤的奮鬥，而這只會讓你的人生更加艱苦。

　　28號閘門也能讓你體會掙扎與奮鬥可以是一段讓人享樂其中的過程。28號閘門者得不斷學習擁抱困頓掙扎，而當他們漸漸能掌握人生價值時，他們就便能從挑戰中得到樂趣，更樂於突破極限。這是場在人生挑戰中淋漓盡致活一次的痛快戰役。

　　奮鬥之路充滿挑戰，然而，克服萬難後的成果卻無比甜美。

肯定語句

- 我徹底地活著。我不斷展現生命的能量和可能性。
- 我的經驗和奮鬥過程能幫助我釐清人生中真正有價值的事物，而我樂於接受挑戰。

練習題

　　我們往往會問自己「什麼事物值得我們不顧一切、死不足惜地追求？」不妨換個方式問自己，「什麼事物值得讓你在人生中為此而活？」

29號閘門：毅力

易　經：深淵（坎卦）
占星學：獅子／處女
生物學：卵巢和睪丸

　　29號閘門很容易對所有事情來者不拒，尤其是當它未善用薦骨的回應策略之際。29號閘門的特質是鍥而不捨、堅定不已，而這也是展現承諾的表現。

29號閘門若沒有活在人生策略裡，便有可能終其一生陷在無數的承諾之中。29號閘門未作出回應而導致自體免疫疾病（autoimmune disorder）和精力耗盡引發身體症狀的情形也不少見。它探求承諾，但必須是正確的承諾。隨著回應，它便具有忍受磨練和苦難，最後通往成功的能量。然而，錯誤的承諾會帶給29號閘

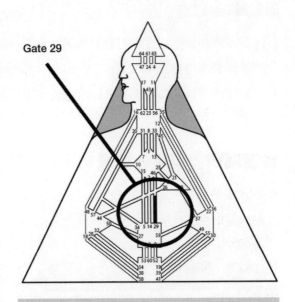

圖表79：29號閘門

門過度堅持的不明智作為。若加上開放脾／直覺中心、情緒中心或意志力中心，則會讓此種情況更加劇烈。過度堅持、一心想證明自己或設立無數的假想敵都會讓29號閘門的能量大大削弱。

29號閘門的力量在於無論經歷什麼困難，都能夠展現出不屈不撓的態度。這是屬於奧林匹克運動員或任何堅決實現夢想者的精神和決心。

肯定語句

- 當我準備好從自己創造的人生中破繭而出時，我會仔細檢驗自己的行動，並確定我的承諾符合預期目標。
- 我只願擁抱那些能讓我更靠近夢想的事物，而我會依據我的人類圖策略來邁向承諾。

練習題

1. 你是否仍存有不切實際的自我承諾？你該排除哪些條件和情況才能為新的承諾開創空間？

2. 拒絕對你來說有多困難？是什麼因素讓你無法拒絕自己或他人？

30號閘門：渴望／感覺

易　經：依附在他物上的火（離卦）

占星學：水瓶／雙魚

生物學：胰臟

30號閘門帶給我們激情與渴望的能量。在傳統易經中，這股能量稱為「離為火」。

這條通道（41-30）的主題是等待正確的時機表現或採取行動。30號閘門賦予我們堅持想法，並讓它醞釀成熟直到正確時機到來的能量。它具有頑強的韌性，往往會把人逼瘋或過度勞累。然而若妥善運用，它就能給予我們展現下一段嶄新經驗的熱情和驅動力。

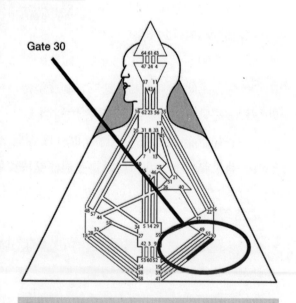

圖表80：30號閘門

　　30號閘門和創造新的經驗有關。新的經驗或許能提升生活品質,也或許會帶來混亂,抑或兩者皆有。等待正確時機的到來至關重要,但對30號閘門而言也極具挑戰性。它承受著壓力、懷抱渴望、期盼能展現自我,它充滿情緒起伏、飽含刺激的色彩。

　　若30號閘門希望能適當地展現自我,且不因本身的強度而讓他人抗拒,便必須等待,並意識到絕大多數的人並未帶著如此強烈的感受渴望。

肯定語句

- 我清楚知道我的目標和渴望。我僅專注於我渴望的事物。我的憧憬是真實的,而我內心的火焰是滋養熱情的燃料。我能堅定不移地集中精力。
- 我藉由創造空間實現自己的夢想和計劃以榮耀自我。
- 我的人生就像是全然開放的接收器,而我會處在熱情期盼的位置,等待展現我的渴望。

練習題

1. 你渴望在人生中獲得什麼?在你的個人財務、健康、關係、創造實現力、心靈生活及生活方式中,你選擇經驗什麼?
2. 你需要移除哪些分心事物,好讓你能保持集中的專注力?
3. 你對什麼充滿狂熱?你能自由、徹底地表現你的熱情嗎?什麼事物會澆熄你的熱情?

31號閘門：民主／影響力

31號閘門天生擁有領導能力，但它必須得到辨識與認可，才能有效發揮影響力。還需要經過一段時間的反覆驗證，最後證明是有效的領導地位，這便是民主的表現。31號閘門在試圖服務眾人的情況下能發揮最佳的作用。若你擁有此能量，你不妨時刻試問自己「我該如何幫助眾人？」

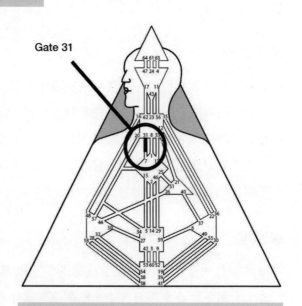

圖表81：31號閘門

讓你引領的群眾告訴你他們希望如何被領導，這正是擁有此能量者成為有效領導者的真正祕訣。你就像是船首雕飾的破浪神，統一群眾，並準備好發揮及分享你的影響力吧！

肯定語句

- 當我得到發揮影響力的邀請時，我會擔任天生領導者的角色。

● 我的言語、觀念、想法和夢想都非常重要且值得與對的人分享。

練習題

　　請深入思考真正的權力和影響力，對你而言它們代表什麼？請覺察自己的身體，哪一部份能讓你感到充滿力量？並至少每天練習一次與這種身體感受產生連結。

32 號閘門：連續

易　　經：持久（恆卦）
占星學：天秤
生物學：脾臟和淋巴系統

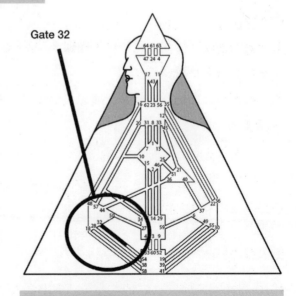

　　32號閘門是知道何時將夢想具體化實現的直覺。它渴望能提供使夢想成真的能量，但本身卻不具有能量。此閘門擁有辨別什麼事物有著蛻變和成功特質的直覺和智慧，不過整個過程仍需取決於是否有人認可這套價值，它需要具備無比的信任感。32號閘門是根源於脾中

Gate 32

圖表82：32號閘門

心的恐懼閘門。它總是喃喃說道「假使我的夢想一無所成該怎麼辦？」32號閘門帶著巨大恐懼，擔憂他人會搶走他們的夢想並取得成功，或者就算他們履行夢想，最終卻還是得到失敗的結果。

　　32號閘門若徹底展現便會是出色的評估者，而不再把自己視為實行者。它的真正力量在於識別哪些想法值得投注能量、哪些則該拋諸腦後。

肯定語句

- 我的直覺知道哪些想法值得追求。
- 我能有效掌握哪些方法有用、哪些能創造資源及如何將夢想轉化為豐厚、具影響力的努力。
- 我相信對的人和適當的資源會來到我的身邊，如此我就能以尊重自我及珍視自己想法的方式向他人分享我的才智。

練習題

1. 你認為無限可能的人生是什麼模樣？若是如此，你會做些什麼？你的事業發展會是什麼樣貌？
2. 你該秉持什麼信念才能讓此理想人生成真？你需要為自己許下哪些新的承諾？

33號閘門：隱私

33號閘門天生能意識到人們生命故事的神聖性與脆弱面。它也是儲存記憶的所在。33號閘門具有見證的能量並會緊守記憶，只在正確的時機分享記憶。

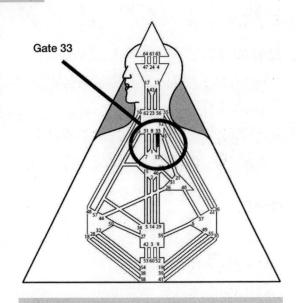

Gate 33

圖表83：33號閘門

這股能量若未充分發揮，便會面臨沉溺於過去、擔憂歷史重演的風險。這會讓擁有此閘門者感到受困、目光始終鎖定在已發生的過往，尤其是他們未等待他人的辨識與認可就急於分享故事之時。過去的故事需要經過時間的反映，如此才能找到與記憶神聖性相符的恰當分享方式。33號閘門在獨處中了解，哪些事物需要分享、哪些則要放下、原諒和遺忘。

33號閘門的能量若徹底展現，它會分享過往的故事、守護集體的記憶與歷史，並在正確的時機分享。

肯定語句

- 我會往內心延伸我的旅程，並和創造及休息的循環協調並進。
- 我現在的專注焦點在於我的過去、我的旅程和我的未來發展。
- 我會放鬆，並相信隱藏的事物終將顯露，而真相也會昭然若揭。我最強大的力量存在於神聖的時間安排裡。
- 我相信、我等待、我知曉、我成長。

練習題

1. 對於你今年打算要實現的任務，假若你仍未感受邁向目標的前進動能，你認為是什麼讓你滯礙不前？你活在怎樣的人生情節裡？寫下關於你的侷限或你的人生標籤故事。

2. 彷彿方才的故事對你而言不再具有真實性一般，再改寫一次。兩者有何不同？後者能產生什麼結局呢？

34號閘門：力量

> 易　經：強大的能量（大壯卦）
> 占星學：射手
> 生物學：卵巢和睪丸

　　34號閘門是圖表中最忙碌，也最具有力量的閘門。由於它根植於薦骨中心，因此是一股生產和以生命動力為基礎的能量。它是源於薦骨中心的閘門裡唯一帶有無性潛能的閘門。擁有34號閘門者有時會過於忙碌而無暇從事性行為（或反過來說，可能過度忙碌於從事性行為。）

34號閘門是顯示生產者的基本閘門，因此也蘊藏著強大力量的潛能，然而34號閘門唯有透過回應才能發揮力量。畢竟它屬於生產，而非顯示的能量。擁有34號閘門的生產者若積極推動和發起自身的力量，將很難在過程中經驗成功，最後只會帶來沉重的挫敗感。

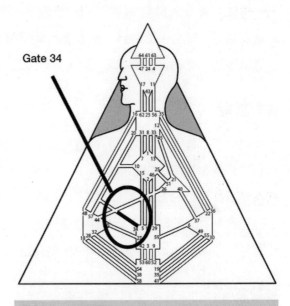

圖表84：34號閘門

具有此能量的生產者時常分辨不清何謂積極推動和發起行動。由於圖表此部分的線路配置與作用極其複雜和快速，因此，要緩下腳步判別自己是否作出回應其實並不容易。擁有此能量者不妨試著在決定執行某一行動前，先將行動可能會產生的結果圖像化。

34號閘門是「多工處理」的閘門。擁有此閘門者天生具有一次處理多樣任務的能力，但仍需參照它在圖表中與哪一閘門相連，因為不同的連結位置會影響34號閘門的表現方式。

擁有34號閘門者也往往會得到告誡：選定一個目標，心無旁騖地堅持到底吧！對某些人而言，這的確是有用的建議，但對擁有34號閘門能量的人來說卻不盡然。他們必須處於忙碌的狀態，否則便會像是試圖將一道閃電存放在玻璃罐裡，而這道得不到釋放與利用的閃電最終將在體內四處亂竄、損害健康。

　　假使非薦骨人擁有34號閘門的能量，那麼，當他們的薦骨中心吸收能量並籠罩在壓力中的時候，他們就可能變種為世上最忙碌的一群人，只不過這種狀態並不具持續力。

肯定語句

- 我相信宇宙會帶給我適當的機會，讓我完成夢想和計劃。
- 我會觀察和等待能清楚指示我下一步該何去何從的徵兆。
- 我知道我真正的力量存在於和宇宙和諧共創的時刻，我也知道神聖的造物主會為我開創出適合我的前進道路。
- 處於忙碌的狀態對我有益，而我會遵從自己一次處理多項任務的需要。

練習題

1. 你要如何發揮自己的影響力和能量？你正著手的事，是否無法讓你更接近自己的夢想？你應該停止哪些行為，才能為你心中真正的想望開創出施展的空間？
2. 你對力量的定義為何？你覺得自己充滿力量嗎？你能做些什麼好讓自己在人生中更具力量？
3. 你該做些什麼才能加深你對宇宙的信任感？你是否在你的人生舞台上現身演出並扮演自己的角色？

35號閘門：改變

易　　經：進展（晉卦）
占星學：雙子
生物學：甲狀腺和副甲狀腺

35號閘門是試驗能量的最終表現，這股能量忠於幻想和渴望。它嘗試過萬事萬物，擁有豐富的經驗；它已是箇中好手，有時卻顯露疲態。

35號閘門的經驗造就了純熟。它體驗人生，也知道如何學習必要的事物。35號閘門者鮮少對人生感到困擾。他們理解人生經驗，雖然帶著些許的猶豫和侷限，但仍能從任何事物中學習。

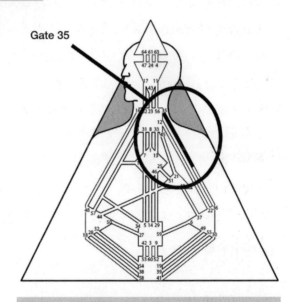

Gate 35

圖表85：35號閘門

35號閘門的挑戰是找到能讓人生絢爛和充滿動力的經驗。它無法從單調平凡中得到啟發；它尋求值得投入時間、能量和資源的經驗。35號閘門提供來自於個人經驗的人生故事。你永遠都猜不透，35號閘門者的故事百寶箱裡究竟還有什麼要與你分享。在這股能量的純熟表現中，35號閘門明白故事的真正禮物並非存在於激情或刺激中，而在於過程、情感

及得到的教訓。在這當中存有無比的智慧，而35號閘門的故事最終將分享而屬於每一個人。他們已代替人們體驗過所有事物。

肯定語句

- 我會選擇我渴望的經驗類型。
- 我對經驗的感受揭示出哪些事物對我而言是正確的。
- 我會為自己的選擇和幸福負責。他人無法為我開創我不想要的經驗。

練習題

1. 你目前的人生發生了什麼你亟欲改變的事件嗎？
2. 在你最近的自我展現中，是否有哪些經驗是你避免重演的？這份體悟能如何幫助你更加了解自己的創造力？哪些經驗是需要你集中目光並與內心協調一致的？

36號閘門：危機

易　經：幽暗之光（明夷卦）

占星學：雙魚

生物學：腎臟和胰臟

　　36號閘門是欲望的情緒推動力。它渴望所有它想要的事物，只要透過等待就能擁有所需。反之，若缺乏等待便會陷入混亂和危機。36號閘門始終期盼迎向嶄新的體驗。它飽受無聊乏味的煎熬，往往只為了追求新鮮體驗而未等待思緒澄明便投入某事物。

若36號閘門者希望成為某領域的大師，首先必須先學會馴服它的躁動不安，如此才不至於在能掌握邁向成就的必要技能前半途而廢。36號閘門和欲望有關，它在實現渴望的過程中可能會充滿性慾。我們在人類圖表中學到，性慾的設定特質是等待，而非衝動行事，急於行動會產生嚴重的後果。

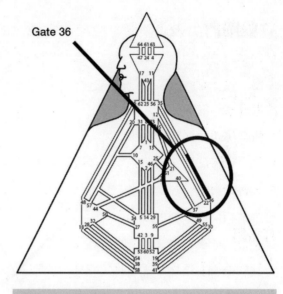

圖表86：36號閘門

36號閘門教導我們以時間和些許的務實精神緩和激情。學習等待正確的時機將讓人獲益匪淺。

肯定語句

- 我樂意接受新的事物。
- 我信任我的直覺和人生策略。我知道我會做出明確、有計劃的選擇。
- 我就像是暴風眼。我的思緒清晰、內心井然，只為最崇高的理想行動。
- 我不受外在現實的樣貌干擾，我知道我正著手打造自己的理想。我的信念堅定，不會受外在情況左右。

練習題

1. 當你面對突如其來的事件、混亂和悲劇時，你的處理策略為何？
2. 你和宇宙的連結有多牢固？你該做些什麼才能強化連結？

37號閘門：友誼

易　經：家庭（家人卦）
占星學：雙魚
生物學：腎臟和胰臟

　　37號閘門是一個非常清晰和純粹的閘門。它只渴求一件事——和諧。37號閘門會為了和平而努力，但若時機不正確則會靜待和平。37號閘門會設法融入他人並傳達開創和平與和諧的想法。

　　37號閘門的根本信念為，若大家攜手合作共創足以維持眾人所需的資源，那麼我們也就能擁有

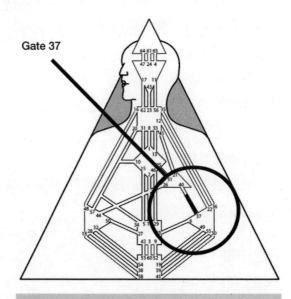

圖表87：37號閘門

持久的和平狀態。這是屬於協議通道（參照309頁）的一部份，與創造協議和合約有關。37號閘門的目的便是開創促進和平與和諧的共識。

　　若你無法和周遭的人清楚溝通，便會面臨被誤解而有礙進步的風險。無論溝通的層面為何，你必須確保自己抱持尊重、真誠的態度並明確表示自己的想法。

肯定語句

- 暴風雨後總是寧靜。在這片寂靜中，伴隨著調整和改變。我會記起自己的方向、深呼吸，讓我的各種人際關係和新氣象調和一致。
- 我做出的協議都是清楚明確的，並以和平為宗旨。
- 從過往的殘影中，我發現了屬於我的恩典。我會和我的朋友、家人、家族、社群和世界攜手努力，共創互相尊重和高度推崇和平的淨土。
- 和平如同我的血液汨汨流淌在我的身體裡。我就是和平的化身。我呼吸著和平，我創造和平。一切是如此美好。

練習題

1. 你能如何開創更和諧的生活方式？承諾自己今天做出五項能提升和諧的具體作為。
2. 你與他人達成的協議是否明確清楚？雙方是否有相同的期望？你需要再補充更清楚的說明以加強你對協議的認知與明確度嗎？

38號閘門：戰士

> 易　經：對抗（睽卦）
> 占星學：巨蟹
> 生物學：腎上腺

　　38號閘門會設法瞭解，究竟什麼事物值得努力爭取？它尋找人生的目的和意義，主要是（以腎上腺素能量）促使我們找到自己的人生使命。我們為什麼來到這個世界？我們該如何才能活出自己的使命？人生中真正

有價值的事物為何？

擁有38號閘門能量的人天生性格便有幾分倔強。當他們確定某事物重要、有價值後，他們便會為此而戰並堅持到底。若能穿越困頓掙扎、突破重圍，他們就是能以自我轉變為世界帶來改變的那一群人。

這股能量也帶有些許挑釁成分。它屬於投射能量，因此其設定功用便是

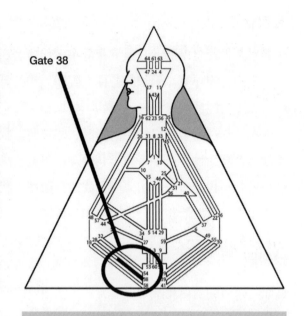

圖表88：38號閘門

引起人們的注意。人們察覺到38號閘門者的困頓掙扎，要不就是召喚、給予他們分享自身故事的機會，要不就是排斥並質疑他們的人生選擇。

38號閘門有可能會讓你感覺自己與週遭的一切格格不入、人生彷彿是一場困頓掙扎，而你始終孤軍奮戰。然而，若你等待正確奮戰的邀請，38號閘門終將會證明什麼事物值得努力爭取，並幫助你尋得適當的人，與之分享你的才智。

肯定語句

- 我清楚知道我的人生使命和方向。我會堅持不懈、努力爭取我認為有價值的事物。
- 遵從我的使命能帶給我鼓舞及越過所有萬丈高牆、大步向前的能量。

- 我為了完成自己獨一無二的使命而來到世上。我會藉由設立明確的計劃並採取和使命相互呼應的行動,以實踐我的人生使命。

練習題

　　請至以下網站瀏覽關於特殊人生使命的沉思指引內容:www.understandinghumandesign.com。完成冥想練習後,請寫下你在過程中所得到的領悟。

39號閘門:挑釁

> 易　　經:阻礙(蹇卦)
> 占星學:巨蟹
> 生物學:腎上腺

　　39號閘門具有深刻的情感及豐富能量。擁有此閘門者極具音樂天賦、創造力和熱情。然而,它也充滿挑戰性和挑釁成份。這股挑釁張力能以輕鬆、逗趣、開心的樣貌呈現,或相反地,它會煽動你、挑起負面的情緒和恐懼。因此,對擁有39號閘門及深受其影響的人而言,的確是有點棘手的能量。

　　39號閘門驅使我們邁向豐盛,它挑釁的目的是要恢復我們對豐盛和精神的意識。我們有時會稱39號閘門者為眾人的「心靈導師」,因為他們會以讓人感到難受不安的方式,激發和迫使我們跳脫事物當前的表象。

　　就實際面而言,39號閘門的能量能打造出不斷獵找低價好商品的熱切消費者。當他們的存糧充足(或甚至滿溢而出)時,他們會感到安心快

樂；反之，若他們不得不
動用貯存品時，通常會相
當地緊張不安。擁有此能
量者往往會過度地貯藏和
積累物品，因為他們深怕
某天自己會面臨「彈盡糧
絕」的境地。

　　若能量徹底發揮，39
號閘門能促使我們跳脫著
眼於「不夠充足、匱乏」
的思考方式和習慣。39號
閘門如同它有時會發揮的

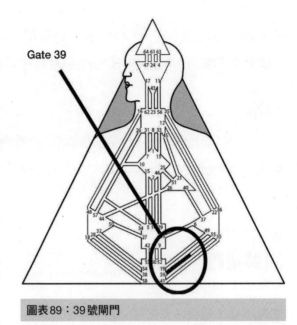

圖表89：39號閘門

挑釁作用一般，具有強大的力量來幫助我們領悟到「不夠充足」的感知是
一種假象；藉由意識層面的轉變以及重新聚焦於精神的豐盛，我們將發現
萬事萬物始終綽綽有餘。

肯定語句

- 在我往前邁進之前，我會等待對的事物精神到來、並且等待正確的大門
  開啟。
- 我明白我的行動和言語力量能煽動他人，而我會謹慎妥善地使用這股力
  量，並知道我擁有在他人生命中創造改變的能力。

練習題

1. 請試著描述你感覺到精神契合、對的一切接著清楚顯現的經驗。請重新
   連結此種感覺，並將它深植於你的身體和意識層面。

2. 你是否抗拒他人及機會？對你而言這種作法是否恰當？你需要尋找更具
　 體的方式讓自己有更多時間做決定嗎？你該如何創造「接納、包容」的
　 能量？

3. 你和食物的相處關係為何？你會因為情緒的影響而暴飲暴食，或產生其
　 他飲食失調的行為嗎？你愛你的身體嗎？你是否需要在食物及飲食習慣
　 上作出什麼改變？

40號閘門：單獨

> 易　　經：遞送（解卦）
> 占星學：處女
> 生物學：胃

　　40號閘門是「孤獨」的閘門之一，它必須懂得欣然接納這股能量並
非「針對個人」。擁有40號閘門者需要獨處的時間，卻也往往不斷與孤單
對抗奮戰。

　　40號閘門的能量會讓人感到深刻的孤單和孤獨感。然而，它的真正
用意是驅使你去找到其他人。換言之，40號閘門是部分尋求整體、個體
邁向群體的能量。它需要一個所屬的群體以共享資源。我們通常會發現
40號閘門在圖表中也同時擁有許多突變（個體人）的能量，因此能創造
尋找群體能量的電磁引力來分享改變。

　　40號閘門者需要尋找愛的證據和陪伴的人群。他們有時會像一尊受
人景仰和崇拜的雕像，四周圍繞著仰慕的群眾，但他們仍感覺沒有人渴望
或是願意愛他們。這股能量也許讓你感到孤單，但事實會證明40號閘門

並不如你所想的那般孤
獨和不被愛。

　　它的孤單會讓人們
踏入世界、創造新的協
議和連結，以使開創資
源的能量得以不斷更新
和發展。因此40號閘門
在傳佈新方法以達成協
議的能量上，扮演了至
關重要的角色。

　　40號閘門也和胃有
關。若人們不了解此能
量的特性，總是嘗試使

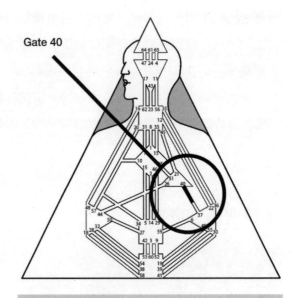

圖表90：40號閘門

用自己缺乏的意志力能量，胃往往就會出問題。假設某一生產者擁有開放
的意志力中心及40號閘門，他就必須特別留意是否常因過度埋首工作而
忘了進食。

　　此外，40號閘門搭配開放意志力中心的組合往往會讓人亟欲逃脫定
義意志力中心的範圍，因為定義意志力中心的壓力會啟動40號閘門對孤
獨的需求。

肯定語句

- 我曾放心相信我是一個備受疼愛的人。我能夠得到所有必要的支持，協
  助我的夢想成真。
- 我會帶著開放的心胸、全然的愉悅和豐沛的愛找尋其他人。

練習題

1. 你的人際關係特質為何？你的人際關係是否平衡？

2. 你是否感覺孤單？你需要踏出自我世界，與他人創造更多的連結嗎？不妨使用看看網際網路？或是加入社交團體？你是否感受到人類一家親的連結感？

41號閘門：幻想／收縮

易　經：減少（損卦）
占星學：水瓶
生物學：腎上腺

　　環視你的周遭。你所看見那些由人創造出的一切，都曾經是一種想法，再由想法轉變為形式。

　　人類圖的新年便是從41號閘門開始。它是一股發起的能量，最終會將新的想法或經驗轉化為形式。此能量有時會在做白日夢的過程中感受到。當擁有41號閘門能量的孩子在幻想世界遨遊、穿梭

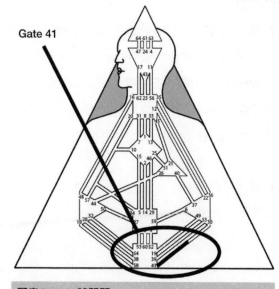

Gate 41

圖表91：41號閘門

在自己豐富的想法中時，他們往往會被指責為注意力渙散。

　　41號閘門的能量非常適合視覺化及圖像化。雖然它們屬於某種腦力活動，然而，41號閘門的獨特之處在於當時機恰當時，就能採取行動。簡言之，41號閘門是一種等待正確時機以表現於行動的想法。

肯定語句

- 我的頭腦是最具創造力的工具。當我得到啟發時，我便能以堅定和專注的態度面對我所期待目標的願景。
- 我謹守目標的能力是我最偉大的造物者恩典。我絕不畏縮，也不動搖。我的目光澄澈，我的視線清晰。
- 外在世界顯現的一切對於我正在創造的事物而言並不一定重要。
- 在我邁向創造想望的路途上，我會感謝一切浮現的徵兆。

練習題

1. 虛妄的幻想是如何遮蔽你看見真實？在你的人生中，是否有你需要放下的事物，好讓你能實現內心的真正想望？
2. 你能清楚傳達自己的想法嗎？你能聽從自己的所思所想嗎？有哪些想法是你需要釐清以便讓他人了解的？
3. 在想望目標的路程上，哪些事情會讓你失焦？哪些事情會讓你無法相信你可以打造所想的一切？
4. 怎樣才能忠於你的願景？你需要做些什麼，才能確立你的目標？

42號閘門：完成／成長

> 易　　經：增加（益卦）
> 占星學：牡羊
> 生物學：卵巢和睪丸

　　42號閘門是中途加入、完成某一情況或經驗的閘門。42號閘門能成為出色的專案管理者或顧問（倘若他們在參與某專案時，已經是起草階段完成的階段）。

　　42號閘門（和53號閘門相同）若沒有回應完成任務的機會，將會感到強烈挫敗。當42號閘門耐心等待，再對正確經驗做出回應時，正確的開始能量便會顯現。隨著回應而來的是讓事物開始和完成的能量。反之，若缺乏等待，這只會是充滿挫敗和腎上腺素突發的作用。

　　擁有42號閘門能量的人，會感受到一股驅使他們完成任務的壓力。仔細觀察和確定這是謹慎的行動。只要你的思路清晰明確，就能打造迎接新事物的空間，進而為你的人生創造豐盛。但首要任務是，先完成你必須完成的事物。

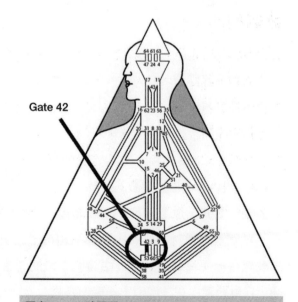

圖表92：42號閘門

肯定語句

- 我會欣然接納當下的改變，我知道所有的結束都代表嶄新的開始。
- 我會為新鮮的事物打開一扇窗，並引頸期盼可能到來的事物。
- 我準備好將新事物的基礎攤在眼前，並採取必要的行動讓新事物成形。

練習題

1. 在進入新任務時，試想為了發揮能量、完成任務，你會採取什麼樣的行動？可能有哪些步驟是可行的、哪些又是不可行的？
2. 從年初至今，你曾得到什麼再明確不過的想法嗎？這些想法如何協助你釐清你真正渴求的是什麼？
3. 為了讓渴求的想法成真，什麼行動是你必須採取的？

43號閘門：洞見

易　經：突破（夬卦）

占星學：天蠍

生物學：腦下垂腺的前後葉

　　43號閘門的能量若徹底發揮，便是一股除卻舊有做事方法、發現另一種替代方式，以及創造嶄新和充滿自主力的手段以達成崇高目標的力量。43號閘門認為目標和手段必須相符。假使目標具有毀滅性且有害，那麼該目標便沒有充分的理由證明手段的正當性。43號閘門是內在的耳朵，它會聆聽內在、辨別出正確的事物。

43號閘門必須等待適當的機會才能表達它的創見。它最大的挑戰莫過於，在時機尚未成熟前，不該屈服於壓力而試圖發表洞見。缺乏分享所知的恰當時機、識別和邀請，43號閘門創新的洞見最終只會被視為無價值的事物，進而帶來寂寞、格格不入和痛苦的感受。

43號閘門也是關於孤獨的閘門之一。它需要獨處的時間思考和等待，而這對43號閘門的健康而言無比重要。

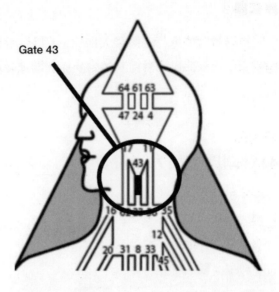

圖表93：43號閘門

肯定語句

- 我會從容愉悅地遨翔於自身想法的天空。我會讓自己想出能在我與他人的人生中，創造改變的新點子和新靈感。
- 我的觀點和想法非常寶貴，而我相信我所要分享的洞見，在對的人眼中是有價值的。
- 我會吸引到適當的支持、境遇和機會，它們會和我的新想法站在同一個陣線之上。

練習題

花一些時間進行「腦袋大掃除」，將你所有最近的觀點、想法和靈感傾倒而出。你能從中發現某種新的模式顯現嗎？你是否處在某個洞見的交會點呢？

44號閘門：精力／警覺

> 易　經：聚合（姤卦）
> 占星學：天蠍
> 生物學：脾臟和淋巴系統

想像你到了某汽車銷售中心。從你踏入該中心那一刻起，某招待員便熱情迎接你、為你介紹賣場環境。他甚至為你端上一杯香醇的熱咖啡、引領你到舒適的貴賓休息室，並在你等待銷售員到來之前，讓你自在地在閃亮耀眼的展示車陣間穿梭觀賞。這一切都是為了讓你準備好掏出你的皮夾買

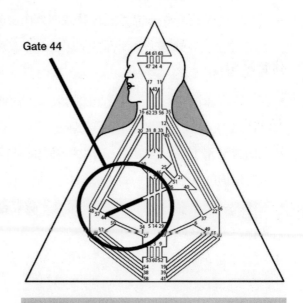

圖表94：44號閘門

單。44號閘門扮演的角色就是這位招待員。

44號閘門是與銷售有關的能量之一，它能打造出增進每一筆銷售成交機率的氛圍。44號閘門彷彿能讓商品「看起來完美無瑕」。他們能創造美好的銷售素材，許多平面設計師和行銷人員都擁有這股能量。

44號閘門也是嗅覺的閘門。它具有直覺力的嗅覺來自於「聞出」真相（或假象）的能力；它能嗅出事有蹊蹺或不尋常的跡象。

44號閘門充滿了將過往記憶「銷售」給家族的能量，它會在必要的時候為自己欲傳遞的訊息作出有力的說服論點。它保有直覺意識，能知曉過往經驗是否值得重現，也知道歷史何時會再次上演。44號閘門若充分發揮，它會將從過往汲取到的教訓搬上當前的生命舞台，好讓我們不再重蹈覆轍。

肯定語句

- 我會充滿自信地朝未來邁進，我知道過去始終是我最好的導師。
- 我不受限於我的過去，反而能從過往解放自我。我明白現在就是我生命中最強大的時刻。

練習題

1. 你是否在哪些部分因為過往的親身經歷而限制自己？
2. 當你領導或影響他人時，是否抱持著全然正直的心態？是否言行一致？
3. 你在哪些部分需要得到他人的支持？假想你在臨終之際回顧自己的一生。哪些事物對你而言是重要的？
4. 哪些成就最能讓你引為為傲？你當前的人生是否便是那些美好願景的寫照？你需要調整人生中的優先順序嗎？

45號閘門：國王（女王）╱收集者

易　經：聚集在一起（萃卦）
占星學：雙子
生物學：甲狀腺和副甲狀腺

45號閘門是國王或女王的閘門，具有天生的領導能量，自然而然地會被視為充滿影響力的領導者。然而，這並非民主式的統御權，而是如同帝王般尊貴，得來不費吹灰之力、易如反掌的領導地位。

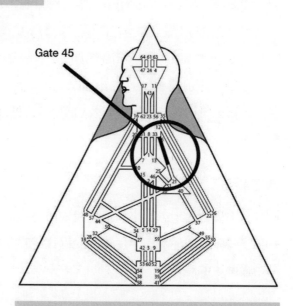

Gate 45

圖表95：45號閘門

在這條通道（21-45）的能量中，45號閘門宣示我們擁有及缺乏的一切事物。國王或女王是出色的資源分配者或揮霍者（但少了21號閘門的協助，他們將備感艱辛）。45號閘門和其所屬的家族緊密相連，擁有此能量者通常不太容易作出改變，尤其這個改變是指離開他的族人。

45號閘門若充分展現將會是一股充滿影響力的能量。此閘門身為尊貴的領導者，能激勵家族工作或休息，一切取決於維持資源必要的努力或犧牲。

肯定語句

- 我會匯集必要的人群以作為我展現能力的後盾。
- 我擔負領導重任，並尊崇自己身為國王或女王的角色。
- 我會維護我的力量、有效分配和管理資源，並心懷慈愛行事。

練習題

1. 你必須在人生中的哪些領域扮演領導者的角色？身為領導者，你的感受為何？你願意統領、尊崇你的創造物及說出內心的真實嗎？

2. 你該做些什麼才能吸引對的人來到你的生命中，幫助你完成展現才能和創造的任務？就你的心態而言，你將自己視為團體中的平凡一員，還是國王或女王？

3. 君王統治的陰暗面是國王或女王可能成為控制狂或苛刻人物。你在哪些部份需要鬆開掌控、讓它自然進化？

46號閘門：身體之愛／自我決心

易　經：推進（升卦）

占星學：處女

生物學：肝臟

　　46號閘門是以身體體現愛的閘門。它明白身體是靈魂的載具，並講求律動、用身體感受存在。它充滿感官、優美、實驗和腳踏實地的特性。具有此能量者能深刻地表達身體，許多瑜珈教練、舞者，甚至是肖像攝影師都擁有此能量。

46號閘門和預言或
預測無關。它並不遵照邏
輯，而是一股存在和感受
於體內的能量。它能賦予
靈魂表情，也能轉化為深
刻的藝術或運動表現。這
條通道（29-46）是以純
然感官的方式感受存在。
它嚮往前進、渴望表現，
並珍視賦予生命意義的責
任感。

若你擁有46號閘門，
也許會追求身體狀態的完
美或是扮演著治癒者的角色。

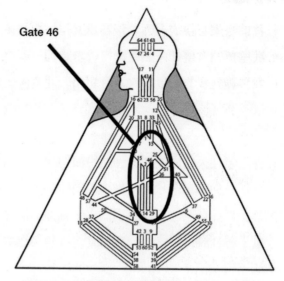

圖表96：46號閘門

肯定語句

- 身體的存在是我表現意識的一種方式。我能透過身體的反映而得知我的心態和信念。

- 我保持清晰、覺察和清醒的狀態。我可以調整我的思惟，創造出任何我選擇的身體體驗。

- 我會採取符合自己信念的明確行動；我會頌揚自己能在身體裡感受存在的天賦。

練習題

1. 你的身體正傳達給你什麼訊息？這些訊息中，你需要特別留意哪些嗎？

2. 哪些事物會讓你感到沮喪？你會強迫自己面對，或是接納這些事物？你需要做些什麼才能讓你欣然接納，而非強迫自己想通？你的目標和行動能確實反映出你內心的渴望嗎？

47號閘門：了解

易　經：壓抑（困卦）

占星學：處女

生物學：腦下垂腺的前後葉

47號閘門可稱為心態的閘門。當它預期完成任務的做法終將顯現時，便能信心滿滿地前進，因為它深信靈感會藉由行動、機遇和宇宙的神奇魔法施展而得到解答。反之，若47號閘門困陷在「該怎麼做」的泥淖中，就有可能在頓悟前便選擇放棄，因為做法並不會帶來解答。這會讓47號閘門的腦袋

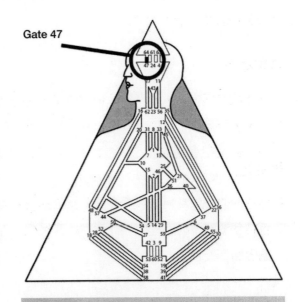

圖表97：47號閘門

落入焦慮和壓抑的狀態，漸漸不知道該怎麼做，讓靈感的啟發成為一場徒然的鬧劇。

47號閘門的能量需要擁有足夠跳脫框架的勇氣與信心，深信無限的可能，並放寬自己對「應該知道」的需求。47號閘門必須相信只要等待，答案終將到來。

頓悟的領會取決於心態。若你保持開放的心胸迎接解答，那麼答案很快就會顯現。相反地，若你的心態是封閉、焦慮或備感壓力的，靈光乍現便很難自亂哄哄的腦袋中脫穎而出。就算你有所頓悟，封閉的態度仍會讓你不信任展現在眼前的答案。心態永遠是關鍵。

學會和47號閘門共處是重要的課題。若你不了解如何與它攜手合作，它便會以激烈方式對你造成深刻影響的能量。它是「頓悟」的閘門，是64號閘門的靈感解答。然而它也有別於64號閘門，它得經過時間運作。一旦與64號閘門失去連結，它便不過是一股設法想通如何讓事情成真的壓力。

肯定語句

- 我會以愉悅和好奇的期待心情等待宇宙展現我的渴望。
- 我會保持喜悅和正面的心態，我只專注於最終的結果。

練習題

1. 你目前的心態為何？你需要關照你的思惟模式嗎？
2. 等待想法展現的過程中，你會做些什麼呢？你該如何才能保持積極活躍的思緒？

48號閘門：深度

易　經：井（井卦）

占星學：天秤

生物學：脾臟和淋巴系統

48號閘門是屬於脾／直覺中心、以恐懼為基礎的閘門。它始終擔心自己知道的不夠多、害怕自己永遠不夠完善。48號閘門面對的挑戰是「放膽去做」，即便你的內心懷抱著恐懼。當你嘗試克服和戰勝它們，恐懼便會煙消雲散，如此一來，48號閘門就可以盡情地收集所需的知識材料，假以時日便

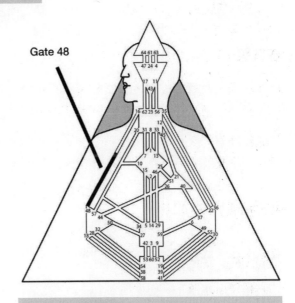

圖表98：48號閘門

能證明自己的確擁有豐碩的才能。48號閘門的恐懼感覺起來相當真實和切身，就算這些恐懼在其他人眼中是可笑的。一般來說，48號閘門者對於萬事萬物都有過度準備的特質。

48號閘門也是鑑賞力的閘門，包括了視覺和味覺，擁有對美麗及設計的直覺感受力，渴望事物都能被完美打造。或者，他們擁有精密的味蕾，想望豐富的美食體驗。他們也可能是挑食者，特別是在孩童時期。

肯定語句

- 我相信當我準備好的時候，必須擁有的技能就會自然展現。
- 我研究、我學習；我知道我的知識會在恰當的時間和機遇裡完美地表現出來。
- 我相信神聖的秩序會安排一切。
- 當機會降臨時，我已作足了充分的準備，而我會尊重自己的知識深度。

練習題

1. 你需要吸收哪些資訊，才能穩固你的知識基礎？你需要學習什麼？
2. 你擁有實現你所渴望事物的必要技能嗎？若答案為否，你需要掌握和精通什麼事物？

49號閘門：原則

易　經：革命（革卦）
占星學：水瓶
生物學：腎臟和胰臟

　　49號閘門是決定能量之流是否能朝合作關係前進的守門員，它決定了伴侶間親密的原則。有時我們會戲稱49號閘門為「離婚的閘門」；若關係協議中的原則破裂，這股能量便會決定是否要繼續投入關係。

49號閘門擁有許多非黑即白的相關能量。對它而言，規則就是必須遵守的標準。若你的另一半是49號閘門者，你必須清楚了解這段關係裡協議的原則是什麼。假使這些原則在任何方面遭受背離，49號閘門會毫不留情地收拾行囊、消失無蹤，沒有一絲一毫重新溝通的餘地。革命在這個閘門裡意謂著，順應原則要求在目前情況中作出根本的改變。

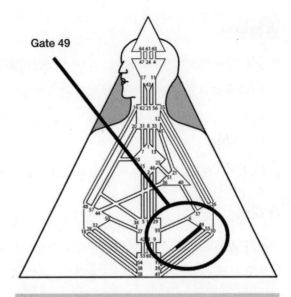

圖表99：49號閘門

49號閘門也是其他革命類型的能量。在人類圖裡，任一種革命都屬於情緒性質。換言之，我們必須以深思熟慮和澄明的態度處理革命。絕不能受「一時衝動」的刺激，否則你便會陷入混亂的情境。改變應該純然慎重地發生。

肯定語句

- 改變是成長和進化不可或缺的一部分。
- 我會懷抱勇氣和澄明推動自我人生的革命。
- 我相信我邁向改變的腳步對於開創我想要的人生至關重要。我欣喜於自己曾學習到的一切以及未來能得到的所有事物。

練習題

1. 你的伴侶關係及關係中的約定是否如你所希望的樣貌發展？倘若不是，你該與對方如何溝通才能創造一致性？

2. 假設這星期是劇烈動盪的一週。你該做些什麼才能維持自我世界的核心或重要事物？

3. 你和宇宙的連結狀態為何？你需要強化連結關係嗎？若是，你該怎麼做才好？

4. 你的事業或工作協議需要做哪些改變？你該做些什麼，好為這些改變預作準備？

50號閘門：價值

> 易　經：熔爐（鼎卦）
> 占星學：天秤／天蠍
> 生物學：脾臟和淋巴系統

　　價值和律法儲存在50號閘門中。它和6號閘門（摩擦的閘門）一樣，擁有滲透他人能量場的能力。50號閘門會讓你遵守家族的規則和價值標準，即便你極為特立獨行，50號閘門的能量也會迫使你心向家族。你會充滿關懷和扶持之心，就算在你天生的設計中這些並非固有特質亦然。

　　50號閘門是愛的閘門。這股能量能柔能剛，但無論以何種方式呈現，都具有十足的影響力。家族的價值標準以愛的形式傳播；它也許並不總是能讓人感受到愛，然而對違反律法作出的回應，其背後深意就是充滿愛的表現，目的是讓家族凝聚在一起。50號閘門會犧牲個人的需求以照

料他人，在此並不涉及頭腦運作，而是一種純粹的本能。50號閘門者彷彿擁有照料他人的悠久傳統，而這也包括關懷那些自己生活範圍以外的人。

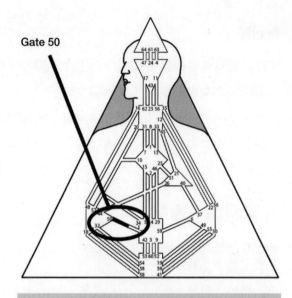

Gate 50

圖表100：50號閘門

50號閘門的關懷特質是出於本能的反射作用。薦骨的回應能保護50號閘門者免於過度提供滋養。然而，50號閘門若搭配開放的情緒中心則很容易讓人受制於內疚感。50號閘門者務必要學會信賴薦骨，如此才不至於因照料他人而讓自己精疲力竭。

50號閘門也是恐懼的閘門。它屬於脾臟，具有直覺和活在當下的特性。這股能量的悲觀表現是害怕自己未能善盡責任；50號閘門最深層的恐懼便是擔憂自己無法好好照料身邊親愛的人。

肯定語句

- 我會為自己的現實生活制訂規則。
- 我會照顧和培育自己，如此我才能以相同方式反饋他人。
- 為了能維持我的能量和力量，我會先照料自己再為他人效勞。
- 在以自愛為準則的前提下，我會慷慨地付出愛。

練習題

1. 你需要遵從哪些新的規則？為了你的健康、財富和福祉，你需要在你的關係和事業中開創新的規則嗎？

2. 你愛自己嗎？你需要對自己付出更多的關愛嗎？你是否擁有無條件去愛的力量和基礎？你在愛的國度裡是否擁有安全感？

51號閘門：衝擊

> 易　經：激起（震卦）
>
> 占星學：牡羊
>
> 生物學：胸腺

51號閘門是人類圖系統中，相當耐人尋味的閘門之一。它充滿競爭意識，或投射競爭的能量，屬於發起行為的衝擊面向，許多擁有此閘門者會為了尋找樂趣而擁抱衝擊。此外，這股能量具發散力，因此51號閘門者會感受更強烈的衝擊體驗。51號閘門擁有許多震撼人心的體驗，而這些經驗也是他們生命中的發起力量。祖師爺拉‧烏盧‧胡便擁有此閘門，他「相當震撼地」接收人類圖的訊息。帶有衝擊閘門的人通常必須經過劇烈、改變人生的體驗才能將自我昇華為靈魂之愛。許多51號閘門者曾有過瀕臨死亡的經驗，或其他關於衝擊與生存的驚人故事。

如同我們抗拒衝擊的心態強度，衝擊在起始事物上發揮了強大的作用。它的功用在於帶來變革、重新改組。在回應衝擊的過程中，我們得以改變。假使不作出改變，我們就會飽嚐痛苦滋味。此外，這股能量也可望為你帶來心靈或神祕力量的領會。

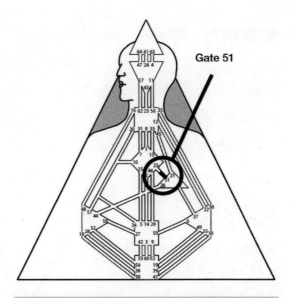

圖表101：51號閘門

肯定語句

- 我擁有轉移所有外在衝擊的內在力量。
- 我就是具體精神的展現。我充滿勇氣和決心，我擁有發展內在靈魂的能力。
- 我的信念和勇氣能激勵和啟發他人。
- 我擁有極高的共鳴力，我能以源自內在靈魂的真理鼓舞他人。
- 我會將我的人生經驗視為幫助我成長和進化的催化劑。

練習題

對於衝擊，你曾從中學到什麼？你如何將衝擊轉化為力量？衝擊是如何讓你瞭解靈魂之愛呢？

52號閘門：靜止

易　　經：維持不動（艮卦）
占星學：巨蟹
生物學：腎上腺

52號閘門的能量具有長時間靜止不動並保持專注的潛能。有時候我們會戲稱此閘門為「沙發馬鈴薯」（couch potato，美國俚語，意指懶惰的人）閘門。

然而，52號閘門若少了它的和聲夥伴（9號閘門），就會缺乏專注焦點地維持靜止狀態。52號閘門能造就出優秀的野生動物攝影師；只要你不分心，就能守在隱蔽處好幾個小時觀察和等待。

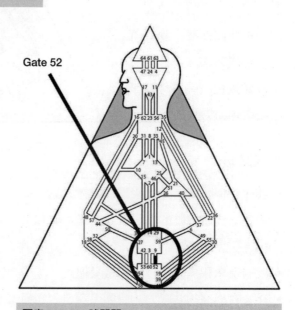

圖表102：52號閘門

這是一股極富創造力的能量，它能賦予你專注於目標、凝聚目光、按兵不動地等待，直到時機成熟那一刻才起身採取適當行動的力量。

肯定語句

- 我的專注附有的靜止特質能讓運作模式和規律展現在我眼前。
- 我對此規律的理解能帶給我繼續有效創造的力量。
- 我的專注附有的靜止特質是我的力量來源。

練習題

1. 你該做些什麼，才能在你的人生中創造內在靜止的狀態？
2. 在靜止狀態中，你是否想到什麼問題？你發現了某種運作模式嗎？你和神聖秩序的協調程度為何？
3. 請定義你的力量。你在人生中的哪部分充滿力量？你喜歡充滿力量的感覺嗎？若答案為否，為什麼？是什麼阻擋了你的力量？
4. 你需要增強自己的力量嗎？你該怎麼做？

53號閘門：開始

易　　經：發展（漸卦）

占星學：巨蟹

生物學：腎上腺

　　53號閘門是啟動事物的能量。作出回應時，這條通道始終能啟動對的經驗，或帶給他人開始的能量。53號閘門處處出於善意。一旦開始某事，便會設法完成是53號閘門的典型風格。它總是有各式各樣待完成的計劃，一點也不讓人意外。

當53號閘門被迫完成某任務時，那將會是一段漫長和艱鉅的過程。它缺少完成的能量，然而，若53號閘門作出回應，便能啟動對的事物、吸引對的人來一起完成任務。這道閘門能造就出優秀的發起人或專案起草人。但切記，53號閘門並不適合擔任完整的專案管理職位。

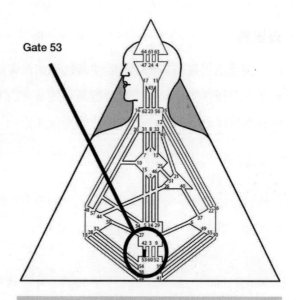

Gate 53

圖表103：53號閘門

這股啟動事物的能量離喉嚨中心有一段距離，也就是說，要完成和表現成果仍需具備許多能量。53號閘門是發起的能量，是一股屬於嶄新開始的動能。

當開始的動能始於正確的決定，那麼所有的能量、境遇和機會就能神奇地開展，讓你的開始動能在你的人生中充分發揮。

肯定語句

- 我會遵循我的人生策略，先等待再開始某事物。
- 我擁有啟動新事物的能量，而我相信當我活在人生策略裡時，所有能完成我創造過程的關鍵因子也將神奇地聚合。

練習題

請花一星期的時間全然感受新開始和啟動事物的能量。讓所有想法、啟示、靈感和發起的動能重振旗鼓，增強你的能量。但請根據你的人生策略決定投入的項目！請先列出你的新想法或重燃興趣的靈感。

54號閘門：驅動

易　經	少女出嫁（歸妹卦）
占星學	魔羯
生物學	腎上腺

54號閘門是野心的座落之處。它會辛勤地工作以實現夢想和得到認可。但弔詭的是，這個閘門並沒有太多實質的能量。由於54號閘門會藉由工作提供資源，且以意志力能量為根基，因此它會像個不眠不休的工作狂般埋頭苦幹，直到累垮才肯罷休。

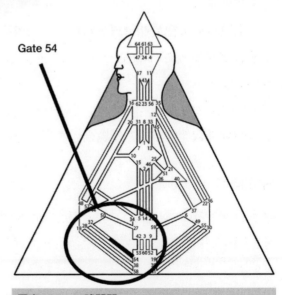

圖表104：54號閘門

　　54號閘門投射出來的樣貌相當苦澀，但它實在過於忙碌工作對此也莫可奈何。

　　然而，從崇高的角度觀之，54號閘門其實非常動人。當它得到識別與認可後，就會是啟蒙的閘門。54號閘門的夢想若獲得支持與認可，就能踏入無限可能的疆土。受到他人的賞識是必要條件，否則這些夢想只不過是華麗的泡泡。擁有伯樂的賞識，54號閘門能成就非凡。它會是各種商業領域裡的發起動力，也是經營任何工作的頭號夢想家。

肯定語句

- 我的思路清晰，目標明確。我準備好不顧一切地完成我的夢想。
- 我知道我的清晰思路結合我的一致行動，會產生創造自我奇蹟所必要的完美能量。
- 人們會看見、聽見和認可我獻給宇宙的事物，而宇宙會和我一起聯手實現我的夢想。

練習題

　　你要採取什麼行動才能為自己和宇宙證明，你已準備好朝你的夢想前進呢？

55號閘門：精神

易　經：豐盛（豐卦）
占星學：雙魚
生物學：腎臟和胰臟

　　55號閘門是精神豐盛的閘門。它是一股強大美好、具有改變世界潛力的能量。

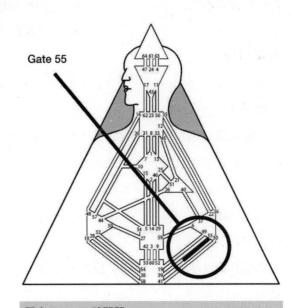

圖表105：55號閘門

　　若55號閘門的能量徹底展現，它便懂得人生的無限豐盛並非遙不可及。精神的意識與覺察是我們生命中的豐盛來源，能立即將人們從欠缺的狀態轉換為豐盛。說穿了，這一切只是思考方式的改變而已。

　　然而，這往往也是我們必須學會成長的能量。金錢和物質資源的能量、和薦骨中心的工作能量、或意志力中心的意志力緊密相扣。而我們深受制約影響，認為在人生中創造豐盛和資源的唯一方法，便是憑藉全然的意志力和辛勤不輟地工作。55號閘門為我們帶來心靈層面的疑問，比方說人們願意信賴精神的豐盛本質嗎？我們是否能鼓起勇氣放手、讓上天安排一切？

對於擁有55號閘門能量的人而言，這將會是一段用一生探索的旅程。它需具備拋棄傳統作為的勇氣，並信賴靈魂、將它視作永恆的支柱。55號閘門者有時必須等待正確的時機或能量以採取行動。換言之，有時你必須以看似有違常理的方式行事，並要在辛勤工作以賺取金錢的傳統道路上偏離時，學會處理信念中的掙扎。

最終這股能量讓我們明白，假使我們擁有的蛋糕不夠充足，我們根本不必費心思考要如何切分它，我們只能烘培製作更多的蛋糕。生命的本質是無限豐盛，如能覺察這份精神意識，便能推動集體意識，創造出人人皆可得的無限可能。

肯定語句

- 我能意識自己內在的精神豐盛，深信我的所有渴望都能實現且不會感到絲毫匱乏。
- 覺察帶給我全然的支持和滿足感。
- 藉由順其自然、讓上天安排一切，我得以讓自己生命中每一面向的豐盛徹底展現。
- 豐沛的感受是我與生俱來的權利，也是我天生的狀態。

練習題

1. 關於擁有全然的支持與豐盛感受，你抱持怎樣的信念？這些信念和你知道的真理一致嗎？你該怎麼做才能消除你對豐盛的擔憂和恐懼？
2. 覺察內在的精神豐盛是什麼感覺？具體化的樣貌為何？始終意識到這種滿足能量能如何改變你的人生？你該做些什麼才能準備好迎向此種程度的信念和信賴？

56號閘門：說故事者／刺激

易　　經：尋道者（旅卦）
占星學：巨蟹／獅子
生物學：甲狀腺和副甲狀腺

56號閘門是極具教學天賦的閘門之一。它就像是一位善用隱喻來講授和分享的優秀教師；56號閘門能分享那些有助於人類理解世上體驗的故事。

雖然56號閘門是天賦異稟的說故事者，但他們務必要記得，只有當人們主動徵求故事時，他們分享的話語才能被清楚聽見和記得。56號閘門加上

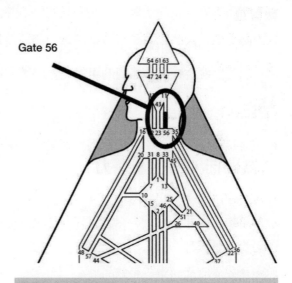

圖表106：56號閘門

開放的喉嚨中心往往會讓人成為滔滔不絕的說故事者，頻繁且沒完沒了的故事甚至會讓旁人逃之夭夭。若56號閘門未等待邀請或認可便急於分享，人們可能會厭煩那些其實非常引人入勝的故事，而說故事者則會因為得不到真心的聽眾而受挫。

肯定語句

- 我會等待並與那些能推崇我的靈感及經驗的人分享我的想法和故事。
- 我的故事是構成人類經驗重要的一部分，而我會等待恰當的境遇以作為對自我經驗的尊重。
- 我的言語和夢想珍貴無比。

練習題

　　讓你的想像力和童心未泯告訴你，你的夢想能如何展現所有可能性。讓自己以開闊心胸接納無限的可能，並試著向自己訴說關於你如何夢想人生的故事。

57號閘門：直覺洞察力

> 易　經：溫和（巽卦）
> 占星學：天秤
> 生物學：脾臟與淋巴系統

　　57號閘門在人類圖系統中是最具直覺力的閘門。在傳統易經裡，五十七卦代表徐徐和風吹散雲層，讓陽光得以穿透、照耀大地。57號閘門擁有清晰且聚焦於當下的直覺洞察力，其敏銳準確的直覺往往能使真相顯露無遺。有時我們也稱此閘門為清晰的閘門。

　　雖然它具有敏銳的洞察力，但諷刺的是，57號閘門本身也是一股不確定和難以掌握的能量。是以，大多數的人總是懷疑自己的直覺。因為直覺彷彿來無影、去無蹤，根本沒有邏輯可循！57號閘門的直覺只存在於

當下，但每個當下倏忽即逝、不斷改變。某一時刻的真實到了另一刻可能就變為虛假的幻影。

　　擁有57號閘門的人往往會在該相信自己的頭腦或是直覺中掙扎不已，然而依循你的人類圖策略就能解決此進退兩難的困境。人生策略會避開57號閘門中頭腦層面的優柔寡斷，讓你能欣然接受直

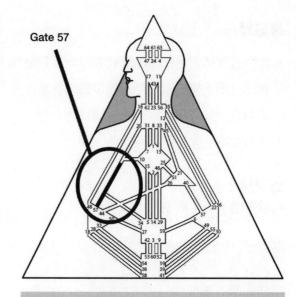

圖表107：57號閘門

覺傳達予你的訊息，而不再與自我懷疑拔河奮戰。

　　57號閘門者天生具有玄妙的靈性才能，參照你的人類圖表中其他的能量配置有助於你發現自身靈性才能的展現方式。

　　57號閘門也是根植於脾臟的恐懼閘門，它恐懼未來。這也部分說明了57號閘門含有不確定性的根本原因，當57號閘門感受到隱藏許多不確定或令人恐懼的未來時，可能會因此氣餒而死守安逸。然而，處理所有源於脾臟恐懼的方法便是試著克服它，如此就能讓這種種恐懼很快地煙消雲散。反之，逃避恐懼便會讓人困陷其中、動彈不得。

肯定語句

- 我相信自己。
- 我相信我的直覺。
- 我相信未來。

練習題

1. 你的直覺感覺起來是什麼樣貌？你如何意識直覺？回想並列出那些你信賴自己的直覺，而產生好結果的過往事件。
2. 你是否在此刻接收到值得你關注的直覺？
3. 你該做些什麼才能加深你的直覺意識？

58號閘門：喜悅／活力

易　經：喜悅（兌卦）
占星學：魔羯
生物學：腎上腺

58號閘門是關於生命喜悅的能量。58號閘門者的臉上總是掛著一抹笑容（若他們依循自己的人生策略生活）。他們憑直覺就能明白喜悅，往往不會太過嚴肅地看待事物。

然而，若他們背離自己的人生策略，他們便會在喜悅人生中經歷劇烈的挫敗。畢竟，人類圖屬於二元系統。58號閘門者若

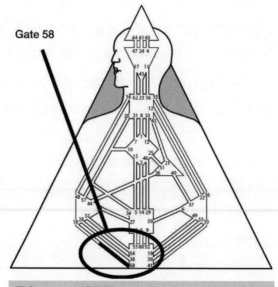

圖表108：58號閘門

明白喜悅的可能性，卻無法經驗喜悅，那麼他們會成為世上感受最苦澀的族群之一。

　　喜悅能藉由活在自己的人生策略裡，或等待修正的恰當時機而得以恢復。生命喜悅的極致之美在於它源於純熟和修正的能量。58號閘門能在邏輯迴路中充分展現出批評的能量，並以此幫助人們探索喜悅。

肯定語句

- 關於我的存在、我擁有的一切事物、我曾經驗的所有感受和事件，我都懷抱著感恩之心。
- 我會讓喜悅盈滿我的每一顆細胞，並以敬畏的態度看待環繞於我的所有恩典。
- 我能保持放鬆的心情，並知道紛紛而來的恩典是我的生命、是我的神聖資產的一部分，我也滿懷喜悅地知道，源源不絕的良善之流會不斷地流向我。

練習題

　　列出你感激的一切事物。每天花幾分鐘讓自己處在這份幸福的感謝心情中。

59號閘門：性

易　經：分散（渙卦）
占星學：處女
生物學：卵巢和睪丸

59號閘門是引誘的閘門。這是一股純粹的生命動能，是驅動性慾與否的能量。

59號閘門者試圖釐清親密的本質，但探索的方式偏向理論。也就是說，59號閘門設法透過研究掌握親密。他們也許非常了解親密，但這些認識幾乎不是出於實際體驗。

相反地，他們對於

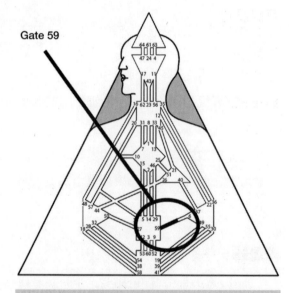

圖表109：59號閘門

親密也許從沒想那麼多，需要透過他人才能察覺。許多59號閘門者會發現，他們需要對另一半和這段關係有深刻的理解才能踏入親密的階段。因此，59號閘門偏好從朋友關係發展，再深入演變成曖昧。對59號閘門而言，靈魂伴侶最能讓他們找到深切的親密感。

59號閘門也享受於誘惑或被另一半引誘的遊戲。然而，要讓59號閘門者全心全意地將自己交給對方，的確需要一段時間。

肯定語句

● 我為愛而生，等待踏入親密關係的召喚。

● 在一段關係裡，我需要個人空間與自由，我需要時間瞭解我擁有的愛是真實的；這種種條件強化了我對親密及與他人連結的渴望。

● 我深信友誼是愛情的基礎。我的摯愛必定是我最好的朋友。

● 我會等待思緒澄明，並帶著深思熟慮踏入一段關係。

● 對我而言，愛既有趣又充滿誘惑力，我享受與伴侶相互誘惑帶來的刺激歡愉。

練習題

1. 哪種影響方式最適合你，能為你的計劃和事業帶來最大的幫助？

2. 在實踐目標和理想之路上，你的下一步為何？

3. 你該從哪部分著手努力，好讓自己預備好迎接成果的展現？

60號閘門：接受

> 易　經：限制（節卦）
> 占星學：魔羯／水瓶
> 生物學：腎上腺

60號閘門屬於原本或既有基因的能量。它是「舊」基因能量和「新」基因訊息相遇，進而產生突變的所在。60號閘門具有保守的特質，在作出改變前，會設法堅守原有的工作定義。60號閘門會尋找進化的機會，而擁有此能量者時常渴望以謹慎從容的方式改變、經驗個人成長。

就改變的目的而言,這並
不是一種天翻地覆式的瘋
狂改變,而是一種從容謹
慎、踏實的進化,在此過
程中,它也能接受和善用
改變的限制。

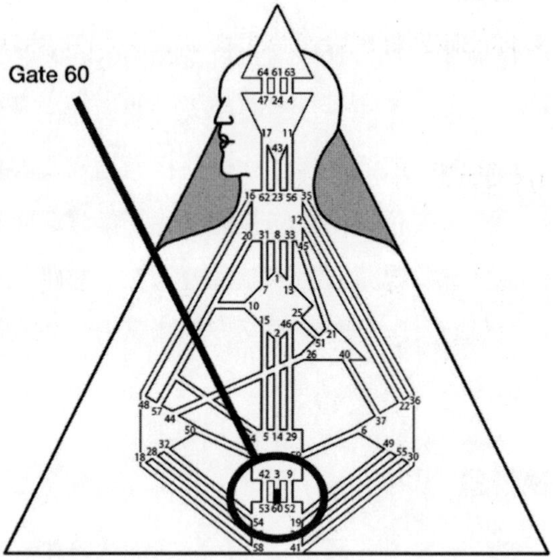

Gate 60

圖表110:60號閘門

肯定語句

* 我是無拘無束的宇宙子
  民。當我獲得靈感時,
  我相信也明白自己具有
  將靈感成形的能力。

* 靈感和顯示作法在同一
  瞬間產生。我的唯一任務是深呼吸、放鬆、信任,我知道神聖的秩序會
  安排一切。

* 我的任務是留意宇宙發送給我的訊息,並純然地依循我的人生策略。我
  完全不需要擔心我的靈感會如何展現。

* 我會消除內心所有的抗拒,並相信自己隨時都能在對的時間處在對的地
  方,和對的人一起從事對的事情。

練習題

1. 當你不清楚事物將如何發生與開展時,你是否會掙扎、奮力地做些什
   麼?若是如此,你會創造出什麼限制?

2. 你是否有過因為困陷在事物的完成方式而不相信自己能夠繼續前進、並
   付諸實現的經驗?

3. 在你的人生中，你在哪些部份感受到抗拒？你在反抗什麼？為什麼？

4. 你能做些什麼好讓你的生命創造出更多的接受空間和變得更自在？

61號閘門：神祕

易　經：內在真理（中孚卦）

占星學：魔羯

生物學：松果體

61號閘門是突變思考的起始階段，並具有傳達所思（不需要邏輯推演）的任務。61號閘門就是知道！報告完畢。假使你設法讓61號閘門解釋它究竟是如何知道的，那麼，你仍未抓到重點。61號閘門能打破現實的藩籬，理解未知。它具有探索或思考神祕、甚或是超自然事物的能量。然而，若它未

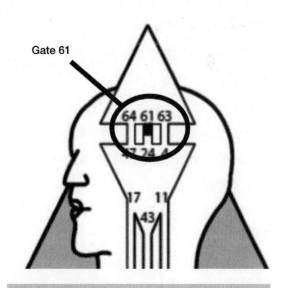

圖表111：61號閘門

得到邀請表達所知，人們只會對此感到一頭霧水。

61號閘門的狂想，根源於亟欲知曉原因的渴望、及等待澄明的必要條件。此閘門的通曉能力往往能超越本身，也就是說，它不必了解過程的

片段就能直接理解終極思想。它能跳過步驟、直達更巨大的覺察意識，不需確認在此之間環環相扣的連貫線索。61號閘門必須等待以知曉更多，假若他們未尊崇全然享受於思考的生命邀請，他們的腦袋便會在設法知道更多的需求下紊亂不已。

61號閘門必須等待正確的時機，以明白哪些所知是具有價值的。61號閘門的重要箴言是「我為何要問為什麼？因為思考是充滿樂趣的一件事。」請記住，思考的目的往往純粹是為了思考本身。

的確，這是屬於突變的思考，因此它勢必是與眾不同的。讓改變具有適應性的關鍵便是等待對的時機，如此一來，對的人便會邀請61號閘門分享所知。61號閘門務必要守衛它知道的一切，並等待他人主動邀請分享洞見。

肯定語句

- 在寂靜中，我臣服於生命的巨大神祕和神聖的一切。
- 我會讓自己沐浴在神聖的靈感之中，並帶著無比的專注欣賞感受。
- 我相信自己得到最美好的啟發，並純粹地讓靈感湧向我。
- 我充滿感恩之心。

練習題

你覺得自己與更龐然的未知同步嗎？你該做些什麼才能加深你和宇宙的連結？你需要在日常生活中建立某種慣例，好讓你保持精神集中及與世界的連結感嗎？

62號閘門：細節

易　經：處理細節的優勢（小過卦）
占星學：巨蟹
生物學：甲狀腺和副甲狀腺

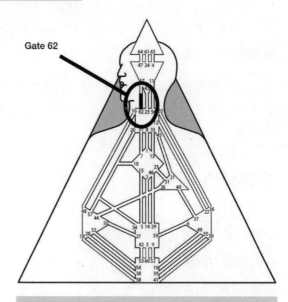

圖表112：62號閘門

62號閘門是關於細節的能量，也就是說，正是這些微小細節讓各種見解源源不絕地湧入、保持動能。62號閘門不斷提問「要是這樣做，會怎麼樣呢？假使把這個物品放這裡，其他的檔案夾擺到籃子裡，會怎麼樣呢？我們能就此開創出有系統的運作模式嗎？」即使他們不像是有條理的人，但他們總是知道所有事物的座落之處。

這是屬於電腦程式設計師或專業管理者的閘門。62號閘門總是保有實際試驗的精神，它是打造試驗架構與應用的能量。62號閘門決定了統計試驗的過程，關於要使用哪些配備、如何記錄數據，它都瞭若指掌。它以系統化、合乎邏輯的方式，將計劃與想法相互連貫。62號閘門將各種潛在價值的能量連結至喉嚨中心，並透過表達，創造展現的可能。

肯定語句

- 我會謹慎善用表達。我的表達為我的理想和想法創造形式。
- 我的想法清晰並且井井有條，我會帶著無畏和一致的態度，尋找並說出事實。
- 我是一個有條理的人，我能提供他人許多實際的問題解決方法。我會耐心等待他們主動徵詢我的洞察見解。

練習題

　　讓我們重新審視自己的願景、試著將理想付諸文字吧！寫下你的理想，正是表現在字裡行間、純粹可能性的力量讓理想變得具體可行。

63號閘門：懷疑

> 易　經：完成之後（既濟卦）
> 占星學：雙魚
> 生物學：松果體

　　63號閘門是追求邏輯的靈感。它本身充滿著懷疑和猜疑，而在此緊接而來的便是對檢驗的需求。

　　這個特殊的閘門內建了不少耐人尋味的挑戰。懷疑和猜疑屬於能量；而就如同人類圖表中的所有能量一樣，它們幾乎是反射性的流動。63號閘門者往往對萬事萬物（包括他們自己的洞察和能力）抱持懷疑的態度。

　　雖然這是邁向邏輯之路的一段珍貴過程，但對個人而言，卻是一股不輕鬆的能量。63號閘門所表現出懷疑和猜疑的本意是直指資訊，而非指

向自己或他人。

63號閘門若結合48號閘門，加上開放的頭腦及邏輯中心，便是讓人面臨腦袋打結和不擅人際交往的強效組合。請記住，這些是屬於集體的能量，它們的作用並不全然是展現於自我。這些能量的目的是修正世界上的資訊表現。

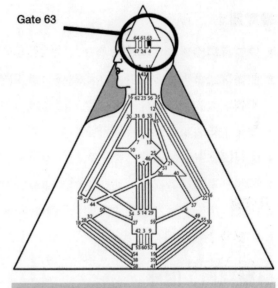

圖表113：63號閘門

此外，你必須明白腦袋產生的懷疑只不過是一種想法或念頭，未必能代表真實。懷疑和猜疑需要時間證明其正確性，而你需要檢驗和證據。當你在外在世界中，直言不諱、盡情地抒發自己的懷疑和猜疑，通常只會帶來讓人抗拒的結果。最好還是先把懷疑擱置在你的腦袋裡，等到你累積了足夠的資料並得到邀請後再分享吧！

肯定語句

- 我相信自己，也相信宇宙。
- 我相信試驗蘊藏著完美。
- 我相信我的洞察力和通曉能力。我具有敏銳的識別眼光，但我不是懷疑主義者。
- 我知道所有的問題都有解答。我相信解決問題的簡要方法，也知道當時間和萬事萬物俱足時，我就能得到答案。

練習題

1. 你曾有過懷疑自我的經驗嗎？

2. 你曾有過事後證明你的內在通曉能力是正確的經驗嗎？你認為你的天賦才華或你的強項是什麼？你在哪些領域展現了純熟的能力？你該做些什麼，才能消除你的自我懷疑？

3. 你相信神聖的秩序嗎？你認為每一件事情的存在或發生都有目的嗎？

4. 哪些錯誤經驗最終讓你通往完美和純熟的道路？

5. 你該做些什麼，才能將錯誤整合為邁向純熟不可或缺的一部份？

64號閘門：困惑

易　經：完成之前（未濟卦）
占星學：處女
生物學：松果體

　　64號閘門是屬於左眼和右腦的閘門。資訊和靈感有如巨大的片段或「下載量」席捲而來。整個想法似乎就如此憑空形成，絲毫沒有邏輯脈絡可循。上一刻腦中仍一片空白，下一刻便擁有龐大絕妙的點子。

　　當你迫使右腦產出的靈感轉化為線性順序時，64號閘門便會顯露困惑和壓力。若在不恰當的時機裡，它很難執行「這一切是怎麼發生的呢？」這一類問題的思考。64號閘門擁有自己的時程，在正確時機到來前，你無法逼迫它清楚地展現或甚至理解脈絡。

　　64號閘門的真正挑戰是如何對未知的發展抱持坦然和釋懷的心態。我們活在一個深受邏輯和左腦思考制約的世界。我們時常被灌輸如此的觀

念：光是獲得靈感並不算數，我們也該同時明白如何將這些靈感具體表現。因此，64號閘門只好學著猜測細節，或沉默不語。

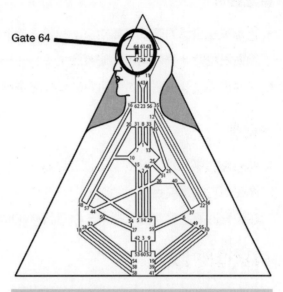

圖表114：64號閘門

一些策略能幫助此種思考方式。64號閘門以視覺思考，而形象化的工具有助於學習和表現。師長可以引導64號閘門的孩子將想法記錄在索引卡上，他們就能學習寫下具邏輯及線性的記述。往後，孩子就能以視覺組織這些想法，並使之連貫流暢。

64號閘門往往令人費解。當它發表想法時，其言語通常會繞著想法打轉，直到它突然得到某種意義為止。但對那些試著要領會話語脈絡的聽者而言，便會有種莫名其妙的感受。64號閘門者總是努力讓那些龐大的想法成真。若在孩童時期，他們就是那些希望在科展競賽中，創造出「不可能」科學實驗的孩子，而他們往往也需要他人協助將龐大的想法分解為較小、更易處理的任務。當64號閘門者明白澄澈清明的思路在對的時間以頓悟的形式顯現後，就能和自己和平共處。64號閘門的唯一任務就是等待，答案終將到來。

64號閘門是右腦的典型代表能量，它同時也是接通超意識（super-consciousness）的閘門。更全面的了解和玄奧的覺察，能在64號閘門中觸發靈感。它得到超乎自我、源於宇宙的巨大力量啟發也是司空見慣的一件事。

肯定語句

- 我會留意自己的靈感，並知道當我帶著探究的期盼心情觀察我的靈感是如何展現時，美妙的事物便會發生！
- 我非常樂意及渴望知道宇宙會展現什麼事物在我眼前。

練習題

1. 你最大的夢想是什麼？
2. 你相信它能實現嗎？
3. 在你等待夢想實現的過程中，你應該該採取什麼策略好讓自己保持愉悅的心情？

　　關於你是誰？你的人生驅動力為何？你能在哪部分帶著自覺意識成長與進化？六十四道閘門在這些面向能賦予你深刻的理解。當你與這些能量攜手並進時，請記住，這六十四道閘門始終都存在著能支持你、給予你力量的潛能。

　　此外，當你瀏覽這些閘門的時候，請務必記得每一個人都擁有完整的六十四個閘門。定義的閘門代表你會恆常經驗此能量，開放的閘門則是會以較多變的方式讓你感受該能量。

　　你也許會發現，即便你的某些閘門未定義，但你仍能感覺到它對你的切身作用。我們深受身邊人們的能量影響。你的另一半和家人或許帶有你本身不具有的能量，然而，這些能量作用最終卻會在你們的關係中創造出某些主題。

　　我真心建議你完成每一道閘門的練習題。這些能量確實是打造出「人類」的部分能量原型。

第六章

主要迴路群

　　如同房子的供電線路或電腦的電路板，人體圖也具有共同運作的相關能量線路，稱作「迴路」。這些迴路揭示過往人類進化的機制，也在未來延續人類發展中，扮演了相當重要的角色。透過學習迴路的知識，你能從另一個層次瞭解自己、明白你的人生使命及你在整體人類這塊大拼圖中的位置。

　　人類圖共有三大主要迴路群：個體人、家族人及社會人。每一個迴路群在分享訊息、價值觀和生存策略上都發揮著獨特的作用，並聯手打造出更深層的人類樣貌。

　　個體人迴路群主要是在個人層面觸發改變。當某人想到一個嶄新想法或發現做某件事的新方法時，這股能量便會在個體人迴路中呈現。在此的能量不同於常態；它會產生突變，因而會激勵其他人改變。

　　個體人發現新的觀點或新的做事方法後，他們會將此改變傳至家族，透過家族人迴路群展現。而家族成員接著便會將改變散佈至更龐大的群體，即社會人迴路群。

　　假想北美大草原上居住著某一小部落。此時正值春分季節，而部落正準備搭設夏天的營地。身為部落一份子的鮑伯有點奇特。他其實並不喜歡

群居生活。他很關心自己的族人，但他卻常常當個獨行俠，專注於自己的事務上。

今年，鮑伯（擁有許多個體人能量流）決定在遠離部落的小溪峭壁旁搭建他自己的避暑小屋。他非常享受獨處時光；在搭建小屋的過程中，他發現將大石塊綑綁在棍棒上，以此作為石槌使用的新方法能大大地幫助他完成造屋工程。

鮑伯的哥哥，羅傑（擁有許多家族人能量流），某天來到小溪的下游拜訪鮑伯。他只是想確定弟弟一切安好，正在這個時候，他看見了這根新奇的石槌。羅傑讚嘆這新工具的實用與便利性，他也立即看出這玩意兒能讓建造營地的工程變得更容易。他明白，若營地愈快完工，他便有愈充足的時間準備過冬的糧食及其他物資。於是，羅傑請弟弟為他製作一模一樣的石槌後，便帶著這根有用的工具返回部落。

在這根新奇槌子的幫助下，營地順利完工。羅傑多出了許多空閒時間，是以他比平常花上成倍的時間打獵。漸漸地，他累積了能賣給其他部落的額外動物毛皮。羅傑整裝待發、準備踏上買賣之旅，他決定將石槌扔進自己的行囊中上路。沿途中，羅傑向其他部落的人展示石槌，人們紛紛要求他製作相同的槌子，並願意以食器和其他珍貴的貨品作為交換。

羅傑便帶著許多能獻給族人的額外物資踏上返家的路。

幾年後，每一個部落都擁有屬於自己的、以鮑伯的發明為雛型改造而成的槌子。最後，羅傑的祖母（擁有許多社會人能量流）創立了官方機構以管理槌子的使用與安全規範。

當某一改變具有適應性，並成功地自個體散佈到家族，再由家族傳播到社會時，能量的臨界量逐漸形成，屆時，改變就成為人類經驗的整合要件及人類故事其中的一個篇章。

從個人的角度而言，你的定義迴路與閘門能幫助你瞭解：你之所以是

你的原因，你的人生驅動力是什麼？你為什麼會在人生中不斷地重覆經驗某些主題？你的定義迴路也有助於你理解你的人生使命及你此生要與這個世界分享的事物。

　　啟動的通道會在你的人生中帶來不變的主題。懸掛的閘門（只通一半的通道）則是你在與他人的互動關係中會面臨的主題；你會受到擁有另一半通道的人吸引，故而，接通的通道主題便會在你的關係中浮現。

個體人迴路群

　　突變和給予的力量源自於個體人迴路。若你擁有許多個體人的能量流，你此生的目的便是展現出與眾不同；為了活出快樂，你必須充分表現你的獨特性。你能感覺到自己與大多數的人相比都截然不同，甚至在行為舉止或穿著表現上都超乎常規。

　　個體人的獨特性能夠促成改變。由於這是一種能量作用，因此，個體能量不需要「執行」什麼才能帶來改變，只要「存在」就能影響他人。

　　若某人的人類圖表裡具有許多定義的個體能量，他很有可能得不斷與憂鬱的狀態奮戰。當你認為自己與外界格格不入、沒有人能懂你時，人生似乎也因此變得無比艱難。然而，請務必要銘記在心，這一切都是能量的作用。個體人的身邊也許正圍繞著許多欣賞他們的仰慕者，即使他們依然感到孤單和不被理解，但這純粹是個體能量作用後的產物，絕對不是個人的問題。

　　個體人迴路群由三個迴路組成，分別是整合型迴路、中央迴路、覺知迴路。我們將在第七章深入探討。

　　個體人迴路若徹底發揮，將能給予他人力量。若你擁有許多個體人能量流，你的人生使命之一便是毫不退縮、不帶絲毫羞愧感、充分表現你的

特質。如此一來，周遭的人也就能獲得自在表現自我的機會。

　　假如個體人努力讓自己變成他人的模樣，便無法活出自身的天命。這不但有違天生設計，也會讓進化和給予力量的能量流停滯。

　　個體人孩子的父母，請務必要懂得鼓勵孩子盡情展現他們的獨特性。若他們受到壓制、被迫成為他人的模樣，那麼一來迷惘、苦澀、挫敗或憤怒的感受將充斥他們的人生。而社會人也將錯失個體人獻與世界改變之美的機會。

　　時機對個體人而言是至關重要的一環，新事物必須在正確的時機引入世界。個體人必須等待，直到新事物「感覺」對了才得以分享。突變屬於自發性行為，但適應卻需要經過一段時間，才能判別某些改變是否能帶給部落和社會益處。

　　而個體人的任務就是全然地做自己。部落和社會將決定個體人帶來的改變，是否能運用在更廣大的層面以及是否能經過時間的考驗。

　　個體人迴路深具聽覺特質。擁有許多個體能量流的人（尤其是頭腦和喉嚨中心）往往都是聽覺學習者。他們甚至會擁有專屬於自己的內在聽覺流程。

　　個體人孩子常常會自言自語、發出嗯哼或許多重複性的聲響。

　　個體人迴路具有出於直覺的超覺知力（claircognizance），換句話說，如果你擁有許多個體人能量流，往往能純粹地「通曉」事物。或許你也搞不懂自己是如何知道的，你只明白自己擁有這種本事。這種自發的覺知會讓講求邏輯的人抓狂，因為個體人根本毫無邏輯可言。

給個體人迴路的肯定語句

- 我此生的目的便是展現與眾不同，我推崇自己的獨特性。
- 我會讓內在智慧隨著時間發展茁壯，並在旁人主動邀請時分享。

- 我能自在表現我的強大獨特性，我會讓我的光亮照亮所到之處。
- 我會充滿自信與風度地做自己！

家族人迴路群

家族人迴路和家庭、價值觀、繁衍和照護有關。你的家族包括了你的朋友、家人和鄰居。

擁有許多家族能量流的人渴望成為群體或整體的一份子。他們是家族或社區（像是童軍團長、家長與教師協會主席、社區守望相助策劃者……）的守護者。

家族能量負責傳遞價值觀，分配和管理資源、契約和協議，以及生兒育女，扶養孩子長大成人。此外，這些能量也包括了炊食、教育、性慾及商業事務。

擁有許多家族能量流的人非常在乎他人。他們對生活週遭的人們懷抱強烈的責任感，而有時覺得自己（或被他人視為）是情感依託的角色。家族人會盡其所能地照護他的族人。家族迴路的主題便是扶持。

家族人迴路群包含了兩個迴路，防禦迴路及意志力迴路。我們將在第八章詳述。

家族能量和持續分配及管理資源有關。家族因所得資源而得以存活，假設你儲存糧食，並將這些存糧管理分配以渡過歲末寒冬，那麼你的朋友、家人和孩子也就能平安過冬。若你作出絕佳的商業決策，那麼你便擁有取得更多資源的機會，或萬一情勢改變，你仍有多樣的來源選擇。穩固的家族始終有生存的備用計劃。

契約，例如結婚、離婚、條約和商業交易都是家族能量的一部分。規則和價值觀的協議、教派和宗教信仰也屬於家族的範圍。

性和性慾也根源於家族迴路。某家族得以延續不衰是因為新生命茁壯成人。性的結合與家族關係都是維持家族價值觀的要件。而關於扶養、教育和照護孩子的協議，也都屬家族能量的一部分。

戰爭與和平的狀態也包含在家族能量中。若資源或價值觀遭受威脅時，防禦迴路便會促使家族開戰。而條約、和平與和諧則根源於家族能量的意志力迴路中，情緒與意志力中心相連之處。

給家族人迴路的肯定語句

- 當我和我的朋友、家人在一起時，我能感到安心自在。當我能照顧自己與他人時，我會感到快樂。
- 我會為自己設立適當的範圍，以便給予他人更恰當的關懷。
- 我能妥善管理我的金錢和時間。
- 我會實踐我的協議。

社會人迴路群

社會人迴路和人類的生存有關，共有預測與反映兩大主題。它會根據過往汲取的經驗與教訓，預測事物接下來發生的樣貌，並以絕佳的想法反映出未來的潛在可能性。

社會人迴路群包含了兩個迴路，邏輯迴路及感知迴路。我們將在第九章詳加說明。

邏輯迴路，如同字面意義，充滿邏輯性。左腦便是邏輯迴路的一部分。人類圖系統中的邏輯與了解那些不斷重複的模式有關。舉例來說，我們知道每年冬天過後，春天便會接著到來，而春天是種植作物的良好時機。此理解認知便來自於經年累月、不斷重覆的經驗。這種訊息是可預

期、始終如一的，也讓我們能做出得以繼續存活的決定。邏輯，從最純粹的角度而言，便是能讓我們邁向人類持續發展、益臻完善的表現及美好人生的各種模式。

感知迴路和人類的經驗有關，也是右腦的所在位置。感知迴路透過情緒中心表達，在當下片刻鮮少能意識到。感知迴路的要點為：隨著時間達到澄明的狀態。它是抽象、整體的能量。

「分享」是社會人迴路群的核心。然而這並不像家族人迴路中的個人層面分享，這是關於全人類、與物種生存有關的分享，常見於混亂和危機的時空背景中。當動亂發生時，社會人迴路驅使我們引領他人至安全或有利的位置。擁有許多社會人能量（尤其是邏輯迴路能量）的人，能憑直覺知曉如何調整或改善事物。這種判斷力往往會被他人解讀為批評，然而社會人的目標是表現出人類經驗益臻完善的形式，及建立基礎結構以維持人類的持續發展與富足。這種批評並非出於個人，某種程度上也非源自無限的關懷，而是出於分享最完美的表現形式。社會人的分享是因為我們是同一整體，就算你我是截然不同的兩個個體，但我們某一層面的經驗是相同的。我們共享某種共同脈絡串接而成的人類經驗。

給社會人迴路的肯定語句

- 我喜歡在萬事萬物中發現模式。
- 我會等待對的時機到來，再嘗試新的事物。
- 我會和那些主動邀請我的人分享我的想法、故事和建議。

誠如你所見，人類圖裡的每一部分都美妙地相互貫穿，對人類的發展而言，都是極其重要的關鍵。迴路則讓你探見個人此生的使命；包括了帶來改變、滋養及為人類的福祉建立更廣泛的準則。

　　絕大多數人的人生使命都含納了每一種迴路的能量。某些人則在某一特定迴路擁有較多的定義能量,而該迴路的主題也在你的生命中產生了深刻的影響。

　　所有迴路完整地聚合在一起時,我們將會發現,世上每一個人在人類發展進化的道路上都扮演著無比重要的角色。我們需要能帶來改變、提供滋養與關懷、創立更廣泛的準則以讓我們能更有效地重整自我的人物。最終,只有當三種迴路群徹底地發揮、每一個人活出自我設計的極大潛能時,人類拼圖的所有片段才得以聚集,完整展現出全貌。

第七章

個體人迴路群

個體人迴路群包含整合型、中央、覺知三個迴路。每一種個體人迴路都具有突變、變革的主題、及在恰當時機明確表達新想法的能力。個體人迴路群各有特定的任務，有助於你瞭解此生將帶給世界哪種類型的改變，及不同的能量會影響你在世上做出改變的能力。

整合型迴路（The Integration Circuit）

整合型迴路相當複雜難解，因為它真切體現了人類精神的能量。它是極為深奧的迴路，也是讓人難以理解的能量群。

整合型迴路充滿直覺力，它藉由生命動能驅動，並以自我作為驅策。整合型迴路是最早的人類祖先唯一表現出來的能量。它的主題就像是簡短的警句「我是」，任務是發展自我的意識，以作為別於他人的差異和對自我形態的知覺。

當我們尚未被賦予形體時，我們以一種無形、無差別的整體存在。

> **整合型迴路通道**
> - 34-57：力量的通道
> - 57-10：完美形式的通道
> - 34-20：魅力的通道
> - 20-10：覺醒的通道

而人類的形態讓我們經驗
到個體獨立的錯覺，並透
過每個人的獨特性界定自
我。我們將自己視為個別
的人類生物，而非統一的
整體。這就是人類經驗的
力量，藉由將自己視為單
獨個體的過程，我們不僅
區隔出自己與他人，也和
上天劃出界線。我們探索
啟發的過程，正是透過整
合型迴路讓我們同時以個
體的存在意識到整體。

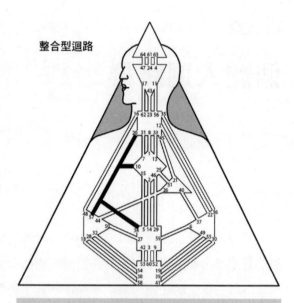

整合型迴路

圖表115：整合型迴路形成我們的自我意識。

　　以更具體的方式來說，整合型迴路是極具個人色彩的迴路。擁有許多
整合型通道能量的人，極富變化性和深刻的個體性。他們有時會費力地讓
自己適應。

　　整合型迴路者需要時間，而這似乎有違常理，因為它根源於脾中心
（講求此時此刻的能量中心）。然而，它需要時間讓內在反映，並將新的
經驗與造就人類的原型「整合」、創造出新的典範。除此之外，整合型迴
路也需要作出回應，因為它也屬於生產的迴路。

　　擁有整合型能量者往往不太容易作出回應，或甚至是活在當下。他們
必須先整合才知道下一步該怎麼做。因此，若他們總是設法要在當下立即
行動或回應，有時便會產生沉重的挫敗感。對他們而言，擁有整合及獨自
思考的時間無比重要（尤其在人際交往的層面）。

　　擁有多條整合型定義通道的人，往往會被他人視為活在自我世界的

人。他們並非自私，只不過是天生個體化的設計使然。這也無關乎個人的問題，只是此種迴路的能量作用。

34－57：力量的通道

這是人類原型的原始通道。人類祖先最早便是以這股能量，界定出人類最初的個體化發展，它是基於直覺的生命動能。這條通道也深具敏銳的聽覺和直覺本能，擁有34-57通道的人常見於擔任音樂或錄音製作的職務。聲音的失真，甚或是喪失聽覺對他們而言都是艱鉅無比的挑戰。敏銳的聽覺往往能讓他們聽見聲音或直覺的指引，他們能從你的聲音中聽出弦外之音，也能憑直覺從你的言詞和語調裡察覺不尋常之處。

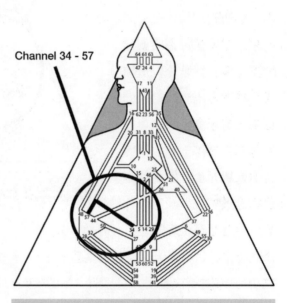

圖表116：34－57 ── 力量的通道

34號閘門：力量
57號閘門：直覺洞察力

57－10：完美形式的通道

在人類演進的過程中，「直覺的完美形式」是第二條發展通道。57-10通道具有知曉如何在當下求存的完美直覺意識。

跟隨57-10通道的人包準沒錯，他們永遠知道求存之道。他們憑直覺

就能知曉逃離災難最安全的路線，或是跨越障礙的最佳方法。

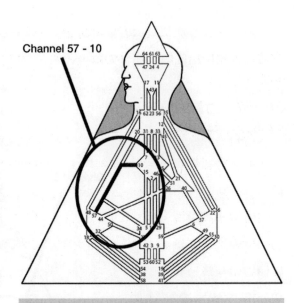

Channel 57 - 10

他們是一群完美主義者，當他們認為自己可能會犯錯時，便會毫不猶豫地停止採取行動。但這種決定不僅是出於對犯錯的恐懼，還包含了想讓事物完美的深層渴望，他們憑直覺就能知道如何實現對美的追求。

圖表117：57－10 ── 完美形式的通道

然而這條通道缺乏動力驅動、未通達喉嚨中心，它完全屬於投射性質。當57-10通道試著主動展現完美時，人們往往只會視若無睹。唯有透過邀請，完美才能得到識別與認可。

57號閘門：直覺洞察力
10號閘門：愛自己

此外，由於這是一條極富個人色彩的通道，因此當認可未發生時，伴隨而來的是無法實現「完美」的恐懼，導致擁有此能量的人會強烈地責備自我。事實上，他們擁有的是突變性質的能量，因此除非是得到分享的邀請，否則這些主動獻與的嶄新、獨特的完美表現將不具適應能力。

從心靈層面而言，這條通道的閘門能量非常特別。脾中心和生存的能量有關，而這也是我們和其他動物共同享有的能量。然而在57-10通道裡，我們的直覺與自我能量中心的靈魂相連。我們是唯一天生設定為憑直覺感受自己的靈魂方向、擁有知曉是否實現靈魂使命能力的生物。

擁有57-10通道的人能清楚知覺到自己正踏在自我的人生道路上，並常常在人生中擔任給予他人力量、讓他人能夠去探索及實現自我靈魂使命的角色。

34－20：魅力的通道

這是人類圖系統中最具影響力的通道，它將持續的生產能量帶往喉嚨中心。34-20通道是顯示生產者的原型，也是唯一將薦骨中心直接連結至喉嚨中心的通道。34-20通道充滿力量和魅力，然而由於它與薦骨中心連結，因此這條通道真正的力量必須透過回應才得以展現。換言之，就算他們擁有極為強大的持續力量，若不作出回應仍無法真正活出充滿影響力的天命。若他們主動發起行動，便會陷入巨大困境以及無人響應的結果，進而產生沉重的挫敗感。他們深知自己擁有強大的影響力，但除非他們選擇回應，否則將難以推動這股能量。

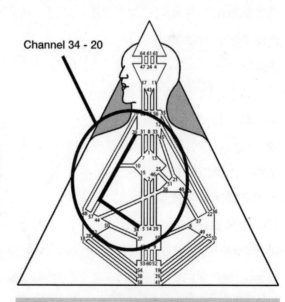

圖表118：34－20──魅力的通道

34-20通道能量的重大任務是透過回應，將想法轉換為行動。的確，由於34號閘門藉由20號閘門與喉嚨中心相連的配置，讓擁有34-20通道的人一旦受到觸發便會亟

34號閘門：力量

20號閘門：蛻變

欲實踐行動。人生策略在這部份佔有關鍵要素,若他們缺乏等待,或無法利用自身圖表中其他部份的直覺力,他們便會不斷追隨一個又一個想法,最後讓喉嚨中心和甲狀腺疲憊不堪,卻徒勞無功。34-20通道是成為唐吉軻德的潛在通道,一場又一場忙碌不已的探險旅程,除非受到自身其他能量(通常為57號閘門或43-23通道)牽引的影響,否則他們甚至會忙著大戰風車。

　　在最早人類祖先演化的過程中,34-20通道在生存直覺之後發展形成。它是一股為喉嚨中心而產出的生命動能,以薦骨中心的行為實踐喉嚨中心的行動。「執行的能量」在此不僅是基於生存,更是源自持續的生命動力能量。這是有關工作的能量,以確保我們能獲得所需、經過時間考驗而存活。

20－10：覺醒的通道

　　20-10通道是覺醒的通道,也是演化為人類的過程之中最後發展的通道。此通道具有在當下呈現完美自我的能力,也是透過20號閘門個性化的極致表現。20-10通道屬於全然的意識投射,擁有此通道能量者極富精神意識、給予力量及愛自己的才能。它往往在給予自我力量和啟發的層面扮演導

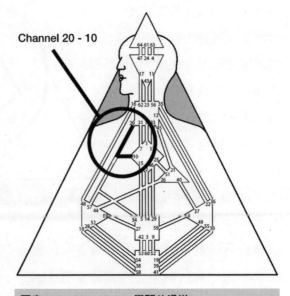

圖表119:20－10──覺醒的通道

師的角色，不過它的覺知課題只有藉由他人主動提問才得以分享。反之，若他們主動表達自己的覺知，他們往往會遭忽視，甚或被視為吹毛求疵的人物。

> 20號閘門：蛻變
> 10號閘門：愛自己

　　在人際關係中，20-10通道會以充滿挑戰性的方式展現。具有20-10通道能量配置的人，有時又稱作「毒舌殺手」，以話語尖銳和言詞惡毒著稱。給予力量或喪失力量的語言正存在於20-10通道之中。因此若你擁有此能量，請特別留意你的言語力量。

　　毒舌可能來自於個人的定義能量配置，也可能是透過關係中的電磁引力而產生。無論是哪一種，這都是一股需具備覺察意識的能量，切記這不是個人的問題，而是能量的作用。在關係中，當能量過於強烈致使言語失去控制時，遠離彼此的能量場、互相給予空間不失為有所幫助的對策。

　　若你擁有從自我能量中心至喉嚨中心的定義能量，整體而言，你可能會較脆弱，因為聲音直接源自你的靈魂位置。若20-10通道未等待他人的識別便貿然發言，下場無非是遭受忽視或批評。久而久之，他們便逐漸習慣封閉真實的自我、阻絕自我的創造表現力。學習等待吧！對的人總是會主動徵詢你的洞見。

　　此外，20-10通道也是整合的充分展現。覺知與智慧根源於自我，當你全然活出自我時，便能展現強大無比的力量。透過人生策略學會做自己，20-10通道也就能賦予他人活出自我的力量。

中央迴路（The Centering Circuit）

　　中央迴路是較小的次要迴路。雖然它僅有兩條通道，卻都代表著重要的作用意義。其含納的三個能量中心，其中有兩個為動力中心，即薦骨及

意志力能量中心。

中央迴路扮演著某種漩渦的角色。當人們被捲入中央迴路的能量漩渦時，無論他們本身的能量定義為何，都會受到影響而更能表現其個體性。中央迴路是一股突變力量，其最終的目的是激勵他人愛自己及活出自我的靈魂，它會運用生命動能（薦骨能量）實現此目標。

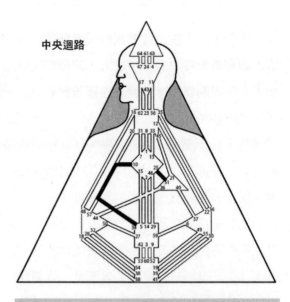

中央迴路

圖表120：中央迴路聚焦於自我的改變和提升。

唯有防護迴路的力量能與中央迴路的能量場侵入特質抗衡。當這兩種迴路相遇時，它們會以彼此固有的能量模式相互推進，家族能量會表現得更具個體性，反之亦然。

中央迴路通道
- 34-10：探索的通道
- 25-51：發起的通道

中央迴路並無覺察的潛能，它幾乎如同機械運作、面無表情般感受自我經驗。無覺察、無表情、無通道連接至喉嚨中心，中央迴路是一種只能藉由回應分享過程的純生產迴路。

中央迴路包含了透過經驗和啟蒙表現的神祕對話，這些經驗會為自我和他人帶來衝擊，比方像人類圖系統便源於這種經由衝擊帶來的啟蒙能量。中央迴路仍屬於個體人能量，因為它的衝擊作用能給予人們力量，也可能讓人格格不入，這完全取決於個人的認知角度。

　　由於意志力中心含納在中央迴路裡，因此薦骨需要休息以維持能量。意志力和薦骨聯手的奇妙之處，便是你擁有需要休息的持續工作動能。切記，人生策略會保護個體，而帶著意志力的薦骨會回應休息的需求。

　　中央迴路也會以其他的方式給予力量，由於它具有愛自己和靈魂的完美表現，也帶有觸發和持續的特質，因此中央迴路不需要以言語說服他人，純粹藉由存在，就能以能量推動他人愛自己。只要透過回應就能賦予他人愛自己的力量，進而創造改變。

　　家族能量講求為了整體福祉作出犧牲，而當屬於個體的中央迴路介入家族的能量場時，對家族的關懷便會突變為照護自我的特性。

34－10：探索的通道

　　34號閘門（力量的閘門）加上10號閘門（愛自己的閘門）的組合，創造出象徵遵循自己堅定信念的通道。34-10通道屬於全然生產的通道，透過回應才能實現力量的完美形式，擁有此能量者藉由回應就能正確運用他們的力量，或以充滿影響力的正確方式行事。34-10通道是強烈的個體通道，只要作出回應，你就能藉由它的能量作用完美表現。由於它並未和喉嚨中心相連，因此不需說服或

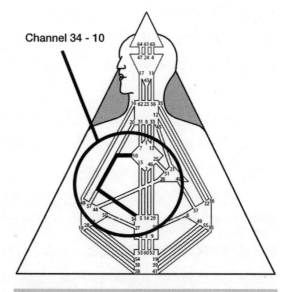

Channel 34 - 10

圖表121：34－10 —— 探索的通道

分享,純粹藉由存在和回應,就能全然地
給予力量。此外,就和所有的個體人迴路
群相同,他們只要徹底展現自我,就能賦
予他人做自己的力量。

> 34號閘門:力量
> 10號閘門:愛自己

在此,我們從整合型迴路的人類形體化往前邁向個體化,藉由正確的
行為得到無窮的力量。

25－51:發起的通道

25-51通道充滿神祕。它完全屬於投射性質,你不需要做任何事就能
得到引領,生命自會給予
你起始點。

25-51通道的發起是
基於意志力,它的意志力
不同於我們的傳統認知,
而是保有在發起行動後仍
屹立不搖的意志。發起充
滿了衝擊、劇烈的人生變
動及未知。然而,在此的
發起行為總是讓個體更接
近靈魂。

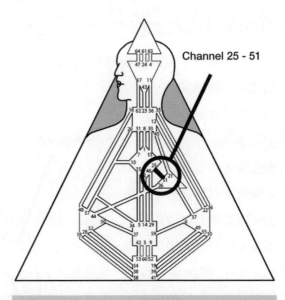

圖表122:25－51──發起的通道

我們有時會稱25-51
通道為巫師或女祭司的通
道。他們在融入自身的智慧之前,必須先
做到完全的忠於自我。這種能量的原型設
計便蘊藏在此通道之中。

> 25號閘門:靈魂之愛
> 51號閘門:衝擊

從較實際的層面而言，25-51通道極具競爭意識（或反之）。請記得，在人類圖中，能量是具有主題關聯性的。也就是說，擁有此定義能量的人會在他人之間引發競爭，但他們自己卻未必懷抱競爭心態。事實上，他們有時完全不帶求勝心，但其他人卻會與之競爭。

25-51通道單純地藉由在能量場域、奧妙的幾何安排中展現自我，便會散發發起的能量，他人進而會增強這股能量。他們不需要尋求發起，別忘了它屬於投射性質，因此尋找必不可得。發起的能量將主動迎向他們、給予他們深入靈魂（或苦澀……等，畢竟這是投射能量）的衝擊力道。

覺知迴路（The Knowing Circuit）

覺知迴路是個體人迴路群中最後一組迴路。此外，不同於整合型及中央迴路的經驗方式，覺知迴路是唯一用於傳達和實踐的迴路。它在正確時機為家族及社會帶來改變。

「時機」是覺知迴路的關鍵要素。在此我們能發現兩個和時間有關的能量中心，一是關於此時此刻和在正確時機採取適當行動的脾中心，以及需要時間得到澄明再予以表現的情緒中心。

覺知迴路也具有奮鬥掙扎的特質，突變必須設法在家族或社會中造成全面的影響。你不妨試想，若沒有經過努力開創意義的過程，我們的周遭將充斥無法帶給人類助益、雜亂無用，甚或是危險的改變。（就生物學的層面而言，假想某世界存在著許多十五隻腳、十二隻眼睛的怪異青蛙，而牠們這些多餘的部位和器官絕大多數都是無用的，長久下來甚至會危害青蛙這個物種的健康。）真正重要及有價值的改變必須奮力與現狀對抗，以證明它的有效性。

時機與奮鬥確實是覺知迴路重要的一部分，對擁有許多此迴路能量的人而言，我們不難想像他們會面臨到的挑戰。你必須懷抱信任、等待對的時間分享你的所知。如此你會被眾人視為充滿創造力的天才，反之則將處於不被理解的困境。

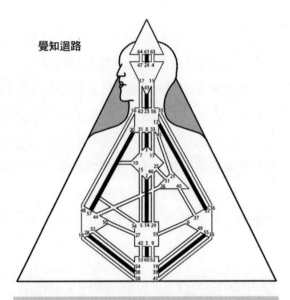

覺知迴路

圖表123：覺知迴路會在正確的時機改變家族與社會

覺知迴路的能量並不具邏輯或全面的特質，它只是純粹的「知道」，沒來由般地「知道」。若某人擁有許多覺知迴路及邏輯迴路的定義能量，這種能量組合會產生懷疑的能量類型，進而讓某人掉入巨大的自我懷疑之中，直到他瞭解自己的能量配置才得以解脫。

覺知迴路不僅會面臨懷疑的挑戰，如同所有的個體人迴路一樣，它也努力讓自己被聽見、被理解。若你此生的使命是分享那些你「知道」但卻不具邏輯性、人們從未聽說過、也無典範可套用的事物，那麼你便不難體會這有多困難，且得到理解對覺知迴路而言，又代表多麼深刻的意義！這段經驗會讓人飽嚐憂鬱的滋味，而情緒與憂鬱正是覺知迴路的關鍵字。

幸好，覺知迴路裡內建了某種不在乎的機制。這並不是指個體人沒有給予愛的能力，假若某一個體人擁有許多家族能量，那麼他便會亟欲與外界連結、設法分享。不過個體人天生的設計未必擁有滋養的特質，他有時甚至會迷失在自我的突變想法中，某種程度上對他人的看法並不以為意。當然了，這些情況仍取決於圖表中其他定義能量的配置。

被聽見、等待對的時機、對的言語（或相反情況）是覺知迴路的挑戰之一，另一項挑戰則是聆聽。覺知迴路大多作用於內部，因此很容易讓人在自我的想法、洞見和感受裡迷失。所以當其他人試著要與這股能量連結時，可能會感到挫折。請記住，「不理不睬」並非故意忽視，而是某人全然沉浸於思考和感受的徵兆。若你身邊愛的人擁有許多覺知迴路的能量，當你希望得到他的注意力時，不妨試著碰觸他們的身體，他們的「充耳不聞」絕非個人的狀況。

> **覺知迴路通道**
> - 61-24：覺察的通道
> - 43-23：架構的通道
> - 28-38：困頓掙扎的通道
> - 57-20：腦波的通道
> - 3-60：突變的通道
> - 14-2：脈動的通道
> - 1-8：啟發的通道
> - 55-39：情緒的通道
> - 12-22：開放的通道

此外，旁人能與覺知迴路者分享最有力的訊息，便是欣賞及重視他們的獨特性。覺知迴路者此生的使命在於展現自己的與眾不同。在演化的機制中，並非所有的突變都具有適應性。然而個體人表現出獨一無二的自我時，正是完美的展現，假若他們嘗試成為非自己，必然會引發種種難題。

61－24：覺察的通道

61-24通道是覺知迴路中的發起通道。覺知迴路的發起能量起始於頭腦中心的靈感。61號閘門（與63及64號閘門並列）是瘋狂的閘門之一，其「瘋狂」源自持續不斷地問「為什麼？」，進而透過「覺知」（毫無證明或邏輯可言，靈光乍現般的意識）引發靈感。

24號閘門會鍛鍊這些覺知、聚焦於可行的概念，甚或填補61號閘門在覺知上躍過的間隙。和61號閘門相比，24號閘門天生對「時間」及

「等待」擁有較強烈的意識。

　　思考之於此通道就像是一種運動。想法則如同波浪般湧動，就像情緒能量中心裡情緒運作的方式。61-24通道延伸意識、了解未知，而此種意識的特質既神祕且深奧。

　　這是獨特且新穎的突變思考。由於所有的

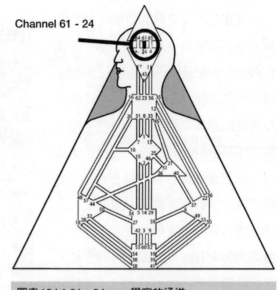

圖表124：61－24 ── 覺察的通道

突變最終必須經得起時間和反覆測試的考驗，因此它屬於一種必須等待正確時機的覺知。簡言之，這是一股必須得到他人識別或邀請的能量，而它擁有的覺知則需要等待邀請以迎來正確的時機。

61號閘門：神祕

24號閘門：合理化

　　如同所有的個體人迴路，61-24通道極富聽覺力。他們往往擁有深刻的內在聽覺程序，腦袋裡也彷彿裝有許多聲響或聲音。雖然此種如聖壇功用的腦袋很難被視為與眾不同，但擁有61-24通道的人應學習欣賞與讚頌個體的獨特性，並將時機交付宇宙安排。

43－23：架構的通道

　　43號閘門是將覺知迴路的內在聽覺過程，轉化為言語的起始能量。因此43-23通道是覺知迴路的首要表現通道，它具有將個體聽覺過程轉變

為語言的潛能。那些聲響及沉默的思考，推進至43-23通道並被賦予語言，擁有此能量者最常掛在嘴邊的話語就是「我知道……我知道……」

　　個體覺知過程的困難之處是將洞見轉變為語言。覺知是頃刻發生、意識的突然頓悟。當個體未得到認可或邀請就將此覺知脫口而出，便會面臨很難清楚表達或被理解的困境。

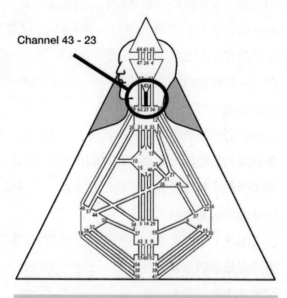

圖表125：43－23──架構的通道

| 43號閘門：洞見 |
| 23號閘門：同化 |

　　擁有43-23通道能量的人有效發揮自我覺知，及其改變作用的方法便是等待對的時機，讓他人主動徵詢所知。倘若他們不加等待，便有可能在錯的時間表現，進而得到不被理解的感受。

　　等待他人的辨識及邀請分享智慧與洞見，是擁有43-23通道者務必要銘記在心的關鍵。等待的過程也許會讓你感到沮喪，然而等待絕對值得！因為它最終能讓你免去許多個人痛苦和遭受拒絕的情況。

　　當今社會極度重視邏輯，邏輯講求對覺知採系統化的方法檢驗。這種方式對43-23通道而言特別不易，他們的想法如天外飛來一筆，他們也不清楚這些想法從何而來。對擁有43-23通道的孩童來說，有時在學校裡要解釋自己的想法來源與脈絡簡直是一大難題。他們必須學會好好珍惜自己

的知識，等待對的人邀請他們表達所知。

如同所有的個體人通道一樣，43-23通道深具聽覺力，並藉由聆聽能發揮最佳的學習效果。不過要留意的是，它的聆聽方式往往偏於自我導向，只想聽見自己想聽的聲音。一旦他們專注於聆聽某事物，便可能會迷失在自己的想法之中。

我們有時會稱43-23通道為「充耳不聞」的通道，這並非指他們無法聽取旁人的話語，而是他們可能會深陷自己的想法，因此讓外在世界的聲響如同消音般不存在。若要引起注意，充滿愛的溫柔碰觸通常是拉回他們注意力的必要手段。

的確，他們此生的目的是為世界帶來改變。人們對此通道者最崇高的禮遇便是邀請他們分享所知，並給予他們思考的時間與空間。他們喜愛思考，也需要思考。

請記住，頭腦和邏輯能量中心並不是做決定的所在。它們不具動力引擎，只有純粹的覺察和想法。而生命是依據更多不同的覺察為基礎來運作。

28-38：困頓掙扎的通道

困頓掙扎的通道屬於需要大量覺察的能量，擁有28-38通道能量者務必要理解一件事，困頓掙扎是每個人在人生中某些特定時刻必然會面臨到的境況，它並不代表你搞砸、做錯了某事，或你總是走在艱難的道路上。

28-38通道的困頓能量與進化的可能性息息相關，擁有28-38通道的人最終目的便是演化。然而，每一種改變或突變都必須面對阻力，以充分檢驗和確認在個人層面上（最後推廣至社會層面）是有益的改變。

28-38通道的第一個困頓是「反覆試驗」，以察看哪些事物具有適應性、哪些則否。請記住，28-38通道的個人困頓是為了更廣大的利益與福

祉而產生。

　　它的第二個困頓是努力「為人生的意義奮鬥」，你不知道自己的努力是否值得，但你知道忍耐和磨練是實現意義的必要條件。有時候這會讓他們從年少開始便追尋人生的意義，直到他們找到人生的價值為止。

　　當他們學會了關於生存和人生價值的課題時，他們也樂於與他人分享。許多諮商師、治療師及勵志講師都會分享他們自身奮鬥掙扎的故事，目的是幫助他人轉變和接納人生的真正價值。

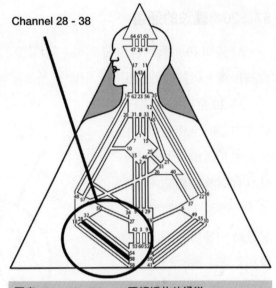

圖表126：28－38 ── 困頓掙扎的通道

28號閘門：掙扎
38號閘門：戰士

　　若擁有此通道能量者不明白當中能量運作的特性，有時會經驗到濃烈的苦澀感。他們必須懂得等待識別或邀請，以投入正確的奮鬥，否則他們只會忙於經歷一場又一場奮戰與掙扎。

　　正確的奮鬥之路也許佈滿荊棘，但終究值得你奮力爭取。當28-38通道得到分享洞見的邀請，就能讓個體人迴路超越個人。「邀請」有助於他們分享人生的真正價值，最終促使個體追尋自我的意義。這股能量若徹底展現，它會熱愛挑戰。畢竟，輕鬆的道路太乏味也無意義。

57－20：腦波的通道

　　57號與20號閘門各自在不同的迴路之中，這讓57-20通道的組合配置有些複雜。與其他迴路相較，這兩種能量在覺知迴路裡的作用大不相同。

　　57-20通道是連結至喉嚨中心的全然直覺。它的覺察充滿敏銳洞察力，且具有與脾臟相關、講求當下的特性。當他們發表意見時，其言語是出自直覺和對未來事物的感知。

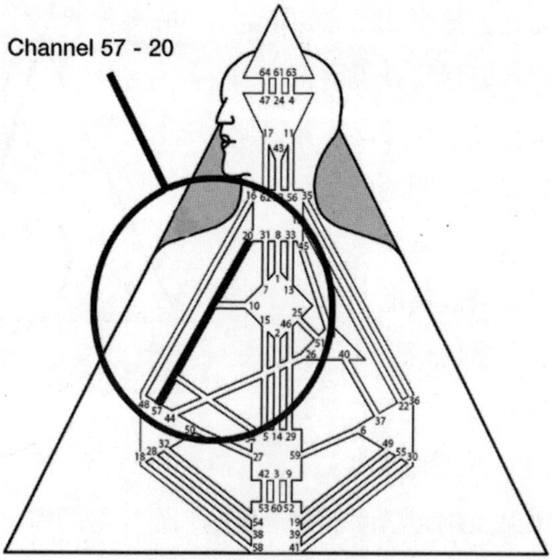

　　一般來說，個體能量並不具有關懷的特質，是與自我及自我經驗相關的能量。但在覺知迴路中，我們能發現這種個體能量不同的潛在可能性。從根部中心至脾中心，再到喉嚨中心的能量流中，57-20通道統合了具有適當技能的人，以表達那些真正有價值的事物。

圖表127：57－20──腦波的通道

57號閘門：直覺洞察力
20號閘門：蛻變

　　換句話說，28-38困頓掙扎的通道探索出人生的價值，迫使57-20通道脫離個體性、轉換為關懷的能量，57-20通道擁有以表達價值為名、號召人們聚合的能力。

　　若他們等待邀請，再分享自己的洞見與貢獻，往往就能成績斐然。

3－60：突變的通道

就基因層面而言，3-60通道是相當重要的通道，擁有為世界帶來改變的強大能力。3-60通道的設計能讓薦骨的回應充滿突變特質，當它的能量開啟時，便會對改變或突變作出回應。

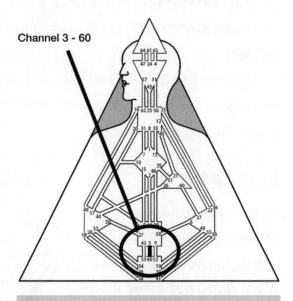

圖表128：3－60 —— 突變的通道

60號閘門限制本身電磁擴張的特質，而若突變可行且具可適應性，3號閘門就會回應。

3-60通道是三種組織能量（format energy）之一。組織能量以時開時關、如脈搏跳動的方式運作，並會刺激薦骨的能量。當這些組織能量開啟時，便充滿了強

> 3號閘門：秩序
> 60號閘門：接受

大影響力、生氣蓬勃、準備好完成任務。當這些能量關閉時，根部中心的腎上腺能量及薦骨中心的生命動能彷彿凍結般，任務也就很難完成了。對擁有此能量的人而言較遺憾的是，就算能量關閉他們往往仍必須繼續工作。

3-60通道回應具有突變性的工作和繁衍機會。純粹從基因的角度而言，3-60通道是和基因突變有關的通道；當兩道閘門的能量聚合、繁衍出後代，新的生命將帶來新的能量與基因物質。

就工作層面而論，3-60通道的能量脈動會回應具有質變及突變性質的工作。擁有此能量的人往往必須（或渴望）從事不平凡、能為世界帶來改變的職務。

如同所有的突變通道，3-60通道包含了擴張，進而產生阻力的能量。3號閘門向外延伸、帶來改變，60號閘門則將改變與舊有的基因物質整合為一體，使突變趨於穩定。

14－2：脈動的通道

從某種程度上來說，14-2通道是人體圖中所有能量裡的幸運兒。它和生產及管理資源有關（所謂資源，除了一般所指的金錢，還包括與財富相關的所有事物）。

14-2通道的運作是為了提供靈魂的方向動能（連結薦骨至自我中心），它會回應能帶來資源且具突變性質的工作或人生機會，好讓靈魂旅程變得更加順遂。假若你擁有資源且無金錢的後顧之憂，你也就能更輕鬆地追隨你的人生道路。

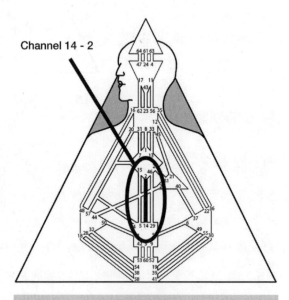

圖表129：14－2 ── 脈動的通道

14號閘門：權力技能
2號閘門：鑰匙掌管人

14-2通道包含了工作以賺取金錢的能量，及管理和分配錢財的能量。當這兩股能量攜手運作，便會帶來生產資源的極佳機會。就各別能量而言，14號閘門辛勤工作，賺取及積蓄金錢，而2號閘門則是使用及花費這些錢財。

14-2通道是屬於那些真正能為世界帶來影響的個體所有，「鶴立雞群」的方式便是擁有金錢，因為金錢能帶給你影響的權力，也能讓你免於身為「與眾不同」者的某種痛苦。

請記住，14-2通道是一條生產者的通道。唯有透過回應，它的能量才具有強大的影響力和突變性。而也正是藉由回應，對的工作才能出現、帶來改變。

1－8：啟發的通道

1-8通道根源於自我能量中心的靈魂方向，與薦骨能量中心的生命動能。它是充滿陽爻能量的突變表現力，因此也承受著為世界帶來創造貢獻的壓力。

1-8通道的靈感來自於靈魂，它的言語是自我的反映，同時也具有某種脆弱性。渴望真正的自我被接納，也希望做出的貢獻得到認可，若不得便會壓抑自己的貢獻慾望。

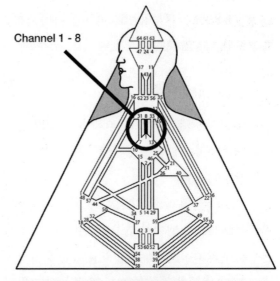

圖表130：1－8──啟發的通道

1號閘門：自我表現

8號閘門：貢獻

　　這是一股投射能量，除非得到認可或邀請，否則其貢獻的改變不具影響力。若1-8通道與動力中心相連，會較有機會被聽見，但同樣仍帶有脆弱的特質。

　　擁有此通道能量的人啟發能力強，他們此生的目的是成為創造力的模範。雖然他們的貢獻未必具有完全的突變性，但若創造力的模範角色充分展現，他們便能激勵他人，進而促成世界的改變。

　　1-8通道必須培養溝通技巧，以便被正確地認可，但這對個體人的特質來說並不是一件容易的事。作為改變的媒介，挑戰便在於「清楚表達」新的典範，唯有當你得到他人認可，方能實現這條通道所代表關於「表現自己」的主題。

　　若1-8通道未等待正確的認可，便會面臨分享出內心深處的真理，卻得不到他人珍惜或聆聽的風險。

55－39：情緒的通道

　　55-39通道是強烈的情感能量，能體驗到極高的情緒高峰、極低的情緒低谷。當情緒對了，它就是一股創造動力，透過音樂、詩歌和其他創作載體表現的能量。

　　創造能量擁有兩種截然不同的循環週期。55-39通道有時會受到讓人感受憂鬱的內在創造循環干擾，也會經歷到歡樂愉快、流露情感的外在創造循環。對創造過程而言，這兩種循環都至關重要。

　　55-39通道能量的挑戰是理解「創造循環」的特質，當這股能量處在內在循環的低點時，人們會感覺自己沮喪萬分或「哪根筋不對了」。然而，一旦你的頭腦糾結於自己的創造循環時，你就會因為過度思索憂鬱情緒，反而讓自己陷入沮喪的泥淖。

由於55-39通道屬於情感能量，恰當的情緒和正確的時機表達非常重要。只有當時機和情緒都對了，這股創造能量的突變特性才得以被分享和採納。假若情緒時機不對，大量的緊張情緒會逐漸累積和增強，因此能量的表現不是遭受忽視、具負面挑釁意味，就是充滿自我毀滅。

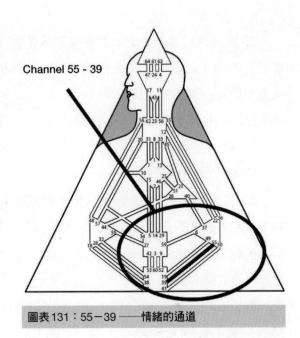

Channel 55 - 39

圖表131：55－39——情緒的通道

55-39通道離喉嚨中心有一段距離，所以得依賴他人決定正確的時機。也就是說，擁有此通道能量者在分享自身創造力之前，務必要等待他人的識別。而這種情

55號閘門：精神
39號閘門：挑釁

況會更進一步引發挫敗感或憂鬱，讓他們經常感覺到自己的創作表現彷彿乏人問津。

就靈性層面而言，55-39通道和「缺乏」及「豐盛」有關。在突變類型的迴路中，每一條通道都具有推拉動能，即能量的相互制衡系統，以確保某突變是有益的。55號閘門深具豐盛的神祕潛能，而39號閘門則會回應和缺乏、低價好商品及貯存相關的潛在能量。

由於豐盛和食物往往緊密相連，而55-39通道又與情緒密切相關，因此這條通道有時會讓人面臨由情緒引發飲食失調的挑戰，試著對此種傾向保持覺察，就能幫助你破除因情緒變化而帶來暴飲暴食的行為模式。

55-39通道的目的是讓人們恢復盈滿豐盛的感受。這條通道不僅極富情感及創造力，也具有相當的挑釁特質。它的挑釁在於破除緊張和現狀，喚醒人們對精神為萬事萬物源頭的意識，當55-39通道處於對的情緒時，便是一股如同煉金術般神奇的能量。

12－22：開放的通道

12-22通道是唯一一條個體人顯示類型通道（動力中心與喉嚨中心相連），它具有強烈的情緒能量，必須等待對的情緒到來再發言。12-22通道的主題是自我表達，擁有此通道能量的人能侃侃而談自己的感受、創造表現及自我的獨特點，但只有當他們的情緒處在樂於如此的時候才得以展現。

若處在對的情緒，這股能量便能被聽見，且具有改變的特質。反之，當他們處在不對的情緒卻仍試圖溝通，便往往會面臨憤怒的情態。12-22通道潛藏著許多憤怒因子。

然而，12-22通道也充滿了優雅與魅力的特質。它的設計功用在於等待對的情緒到來，接著它便能以熱情、美麗、優雅的姿態表達和展現自我，更重要的是，能帶給

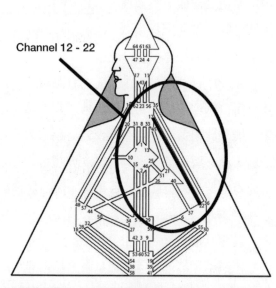

Channel 12 - 22

圖表132：12－22 ── 開放的通道

12號閘門：謹慎
22號閘門：開放

周遭人深刻的影響。

　　個體人發展過程的主題是「清楚說明」，個體人會設法明確表達自我、嶄新與獨特的事物。然而若尚未存在可用於說服與證明的典範，便很難帶來改變。

　　綜觀個體人的發展過程，我們能發現，「正確的時機」是產生恰當突變的關鍵要素。但對12-22通道而言，這似乎更加困難，因為它的動力中心直接連結至喉嚨中心。12-22通道是具有情緒高低起伏的強烈能量，有時它很難讓人停下腳步等待後再表達自我。

　　12-22通道也具有害羞的特質，這是某種隱蔽特質的害羞，人們很難察覺某個個體內心深處藏有這些隱密角落，其害羞根源於不斷地為表達自我而努力的過程。12-22通道也常會產生「選擇性聆聽」或「有口難言」等聽覺和口說困難的情況。

　　此外，音樂、詩歌及其他熱烈激情的創作力也蘊藏在此通道中，12-22通道者可謂相當浪漫、充滿魅力的人種。然而仍需切記，「時機」是12-22通道所有作用的關鍵。

　　就靈性層面而言，12-22通道的能量也能將聲音與超意識連結。個體人有時是純然地為宇宙發聲、發揮自身通道的作用。宇宙始終尋求擴張，而個體人在其中扮演著首要的信差角色。

第八章

家族人迴路群

　　家族人迴路群和愛、連結及滋養有關。它具有創造資源、持續滋養，及發動戰爭（若有必要）的能量。家族人迴路群包含了「防護迴路」及「意志力迴路」，它們將有助於你瞭解你是如何愛、以及又該如何運作。

防護迴路（The Defense Circuit）

　　防護迴路是維持世上生命的能量。性、與人的關係聯結、扶養孩子、戰鬥及防護的實際行為，都根源於防護迴路。此外為家族提供資源、價值觀、規則、律法、責任、炊食也都屬於防護迴路的範疇。

　　防護迴路是將家人與家族凝結在一起的黏著劑，也是人類圖表中，愛的所在位置之一。防護迴路的愛充滿了熾烈和強大作用的特性，它能賦予母親如超人般的能耐，也能讓人奮勇爭戰。

　　在此也包含了性愛、性佔有及所有與性及繁衍相關規則的能量。防護迴路的能量讓我們明白，性愛包括了產生生命與死亡的後果，必須深思熟慮再涉入。

　　防護迴路的動能中心是薦骨及情緒中心，皆屬於生產迴路。同時也具有持續的特性（也必須如此），扶養孩子需要持續的能量，你不能突然就

撒手不管，否則孩子會有
生存的危險，在此產生的
愛也代表持續的一部分。
以愛之名，我們持續地奉
獻於扶養照護孩子，真切
盼望他們平安長大。

防護迴路

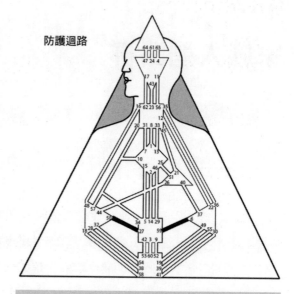

圖表133：防護迴路

　　在防護迴路中，我們
也能發現與愛截然相反的
戰爭能量。資源及家族必
須受到保護與防衛，出於
防護迴路能量的戰爭行
為，事實上是愛的偉大行
動。戰士為了家族更大的
福祉，而不惜放棄自己的生命力量。然而
就如同性的作用，戰爭能量需要我們謹慎
以對，因為它會產生改變人生的後果。

防護迴路通道
- 59-6：繁育的通道
- 50-27：保存的通道

　　防護迴路裡的所有一切都是為了家
族，這裡沒有個體特性、也沒有促進整體
人類良善的巨大渴望。防護迴路不在乎外在世界的發展，它只希望家族平
安、豐衣足食、快樂、能得到良好教育就足夠。

　　防護迴路的能量具有強大的影響力，他們能侵入人們的能量場，處在
防護能量之中，你會被迫褪去任何你擁有的個體能量且不得不遵從。它彷
彿讓每個人置身在祖母家的餐桌旁，你的舉止表現必須守規矩：摘下你的
耳環、遮掩你的刺青……當一個中規中矩的「正常」人。這就是家族的
規則，防護迴路的口頭禪是「入境隨俗吧」。

59－6：繁育的通道

59-6通道是陽性能量的原型。它具有提供資源、戰爭和性的能量。

59號閘門若是缺少了6號閘門便較不具情緒性，它會放眼當下、自主自發。

然而，就59-6通道而言，它仍具有情緒特質，需要經過時間沉澱以達到澄明。也就是說，決定發動戰爭前，需要一段時間徹底地釐清問題，若不待思緒清明，當下就開戰，魯莽的行動便會產生致命的毀滅結果。

同樣的道理也適用於性慾。性，就其作用本質而言，不該是衝動自發的行為。它是需要經過時間以獲得明確答案的行動，性產生的結果由家族的價值觀掌理。脫離家族規範或未經遠慮思考便發生的性行為，會對整個家族產生巨大的影響。試想某青少年男女偷嚐禁果而懷孕，最後祖母和阿姨等人必須養育產下的新生兒這種情況。

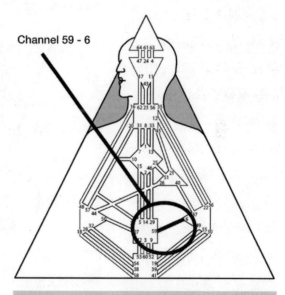

圖表134：59－6──繁育的通道

59號閘門：性
6號閘門：摩擦

誠如你所見，若你未等待情緒澄明的到來，性和戰爭的性質會變得非常棘手。性與戰爭具有魅惑力，然而，兩者都可能會帶來嚴重的後果。

59-6通道也是家族迴路中，與提供資源有關的部分。它藉由工作及提供食物和居所來展現愛，這是屬於照護而非滋養的性質。59-6通道的愛是以資源及透過工作來給予為重點（當然了，他們會得到性愛的回報），這一切都無關個人，純粹是能量的作用。

50－27：保存的通道

雖然性愛、繁衍和戰爭都屬情緒特質，且需要時間以得到明確答案，但防護迴路的另一條「保存的通道」，卻充滿了直覺、即時性與滋養的特性，蘊藏著典型的「稱職好母親」能量。無論是睡前親吻道晚安、床邊故事、巧克力餅乾或母親流露專注眼神，協助孩子完成家庭作業……都是出於50-27通道的能量。

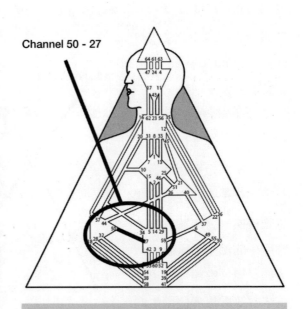

圖表135：50－27 ── 保存的通道

50號閘門：價值
27號閘門：責任

50-27通道也和傳達價值觀及教育有關，保存家族是這條通道的本能驅力。

當家族衣食無缺且得到良好的照料與教育時，便能繼續繁衍，家族的價值觀也得以傳承至下一代。時間是繁衍的必需因素，然而當孩子平安產下後，為了他們的生存而出於本能的滋養也是絕對必要。

50-27通道的能量也和法院體系、公正及規則有關。它不具情緒特質，法律的字面條文支配守法的精神，公正的規則唯有在不帶情感的前提下，才得以執行。規則就是執行的標準，50號閘門就像是燉煮價值觀的大鍋子，而27號閘門則是盛舀這些價值觀的大杓子。價值觀本身立意良善，但它需要受人傳播而出，對維持家族的統一性而言，價值觀的傳遞也發揮了相當重要的作用。

意志力迴路（The Ego Circuit）

意志力迴路包含了情緒、意志力及根部能量中心。當時機正確時，它便是一股創造力，並能將協議轉化為實質的形式。此外，就和防護迴路一樣，意志力迴路在某些特定面向也需要時間以獲得澄清。

家族迴路群的重點是保衛家族、讓家族世世代代不斷延續，而意志力迴路則負責提供打造家族基礎的資源及協議。

我們能在意志力迴路中發現野心、事業、銷售、金錢、資源分配及管理的能量，也能看見關於婚姻、社會契約及買賣的能量。

意志力迴路裡，擁有與野心、發起商業計劃、

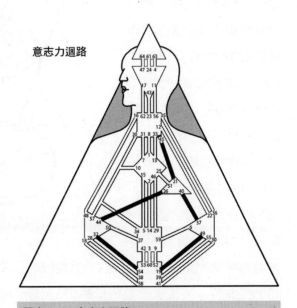

意志力迴路

圖表136：意志力迴路

銷售、資源管理有關的事物不具情緒的特質。然而，和家族協議相關的事物（像是婚姻及商業交易）則帶有情緒特性。請記住，千萬不要尚未心境澄明便倉促踏入任何牽扯到「關係」的事物（尤其是長期關係）。否則，你極有可能面臨人生中的革命或戰爭。

意志力迴路通道

- 54-32：蛻變的通道
- 44-26：投降的通道
- 19-49：愛與婚姻的通道
- 40-37：買賣的通道
- 45-21：金錢線的通道

54－32：蛻變的通道

蛻變的通道是一條努力爭取識別與認可的投射通道。此外，誠實正直為此通道的重大主題，他們會成為相信只要奮力工作就能實現事業夢想的工作狂。由於在54-32通道中，根部中心為僅有的動能，且與喉嚨中心相距甚遠，因此它面臨的挑戰是尋得成就感的能量。

作為意志力迴路的一部分，54-32通道屬於生產力和事業創造的發起能量。以54號閘門（代表野心）為出發點，推移至32號閘門（宏大事業計劃的能量），當32號閘

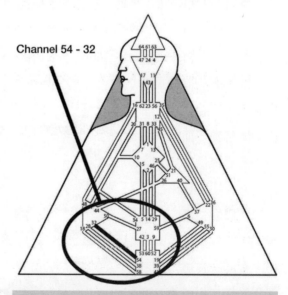

Channel 54 - 32

圖表137：54－32 —— 蛻變的通道

54號閘門：驅動

32號閘門：連續

門出於本能地察覺到54號閘門的美好夢想時，便會產生要不斷努力工作的迫切感，直到獲得適當的認可才罷手。但32號閘門本身不具有持續的動力。

雖然如此，54-32通道卻蘊藏著神奇魔法的可能性。由於此種雄心壯志的事業理想和抱負的能量與喉嚨中心遙遙相望，因此需要等待其他人的識別與認可。若你擁有54-32通道的能量，儘管你滿懷勃勃雄心，卻必須等待這些想法被他人看見和理解。換言之，若你能放手讓宇宙安排所有的過程細節，那麼你的夢想將能實現。

擁有54-32通道的人務必要學會尊重與愛惜你的能量，好讓你的夢想得以醞釀。你的理想只能和那些願意賞識及珍惜的人分享，若能如此，無論你的夢想有多大膽、多瘋狂都能順利實現。

當然你難免會忍不住積極嘗試著推動你的夢想、讓它們「心想事成」，然而主動出擊難以奏效，你必須擁有十足的信任，相信宇宙的安排。當蛻變的通道得到他人的賞識後，便具有分享宏大計劃與願景以開創嶄新大事業的能力。屆時，夢想將蛻變為實際的成果與生產力。

44－26：投降的通道

隨著我們將目光移至意志力迴路的上半部，我們也漸漸地在此發現較多的能量。44-26通道相當複雜，整體而言它是關於銷售和呈現想法的能量（這條通道充滿了許多銷售好點子的能量），此外它也是關於真相、誠實、瞭解過往經驗並將汲取到的教訓傳達而出的能量。許多電影導演、歷史學家及記者都具有此種能量。

44-26通道出於本能的覺察力，能將想法化為實質的表現形式。在此的能量是為了吸引家族的注意力、讓族人確信這

44號閘門：精力

26號閘門：騙子

些想法是貨真價實的好東西，絕對值得他們投注資源與努力。

為了能得到他人的注意力，44-26通道會採取說服、引誘的方式，若有必要，甚至會不惜使上一些伎倆。44-26通道是充滿影響力的能量，也具有銷售絕佳（或極差）想法的強大才能。它可以是誠信的媒介，也能成為誘使族人相信壞主意的騙子。

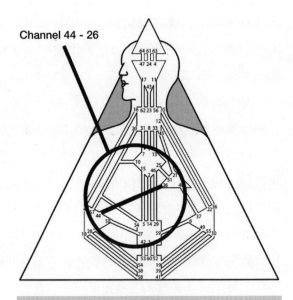

圖表138：44－26──投降的通道

19－49：愛與婚姻／整合綜效的通道

當19號閘門渴望接近彼此的特質與49號閘門的價值觀及評價相遇，不久後，就能作出是否建立聯結的決定。

意志力迴路的右半邊包含情緒中心、及創造社會契約和協議的能量，而19-49通道是建立和維持親密情感約定的能量。由於它根源於情緒中心，我們也明白，締結情感約定（例如婚姻）屬於一種情感上的決定，因此必須經過時間相處以踏入正確的判斷選擇。

在傳統文化中，婚姻關係和以時間為基礎的程序密不可分。即使時至今日，約會和戀愛追求的行為仍保有同樣以時間為基礎的明確規則。在19-49通道中，我們擁有制定關於曖昧、約會、締結關係或甚至是離婚規則的能量。

婚姻屬於一種家族協議，它能為順利統一家庭和資源奠立基礎。而這些協議也能為生育及撫養孩子帶來支持的力量。

關係順利發展的準則是經過一段時間再締結關係，而在19-49通道中，我們也能發現親密是建立長期聯結的基礎，關係需要費心建造，19-49通道的親密能創造一種讓所有付出都值得的連結力量。

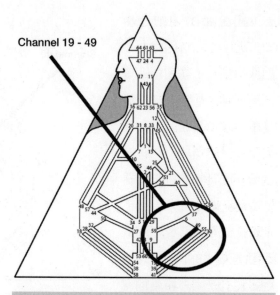

圖表139：19－49——愛與婚姻的通道

19號閘門：想要
49號閘門：原則

擁有19-49通道的伴侶往往能真切享受對方的相伴，就算只是一起逛逛超市，也能讓彼此擁有如同初次邂逅般的甜蜜感受，通常這種情況在局外人眼中看來會是一段彼此依賴度極高的關係。

雖然離婚的能量也同樣存在於19-49通道之中（若關係是錯誤開始，此種能量便會迸發），但由於深切親密的連結感，離婚對於擁有19-49通道的人而言，仍會是場相當艱困和痛苦的結束。

40－37：買賣／經營社群的通道

40-37通道是一條普遍卻相當重要的通道。它包含了訂定協議和契約的能量，這些協議都是以家族為焦點且與工作、供應資源及正式確立聯結關係和契約有關。此外，婚約也含納在此通道中。

由於40-37通道連結意志力中心和情緒中心，因此也具有工作和創造資源的能量，前提是情緒能量配合。換句話說，在經過時間等待情緒澄明後，就能作出為家族帶來物質資源的正確協議。

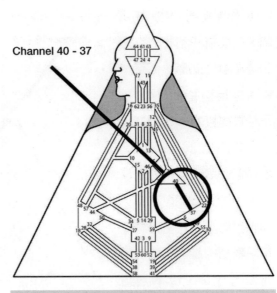

圖表140：40-37──買賣的通道

此外，務必要理解的觀點是婚約在訂立的開始，便是一場連結兩個家庭或家族、及創造資源的商業交易，而在40-37通道中，最終的結果是協議達成、資源交換確立，這便是嫁妝協議的來由（我會娶你的女兒，但你要給我十隻羊作為交換。）

40號閘門：單獨

37號閘門：友誼

40-37通道恆為一段關係能量的一部分，而交易和協議在維持關係中扮演著重要的角色，當40-37通道發生作用時，關係便會建立或者破裂。

由於交易的能量對40-37通道來說極為自然（尤其是它以潛意識設計而存在時），擁有此能量的人幾乎無時無刻都在進行某種交易，卻通常未告知涉入的另一方。這種缺乏意識的交易模式會導致傷心或失望的感受，因為40-37通道者往往會感覺人們彷彿總是讓他們失望或未信守交易的內容。所以當你面對40-37通道時，務必要遵守或履行你們彼此間的協定。請記住，40-37通道是一條通往內心的情緒通道。

事實上，若雙方並未真正參與協議的過程，約定就不算成立。因此，

對40-37通道極為重要的是，所有的協議必須在清楚明確、坦誠的協定及共識中達成，否則約定既無效也不存在。

　　若你的身邊有40-37通道的人，那麼只要你提出不錯的交易或協議，你往往能輕鬆地邀攬他們加入約定。假設你的孩子擁有此通道，這也是相當實用的訊息。

45－21：金錢線的通道

　　45-21通道是意志力迴路裡最後一個通道，也是該迴路的表達閘門或代表聲音。由於意志力迴路的能量都與工作、為家族創造資源有關，而45-21通道便說明了家族是否擁有什麼或未擁有什麼。

　　45-21通道是一股非常耐人尋味的能量，在關係中也往往是帶來難解議題的能量配置。兩個閘門（45號及21號閘門）能量攜手，其共同的目標都與管理及創造資源有關，但45-21通道根源於意志力中心，因此此通道本身便具有頑強爭取控制權的可

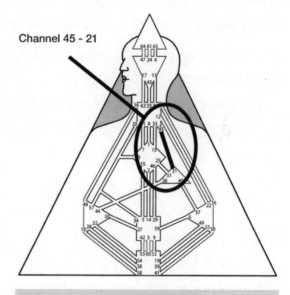

圖表141：45－21──金錢線的通道

> 45號閘門：國王／女王
> 21號閘門：財務長

能。然而，這兩個閘門能量務必要明白，若缺少了對方，雙方都不具有權力。財務長（21號閘門）若沒有國王或女王（45號閘門）在旁，就會成

為不折不扣的控制狂;而國王或女王缺少財務長的協助,只不過是有名無實的傀儡君主。這兩股能量在關係中相遇時,往往會產生對資源的鬥爭,像是該如何花費金錢,及何時該使用金錢等議題。當45號閘門與21號閘門彼此認可了對方在管理及影響力方面的獨特天賦,那麼45-21通道就能成為強大的領導能量,為家族的所有成員爭取最佳的福祉。

45-21通道若充分發揮,便會呈現出人人皆得豐盛資源及充足休息時間的景象。而這也是意志力中心最完美的展現形式。

家族能量深具影響力,且能產生充滿關愛的強烈動力,讓人追求關係、愛和金錢。誠如你所見,這些能量讓我們凝聚在一起,成為家庭或家族。當你瞭解這些能量的運作方式,你便能領會在家族迴路群中,關於愛、性、戰爭及金錢的力量,你也能對引發世上各種紛爭和衝突的驅動原因有更深刻的洞察力。或許當人們能意識到這些都僅是能量作用後,我們就能找到更多元及嶄新方式互相扶持與提升彼此。

第九章

社會人迴路群

　　社會人的能量支持及維護著社會基礎結構的組織制度，例如：學校、政府機構、科學方法及分享人類經驗的成就。社會人迴路群包含邏輯及感知迴路，這兩種迴路各代表我們身為人類能「了解」事物截然不同的兩種方式，認識這兩種迴路在你個人圖表裡的定義情況，能幫助你探索自己是如何懂得你所知道的事物，最終讓你學會信賴自己的內在覺知。

邏輯迴路（The Logic Circuit）

　　社會人迴路群負責分享那些經過時間反覆檢驗、最後證明是正確或適用的資訊。這些資訊對建立社會文化的模式、法律和習慣而言極其重要。

　　我們知曉的所有事物都是經過時間驗證，且透過社會人的分享而得。世界依據邏輯建構與形成，生命則藉由模式形塑，穩定度、複製和規律性全都蘊藏在邏輯迴路中。

　　邏輯迴路包含了根部及薦骨中心兩個動力能量中心，它屬於生產迴路，因此我們能從中發現「精通」的主題。然而，唯有經過時間反覆修正才能產生精通的結果。

　　若你注意觀察邏輯迴路的圖表脈絡，即從頭腦中心至最底部再回到

邏輯迴路

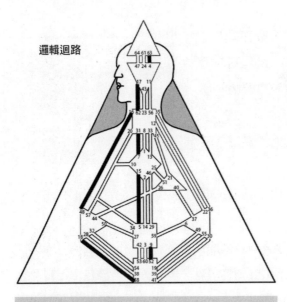

圖表142：邏輯迴路

喉嚨中心，你會發現這些能量其實與科學研究方法的步驟相同。邏輯迴路以懷疑和不確定「這是真的嗎？」為起始，緊接而來是啟發的想法和某一假設，最後貫穿整個邏輯迴路，並經過時間證實為真、成為模式。一旦某假設證明為正確，便會透過創始者通道（7-31通道）的領導力分享至社會。

　　我們與邏輯迴路達成的共識，為打造出能維持社會與文化帝國的結構創造了穩定度。舉例來說，我們都同意以相同的方式計算數學問題，始終能得到相同的答案，因此我們對於如何計算債務和貸款的利率意見一致。

　　觀察自然界的各種模式能幫助人們知道我們永遠需要太陽、水和良好的土壤，我們的認知讓我們在某種程度上得以預測未來，如此我們就能對維持生存作出選擇。

　　我們信任合乎邏輯的事實。你注意到了嗎？情緒中心並未包含在邏輯迴路之中。邏輯不具情緒特質，我們不必情緒激昂地力爭邏輯，因為邏輯不言而喻。邏輯的正確性來自於時間和重複，它讓我們能更自在地迎向未來，我們能根據過往的模式預知即將到來的事物。

　　然而邏輯發展的過程中帶有痛苦的特性，就本質而論，邏輯必須先面臨阻力才能證實其正確性。你無法只是得到啟發，就在缺乏驗證的情況下斷然認定你的想法是正確的。頭腦和邏輯中心的邏輯閘門，就和人類圖

裡所有的腦袋閘門一樣，並未擁有動力引擎，因此也就缺乏反覆驗證、以達到純熟掌握的動力能量。換言之，源自頭腦的事物是有待檢驗的想法。

邏輯迴路通道

- 63-4：邏輯的通道
- 17-62：接受的通道
- 16-48：才能的通道
- 18-58：批評的通道
- 9-52：專心的通道
- 15-5：韻律的通道
- 7-31：創始者的通道

邏輯的腦袋只能分享那些經過確認的觀點。擁有許多想法的人往往會遭遇抗拒阻力，除非他們能證明自己抱持的是正確的想法。

邏輯裡蘊藏著美妙的完善，某一想法經過時間檢驗及充分表達，便能引領我們邁向美好的人生。純熟掌握的感覺很美好，輕而易舉、毫不費力的駕馭讓人愉快。然而，要達到此種精煉完善需要時間、練習與修正。就好比音樂老師鞭策學生反覆彈練某一首曲目，直到所有的細節到位為止，或是編輯不斷要求改稿、重編……。邏輯需要修正和完善。

邏輯的修正讓人感覺不太舒服，邏輯迴路裡包含了像是批評的能量，沒有人喜歡固執己見、吹毛求疵的人，但我們都愛那些能在我們需要時，引領我們到達完美的修正。

邏輯迴路為社會人迴路群的一部分，它在本質上具有相互依存性，你無法獨自一人經歷時間考驗證實某事物為真，若你是一位科學家，你必須依靠他人資助你的實驗；若你是會計師或編輯，你的任務是修正他人在財務或創作領域的假設。最終，所有的過程會分享而出，每個人便得以從這些歷經時間精煉與修正的資訊中受惠。

擁有許多邏輯迴路定義能量的人會感受到亟欲分享的壓迫感，這是一股強烈的能量衝動，然而其關鍵在於等待邀請再分享。沒有人喜歡等待，但在恰當時間分享出的正確邏輯具有強大的影響力。反之就算邏輯具有正

確性，強加於他人也只會得到忽視與抗拒的結果。

63－4：邏輯的通道

這是邏輯的發起階段。若你可以從63-4通道作用的開端至結束中，追溯科學過程的蛛絲馬跡，你會發現它是創造出某一假設的靈感。邏輯的通道先在頭腦中心產生疑問，伴隨而來的是驗證的需求，而驗證的任務貫穿了邏輯迴路的其他部份，最終分享而出。

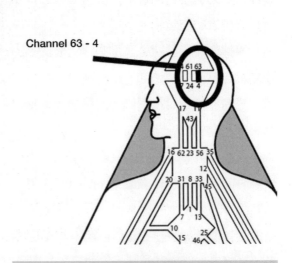

圖表143：63－4 —— 邏輯的通道

63號閘門：懷疑
4號閘門：解答

63-4通道是極度視覺化的通道，它也和做夢及偶發的瘋狂或錯亂相關，若頭腦中心未定義，亟欲驗證的壓力以及接踵而至的質疑都將成為莫大的挑戰。

17－62：接受的通道

接受的通道賦予邏輯迴路在起始階段產生的聲音，這是關於邏輯假設或疑問的言語表述。請注意，它仍屬於疑問，頭腦裡只有純粹的想法但沒有能量。因此源自邏輯中心的所有想法都屬投射性質，唯有在得到邀請或認可時，它們才能被聽見及正確地發揮作用。

缺乏驗證的假設純屬推測。在沒有獲得邀請的情況下，未經證實的想法也許能得到一次識別的試驗，但緊接而來的卻會是強烈的抗拒。

邏輯總是設法得到能量，但在邏輯迴路中，所有能量必須透過回應、或是他人的認可才能得到最有效的發揮，若缺乏這些關鍵鎖匙的啟動，想法只不過是隨風而逝的話語。

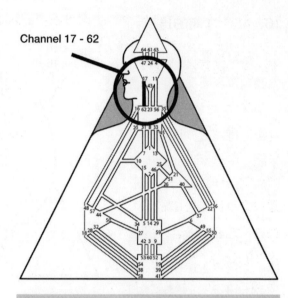

圖表144：17－62 ——接受的通道

雖然62號閘門和17號閘門一樣擁有想法，但由於17-62通道連結至喉嚨中心，因此提高了取得能量的機會。62號閘

17號閘門：意見
62號閘門：細節

門是富含組織條理、實用答案的閘門，而有此閘門能量的人具有組織事物、並提供實用方法以執行17號閘門能量的能力。

17-62通道的能量流將我們從17號閘門的推測，帶往62號閘門的實用答案。請注意，由於在此缺乏能量或行動，因此這個答案仍屬可能的答案之一，而非唯一的答案。

17-62通道可謂一股艱難的能量，我們喜歡分享意見或想法，但並不是所有人都願意打開耳朵聆聽。若你非得要分享你的想法不可，請記得先徵詢他人的同意。如此，便能大大地減輕這股能量帶來的衝擊力。

16－48：才能的通道

在此我們將邏輯的直覺表現帶至喉嚨中心，請注意，16-48通道並無法直接取得能量。換言之，才能和純熟掌握的功力必須要在對的時機得到他人的認可。

16號閘門是懷抱熱忱、並透過正確表現形式傳達純熟專長的能量，但前提是它必須與48號閘門相連接。若沒有48號閘門，16號閘門便缺少純熟技能的深度以及出於直覺的恰當表現力。

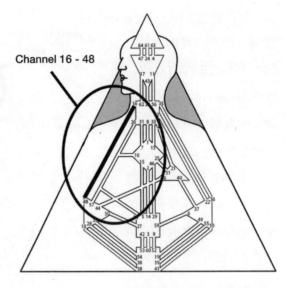

Channel 16 - 48

圖表145：16－48 ── 才能的通道

> 16號閘門：技能
> 48號閘門：深度

才能透過一段時間反覆的練習而展現，然而它也努力爭取資源與金錢，因為它必須被看見才可以獲得支持。藝術總是渴望得到金錢和支持，而這也是表演和展覽對所有類型的藝術家而言如此重要的原因，他們必須被看見。

16-48通道代表揉合了一段時間的反覆磨練，是為才能的直覺表現力。缺乏練習的才能是原始且不成熟的狀態，每一個人都具有某種才能，然而癥結在於，你願意十年磨一劍，不斷練習以成為某領域的大師嗎？純熟需要時間淬鍊才能完美綻放。

16-48通道包含了熱忱與深度的能量，此外，正確的時機也含納其中。千萬不要憑藉一股熱忱表現深度（除非你經過磨練並達到純熟的境

界），否則你只會像是個犯傻的人。

18－58：批評的通道

18-58通道會對擁有此通道能量者造成某些重大的挑戰，首先這條通道位在人體圖的最下方，且無法取得喉嚨中心的能量。再者，它具有邏輯迴路的動力中心之一（即根部中心）。

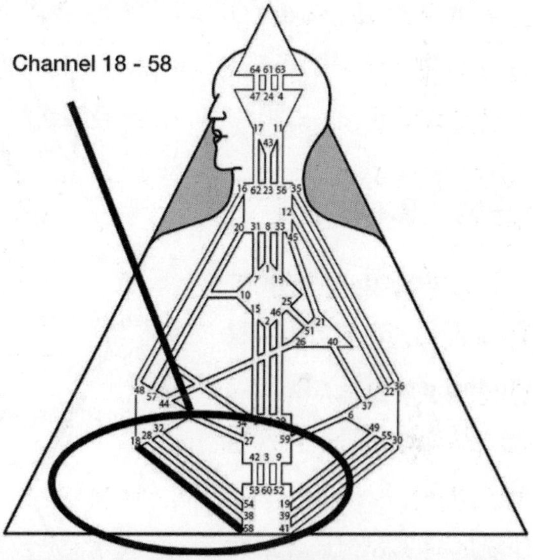

邏輯的挑戰之一是獲得通往喉嚨中心的能量，這同時也是邏輯如蛛絲網般纖細脆弱的原因，它必須得到驗證，驗證過程中也會面臨抗拒阻力，直到通過時間考驗為止。批評的通道屬投射者型，也就是說，當別人主動詢問時，它才能發揮最佳的功效。18-58通道具有修正事物趨向完善的直覺動能，其目的是創造喜悅人生的完美表現。

Channel 18 - 58

圖表146：18－58──批評的通道

18號閘門：修正
58號閘門：喜悅

你不妨想像一下，當你眼睜睜看著其他人以不理想或錯誤的方法做某事，而你心知肚明該如何撥亂反正，卻不能發表任何修正的意見，除非得到他人的認可或詢問，這種狀況該有多難熬啊！這股能量會極具挑戰性，尤其是若你同時擁有17號閘門（意見）的能量。

　　此外，批評通道的能量對投射者而言也特別不易。18-58通道的重點在於你必須等待認可，若你並未等待，很有可能在他人眼中成為愛挑剔的找碴份子，畢竟沒有人喜歡飽受批評。

　　18-58通道之美在於18號閘門修正的能量，最後通往58號閘門喜悅的人生。當18號閘門等待、得到認可，它就能讓通往完美表現喜悅人生的道路更順暢易行，即根部中心在這股邏輯能量流中發揮的作用。

9-52：專心的通道

　　9-52通道的能量是根部中心的組織能量（format energy），運作方式如脈動般或開啟、或關閉。這是一股集中和專注（或否）的能量，當動能開啟時，它便能刺激薦骨中心，進而讓任務完成。但是若動能關閉，學習及純熟掌握某事的目標似乎也變得充滿挑戰性。

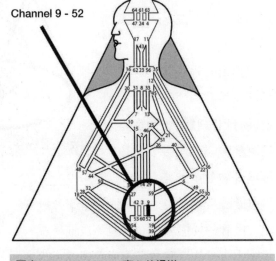

圖表147：9－52──專心的通道

9號閘門：專注
52號閘門：靜止

　　9-52通道是通往人體圖中央的能量流起始。邏輯進程已完成驗證，如今我們要朝生命動能（薦骨中心至喉嚨中心）的表現前進，我們要將邏輯推廣至社會。請記住，這是關於將證實為真實的假設、或已純熟掌握的才能與群體分享的過程。

9-52通道的集中和專注力，與學習及反覆做某事有關，如此才能建立模式，作為集體的行為。它是屬於一股閱讀書籍或研究期刊裡的試驗，並在人生中複製及運用這些成就結果的能量。

接下來的三條通道與在群體中「執行」邏輯有關。

15－5：韻律的通道

15-5通道是唯一包含在所有生命形態之中的通道，它是自然界本身韻律的能量。你不妨細想自然世界的運作，你會發現大自然其實內建了節奏，也由節奏支配，太陽每日在白天升起、到了傍晚落下，植物隨著季節變化生長，動物也擁有自己的日常作息，這些便是生命模式（像是季節、氣候、生殖、遺傳……）的能量。節奏能帶給擁有15-5通道的人安全感，也能賦予薦骨中心及工作動能方向。

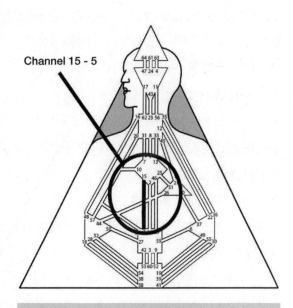

Channel 15 - 5

圖表148：15－5──韻律的通道

15號閘門：極端

5號閘門：固定模式

韻律的通道在人類圖表裡是相當重要的能量，它具有重視宗教儀式與冥想的譚崔（tantric）密教特質，也就是說，這是一條為生命動能（薦骨中心）指引方向（自我中心）的通道。

人類在生物之中有其獨特性，因此我們對這股能量也擁有較多的掌控

力，我們能跳脫自然的韻律，電力和其他現代生活的發明物讓我們從自然的韻律中解放，但或許也連帶產生了各種影響整體人類的後果。

15-5通道的能量是使人類與自然協調一致，若人類遠離了自然法則就有可能遭受苦難，人類圖表的原型鼓勵我們發揮自由意志的同時，也要我們記住我們與自然界緊密相連，我們無法凌駕自然的力量。

擁有15-5通道能量的人通常和大自然、和動物保有深刻的連結感，而他們也需要此種連結來為自己的靈魂找到方向。偶爾走出高樓圍牆、投入大自然的懷抱，如此便能有效幫助你保持平靜與澄澈的心境（對孩童而言尤其有幫助）。

人類之愛也蘊藏在15-5通道之中，我們能從這股能量中領悟到，人類對世上其他人充分展現的愛正是身而為人的一部分，而這種愛的表現與自然界密不可分。

人類圖表顯露予我們的訊息是：人們必須衣食無虞及擁有充足的資源以保持強健、互相連結與協調。對我們而言，互相供給、給予保護是自然而然的一件事。

具有15-5通道能量的人也擁有突出、奇特的廣大能量場，他們總是能引人注意。對人類的永續而言，這股能量終將是不可或缺的關鍵要素。此外，由於這股能量和所有的哺乳動物及自然緊密相連，因此他們往往能和動物溝通、善用植物與藥草，甚至和整個自然界保有深刻的聯繫。這是一股神奇的能量，也是仙女、地精、精靈……的原型，擁有此能量的人往往是不斷努力讓社會與自然法則協調一致的堅定環保人士。

7－31：創始者的通道

在邏輯迴路的最終表現裡，領導地位是建構於純熟掌握、和反覆表現的真理之上。7-31通道代表邏輯的最後表現，也就是「民主式的領導」

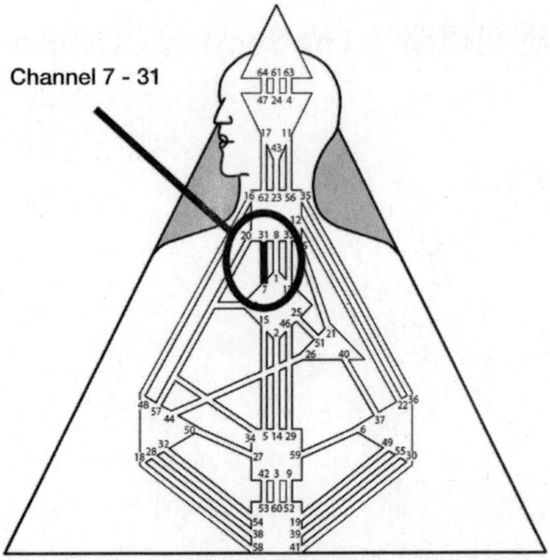

形態。在此的領導權必須得到認可，否則便不具效力，它並非專制獨裁或藉由極端手段控制的形態，而是經過時間展現其有效性，最後得到人們認可的領導權。

圖表149：7－31──創始者的通道

7號閘門和31號閘門必須攜手合作，7號閘門給予31號閘門領導的方向和支持，它們若缺少了彼此便無法發揮領導力。31號閘門若沒有7號閘門協助，就像僅有發言權卻沒有方向的領導者，反之若7號閘門缺少31號閘門，便會費力地爭取被聽見的機會。

> 7號閘門：互動中的自我
> 31號閘門：民主

民主是人類在群體中的極致表現，而7-31通道終會得到其他人的召喚。這是一股源於群體同意自我控制的領導能量，若7-31通道試圖強迫領導，就會產生不具邏輯性的改革和新政權。由於它並未經歷時間的考驗，因此它仍必須以邏輯為起始，重新「驗證」領導權的有效性，否則終將會面臨被推翻的結果。

民主在社會人迴路裡是自決的充分表現，而這也有助於我們瞭解，每一個人最終都渴望擁有以平等和公正的方式管理自我的自由。民主不只是一種哲學思考或信念，而是絕對且恰如其分地符合人性。

感知迴路（The Sensing Circuit）

　　感知迴路是社會人迴路群的另一部分，它從根部、薦骨及情緒中心獲取能量。這個迴路主要訴說著過往的故事，並將新的經驗納入人類更龐大的故事之中。

　　感知迴路具有全面、著重右腦、感官、以經驗為基礎的特質，而頓悟、深刻的理解、豁然開朗和好奇……也都包含在感知迴路裡。

　　由於感知迴路大多與新的經驗和好奇心有關，因此假若你未遵循你的人生策略行事，便很容易在此迴路裡體驗到「失根」般毫無來由的白日夢和混亂。幸好，人類圖表裡有其他的迴路能量流，能賦予感知迴路的種種白日夢根基，也能將感知迴路得到的想法化為有形。

　　即便我們每一個人都具有感知迴路的某些面向，然而因西方文化世界對此迴路的特質帶有某種偏見，我們深受制約影響，講求以「符合邏輯」、線性和固定模式的方法學習，故而對擁有許多感知迴路定義能量的人而言，他們往往要設法清楚表達自己的想法、避免衝動行事。（你不妨將未能充分發揮的感知迴路視為「注意力缺失症（ADD）迴路」。）

　　事實上，邏輯和感知兩種類型的思考方式都是不可或缺的。感知迴路的

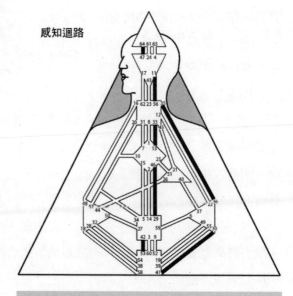

感知迴路

圖表150：感知迴路

經驗往往會導向邏輯，以找出是否有可套用的模式。感知迴路有時可以尋得模式，有時卻只是純然地得到經驗。

感知迴路裡的能量讓個體得以挑戰人類經驗的極限，並讓我們每一個人利用這些經驗成為個人生命故事的一部分。

我們不必成為奧運選手，或非得要擁有如火箭般的彈跳力、或突

感知迴路通道

- 64-47：抽象的通道
- 11-56：好奇的通道
- 53-42：成熟的通道
- 29-46：發現的通道
- 13-33：足智多謀的通道
- 41-30：幻想與渴望的通道
- 35-36：無常的通道

破音障的能力才得以體會創造出這些經驗不可或缺的勇氣、承諾和精神。我們可以透過觀看電視或閱讀知曉這些故事，並藉由意識到一個人的經驗能化作整體人類的潛能而感動。

64－47：抽象的通道

64-47通道是感知迴路裡的發起能量，也代表著大腦的右半部。64-47通道的能量以困惑（64號閘門）為開端，抽象事物或感知迴路的困惑來自於，在極短的時間內經驗某一複雜的想法。抽象想法的特質是全面且非線性的，是以抽象的挑戰是將

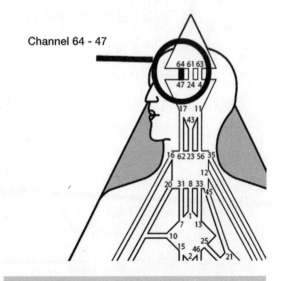

Channel 64 - 47

圖表151：64－47──抽象的通道

此龐大的想法轉化為可遵循的線性過程。

　　抽象的另一挑戰是回答「我們該如何讓這個想法成真？」這樣的問題，若缺乏如何將想法逐步化作實際形式的方法，那

64號閘門：困惑
47號閘門：了解

麼靈感要實現的可能便顯得困難重重，懷抱著無法具體化的龐大想法有何意義呢？腦袋面臨挫敗感、負面思考……等未充分發揮的「可能性思考」也源自於64-47通道之中。

　　為了能讓64-47通道的各種龐大想法實現，可能性的思惟傾向及等待困惑通過的樂觀心態非常重要，當時機正確時，「如何做」的方法便會自然顯現，而64-47通道就能神奇地體會各種不可思議的啟發，反之若強迫思考只會深陷「剪不斷、理還亂」的困惑。

11－56：好奇的通道

　　感知迴路的靈感透過11-56通道，即好奇的通道表現。不同於邏輯迴路，感知迴路的焦點不在於事實或數據資料，11-56通道是說故事的通道，也包含了尋找（但未必能找到）的能量。

　　擁有11-56通道的人務必要瞭解，目標答案並不存在，他們經歷的故事才是真義，感知迴路是關

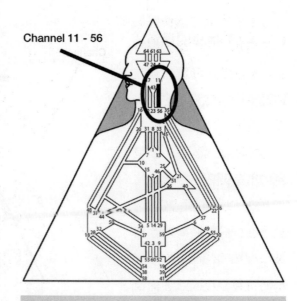

Channel 11 - 56

圖表152：11－56——好奇的通道

於活出生命、體驗人生的過程，而非找尋
答案或模式。

11號閘門：想法

56號閘門：說故事者

　　11-56通道屬於投射性質，因此它的
故事和想法在獲得邀請的情況下分享會得
到最佳的聆聽效果。有時，擁有此能量者會忘了等待邀請或認可便分享起
自己的故事或使用各種隱喻，這反而會讓人想逃之夭夭。

　　11-56通道的能量功用是與人分享。然而，對擁有此能量定義的人而
言，他們很容易將所有想法視為自己所有，並嘗試著在真實世界中實現這
些想法，最後卻往往只會得到挫敗和筋疲力竭的結果。請試著和那些主動
向你徵詢想法和故事的人分享吧！當你懂得等待再分享，你的所有想法將
透過那些真切需要這些點子的人付諸實踐，你也會因為分享而收穫甚豐。

53－42：成熟的通道

　　某些人天生的使命是
為任務起頭，某些人則負
責結束任務，而另有些人
則能完成完整的任務過
程。53-42通道是賦予某
一經驗脈搏的能量，也是
含納起點與終點的能量。

　　53-42通道屬於生產
的通道。由於感知迴路和
得到經驗以從中學習有
關，因此，透過回應決定
是否踏入恰當的經驗是必

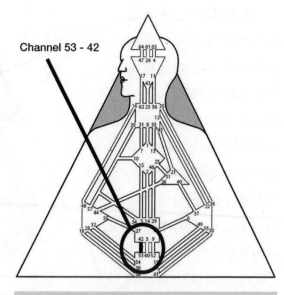

Channel 53 - 42

圖表153：53－42——成熟的通道

要的過程。當你正確地開始某一段經驗，
便會獲得適當的起始及結束能量，或者，
你會回應那些能帶給你適當能量的人，一
起共創經驗。

> 53號閘門：開始
> 42號閘門：完成

　　53號閘門會設法讓任務結束，而42號閘門則奮力爭取開始。兩者攜
手合作便能形成完成任務的強大能量，然而若少了回應，兩股能量便會動
彈不得，導致挫敗感油然而生。假使你不先等待再回應，你便無法獲得
開始或完成某一經驗的能量。此外，社會觀念對於成為「積極主動的人」
或「完成任務者」抱持極高的評價，因此若你未妥善運用53-42通道的能
量，可能會面臨諸多批判。

29－46：發現的通道

　　發現的通道有時又稱
作「在他人失敗之處成
功、成功之處失敗」的通
道。具有29-46通道能量
的人，擁有不屈不撓的頑
強決心、及埋首奮鬥邁向
成功的能力。即便他們事
實上費盡千辛萬苦、努力
不懈才得到成功的果實，
還是會讓這一切看來彷彿
簡單平順。

　　旁人總以為29-46通
道的人並未付出太多努

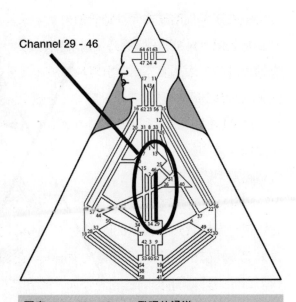

圖表154：29－46 ── 發現的通道

力，從某種角度來看，更多的是得到幸運
之神的眷顧，他們的確是幸運的一群人，
29-46通道的功用是透過回應，在對的時
間處在對的位置。但你仍舊無法忽視他們

> **29號閘門：毅力**
> **46號閘門：身體之愛**

在到達對的位置之前，究竟投注了多少大量的努力做足準備。

　　由於29-46通道具有引人注目的傾向，因此許多擁有29-46通道的人
會設法減弱自身的光芒，讓自己顯得更符合「正常」的標準。然而這等同
於關閉了他們龐大的能量，別忘了，薦骨是體內最強大的動力能量中心。

　　29-46通道在他人成功之處失敗的原因，在於他們很難讓自己處於符
合「正常」標準的狀態，因為他們天生註定就是要成為卓然超群的人物。

　　29-46通道也和擁有身體的經驗有關，屬於譚崔密教特質的通道。29
號閘門的承諾通往46號閘門的身體之愛，具有深切的直覺覺知，明白身
體是靈魂的載具，生命則是一段在身軀內深刻感受的經驗，而這也為感官
體驗、舞蹈、瑜珈或其他身體活動帶來了能量。

　　當29-46通道作出回應時，身體便會充滿熱情與活力，然而若它並未
遵循自身的策略而活，便會出現身體扭曲或變形的情況。當靈魂與身體脫
節時，身體總能清楚感受到，此外，若薦骨未得到29-46通道的表現力，
常常會造成某些奇特的身體狀況，像是脊椎側彎或其他日積月累導致的身
體崩壞。

13-33：足智多謀的通道

　　足智多謀的通道是感知迴路裡的表達通道之一，它根源於生命體驗，
是一面反映出11-56通道（好奇的通道，以想法概念為基礎）的鏡子。

　　13-33通道是名副其實的說書人，他分享著人生旅程的故事並運用汲
取到的教訓指引方向。

13-33通道具有保存
過往歷史的能量。擁有此
通道能量的人往往熱愛歷
史，他們也許會製作回顧
記錄、或以其他方式記載
過往經驗。他們通常也扮
演著家庭中守護傳統的角
色，假若這股能量在家庭
中消失，他們有時會奮力
地找回家庭固有的傳統。

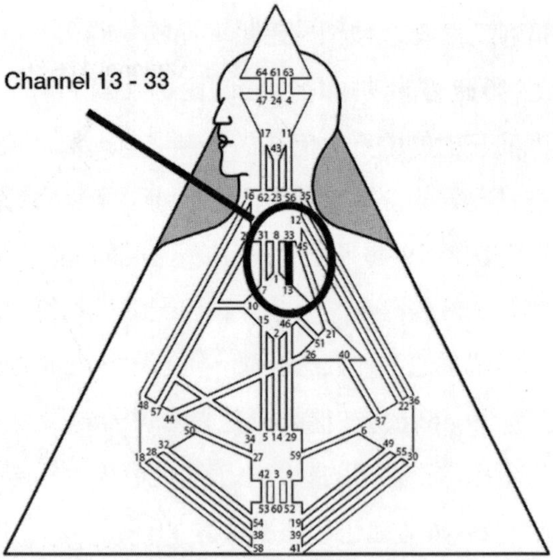

13-33通道給予我們
聆聽進而引導（若得到邀
請）的能量，此外也具有
見證及方向指引的作用。對輔導人員或治
療師而言，這是一股非常有益的能量。

Channel 13 - 33

圖表155：13－33───足智多謀的通道

13號閘門：聆聽者
33號閘門：隱私

這條通道若徹底展現，它能回溯與牢
記過往，讓人生經驗的歷史栩栩如生。若
它未能充分發揮，它便會困陷於過去，頻頻回首過往，擔憂著歷史重演。
此外，由於13-33通道連結自我中心至喉嚨中心，因此也很容易遭受他人
的指責與批評。

41－30：幻想與渴望的通道

幻想與渴望的通道是人類圖表中具有強大影響力的能量，事實上它是
啟動人類圖新年的能量。雖然它是一股極富創造力的能量，但其所在位置
卻遠離頭腦四周。換句話說，推動我們創造新事物的能量，需要從思考中

汲取不同類型的力量。我們可以終日思考某些想法（我們確實時常如此），然而思考與體驗兩者迥然相異，41-30通道實際上和體驗新事物有關，而非只是空想。

41-30通道的作用非常強烈，而在此也存在著燃燒殆盡的特性。一般來說，擁有此通道能量的人會讓眾人洋溢熱情，甚或疲累不堪，而他們自己也偶爾會感到筋疲力竭。

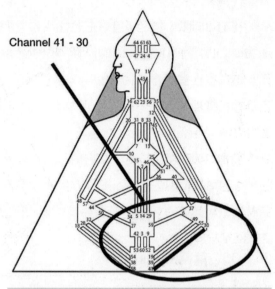

圖表156：41－30 —— 幻想與渴望的通道

41號閘門：幻想
30號閘門：渴望

當此通道能量顯現時，會使人體圖表中其他的能量更加強烈，進而讓整體性格更加鮮明。

41-30通道必須得到妥善的運用，雖然它的能量相當熱切和強烈，但由於它位在人體圖的底端，這也意謂著它必須等待對的時機以恰當地表現自我。

擁有41-30通道能量的人是充滿影響力的夢想家，他們能為世界帶來嶄新體驗與探索旅程的故事，或者他們也可能活在持續混亂的狀態之中，不斷投入錯誤的冒險旅程，對自己及他人都會造成傷害。由於41-30通道是根源於根部中心的情緒通道，因此他們在採取行動前必須等待思緒的澄明。真正的創造力是一段深思熟慮、謹慎從容的過程，而非亂槍打鳥般的

莽撞行為。

　　在41-30通道中，幻想的主題往往會啟發那些受到此能量影響的想像產物。若你擁有41-30通道的能量，你會發現其他人常常會信誓旦旦地和你談述某些充滿想像事物的話題，請務必確認你的溝通是否清楚明確、對方是否確實理解你所表達的話語，而非讓對方錯誤理解並不斷地圍繞著幻想打轉。

　　若41-30通道徹底展現，它便是一條極富創造力、熱情與追求創新的通道。41-30通道擁有以強烈趨力促使世界熱情燃燒的力量，然而等待正確時間表現這股發起的能量是極其重要的關鍵。

35-36：無常的通道

　　35-36通道中的能量具有兩大挑戰，就是感到無聊和厭倦。這些挑戰會產生躁動的能量，讓人無論是從外表看來或感覺上，都彷彿總是處於躍躍欲試、活蹦亂跳的狀態。

　　35-36通道自情緒中心直接連接至喉嚨中心，是一條極富表現力的情緒通道，每當我們談及定義的情緒中心時，我們就知道，這當中必然與某種型式的等待有關。

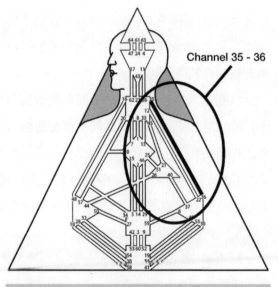

圖表157：35－36──無常的通道

　　無常的通道需等待對的時間以實踐恰當的欲望，並從中獲得適當的嶄新經驗。接著當時機成熟時，我們便擁有新鮮與刺激的事物，得以為人類的故事添加不同的

| 35號閘門：改變 |
| 36號閘門：危機 |

風味，這些故事能豐富我們的人生，拓展我們對人類經驗的領會力，故事中充滿了深刻的情緒感染力，最終會在各個面向帶給我們啟發。

　　此外，35-36通道也蘊藏了衝動和瘋狂的能量，未等待正確時機的欲望表現，有時會帶來危險且具毀滅性的有害後果，而故事的訴說角度也自然轉向這股能量的陰暗面。當擁有此通道能量的人感覺無聊或厭倦時，他們會藉由轉換投注的事項、或顛覆原有的生活樣貌，躍入新的生活形態等來引發混亂的局面。這便是不斷尋求新體驗的躁動。

　　當然了，隨著成熟度的增長，我們對於該投入哪些事物會作出更佳的選擇。簡言之，等待正確的行動時機是最重要的關鍵，同時也別忘了告知其他人你的決定。

　　人類圖表裡的迴路和通道能幫助你探索在你生命中開展的主題，也讓你明白你表現關心的方式為何？你在意的事物為何？你此生要與世界分享些什麼？這趟深入瞭解自己的旅程能賦予你力量，讓你在人生中作出反映真實自我的新選擇。如同嶄新的機會總會自然顯現，如今你擁有新的自我察覺視角，有助於你開創出更能符合你真正想要及需要的人生。

第四篇

總結

　　人類圖並不是關於改變自我的知識。它是從全然深入了解你的天賦才智、你的本能和脆弱面來提供你人生旅程的專屬裝備，讓你從受他人想法和評價影響的傳統自我挫敗模式中解脫。人類圖賦予你嶄新的視角，讓你探見真實自我的力與美。

　　當你了解自己後，面對人生選擇，你就能做出符合真實自我性格的決定。而當你和自己的真實性格攜手共生，你的人生就會變得順暢多了。一旦你能夠自在地貼近生命，你就會活出真實自我之美！這一切都是環環相扣的。

第十章

關於你的無限力量

人類圖是一套充滿了各式各樣內容與資訊、錯綜複雜的系統。你很容易被個人圖表裡所有複雜且精細的要素吸引，而遺漏那塊神奇大三角形裡隱藏著更重大的訊息。

雖然人類圖的每一部分都非常迷人有趣且具有強大的影響力（如同世上的每一個人），但人類圖系統真正的美妙之處卻在於它的簡單純粹。做自己！

依據你所屬的人格類型來遵循你做決定的策略，如此一來，你不僅能發現真實的自我，也能完美活出真正展現你此生靈魂使命的人生。

人類圖表揭示了若我們能忠於自我、愛自己並跟隨自我靈魂的方向，那麼，這種尊崇自我及抱持覺察帶來的能量結果，便是開創出一個人人皆能表現與生俱來的人類之愛、且與本性及自然法則緊密相連的世界。在這個世界裡，我們能在公平、民主、人人平等的群體中管理自我；我們能照護自己的身體、並為自己的現實生活負責；我們擁有不虞匱乏的資源、和支持力量並渴望與彼此分享。因為我們發自內心深切地體會到，我們能得到宇宙之流無限的供給與幫助（而這種種皆源於愛自己！）

當你發現真實的自我，進而開創出反映真實自我的人生，便能更豐富這個世界。每一個人都是這塊神聖拼圖中不可或缺的要件，你是無可取代的要角，這個世界需要你活出真實的自我。

人們最常向我提出的疑問便是「我該怎麼做，才能在這個世界上發揮影響力？」，我的答案總是一貫如此：「請就先從充分展現真實的自我做起吧！」。

你的人類圖表描繪出你的潛能，而生命旅程則是關於探索真我、勇敢開創出與真正自我協調一致的人生，這些便是世上個人成長與演化的基本特質。

由於生命會設法處於持續發展與成長的狀態，因此當自我潛能無法發揮時，我們往往會創造出一段又一段教導我們懂得生命意義的人生經驗。我們能從人類原型在圖表中的定義部分得知，有時我們必須歷經一番掙扎才能發現自我人生的意義。因此若我們未能實現自己身而為人的潛能，我們往往會面臨和自己的健康、財富、創造成就感，或甚至是心靈連結的奮戰，這些困頓掙扎的功用是幫助我們學習和成長，而非將我們困限於苦難之中。人類圖裡絕無受苦受難的閘門。

人類與其他物種不同之處，在於我們擁有自覺進化的能力。世上的萬事萬物都蘊藏設計，若你觀察人類的圖表，再與哺乳動物的設計相較，你會發現兩者擁有共同的能量。然而，讓兩者有所區分的是，人類的選擇並不全然受制於生存的本能，還包括了知曉自己此生是否實現靈魂使命的直覺意識。我們能憑直覺知道自己是否偏離了人生道路，這種對自身與靈魂使命脫節的感知，在我們的內心引發了躁動不安，驅使我們去探索真實。

由於人類具有意識能力及能量的獨特性，因此我們始終保有選擇，我們能選擇是否要忠於真實的自我、是否要徹底活出自己的人生設計。我們能繼續創造出困頓掙扎，以幫助我們界定人生的意義，或者我們也可以擁抱自己天生獨特的能量設計，並與世界的能量攜手，一起開創熱情喜悅的人生。我們始終擁有選擇權。而自我察覺正是讓我們作出讓人生更愉悅、更豐富「選擇」的關鍵。

　　我們每一個人都是神聖宇宙的全像再現，也是屬於龐大宇宙一部分的星塵產物，個體小宇宙的行為會影響地球上整體的生命。我們之所以成為集體的樣貌，是因為我們是七十多億個偉大意識觀點的總和，當多數人抱持了某種特定的意識形態，它便會展現於世界。貧窮的存在是因為多數人在意識裡感到貧困，戰爭的爆發是因為多數人在意識中發動戰爭，我們創造出無法持續前進的生活形態，正是因為多數人無法保持自覺，與真實的自我分離。

　　若你希望在這個世界上發揮影響力，並開創永久和平與富足的世界，你必須先活出能反映你意識裡希冀看見的人生樣貌。換句話說，你必須在自我人生中的各個面向感到豐盛、和平及真實。當你活在此種意識狀態時，你便增添了這股能量在世上的臨界量，而當多數人都能自覺豐盛、和平與真實時，世界徹底的改變將會展現在你我眼前。

　　你能獻與世界最豐厚的禮物就是「你」，真實的你。

　　　別問這個世界需要什麼。問問自己，什麼事物能讓你充滿活力……
接著就投入就去做吧！因為這個世界需要的正是充滿生命力的人。

　　　　　　　　　　　　　——非裔美籍作家、哲學家與公民運動領導人
　　　　　　　　　　　　　霍華德・瑟曼（Howard Thurman, 1899-1981）

探知未來

　　關於「人類」意義的原型不斷演變，而我們正處於人類新能量及新契機的歧點。到了二〇二七年，人類的能量場域將以嶄新的方式重整建構。

　　我們的內在能量架構也是這波改變的一部分，人體圖也將因此跟著變化，情緒中心逐漸發展為我們新的直覺來源，人們將不再以脾中心作為直覺與生存的能量中心。換言之，促使我們採取感覺良好、或正確行動的覺察意識將不再受恐懼驅動，人們對於孩童在這個世界上飢餓無援的景況將

不再坐視不管，或不再將戰爭視為無可避免的行動，或認為苦難是身而為人可承受的一部分。

在人類圖裡，演化代表的意義不僅止於達爾文的進化過程，人類的進化會先從意識層面發生。自上個世紀至今，意識轉變的跡象愈加顯著，而此種發展態勢在近二十年來更是如此。

我們漸漸明白，我們天生的設計是要讓我們經驗喜悅和扶持，並以此種感受作為自然的狀態。我們是密不可分的整體，而我們的思維模式在整體的共同創造能力中，扮演著極其重要的角色。事實上，我們正站在以另一種全然不同的嶄新方式「作為人類」的交界線，此刻活在世上的人們所肩負的重要任務，便是開創人類的新潛能，我們的角色就像是迎接新世界誕生的助產士。

然而，為了能在此轉變期間善盡我們的責任，我們必須跳脫那些讓我們感覺困陷的舊有模式及恐懼，並恰如其分地實現我們獨特的角色作用。你不妨想像人們對豐盛的意識具有重量和質量，而目前我們的豐盛意識秤重結果偏低，但當愈多人能經驗個人的富足，豐盛意識的重量也就會增加，如此我們便更接近「人人皆能從各個面向感受富足」的境界。

無論從個人或世界的層面而言，探索及表現真實自我無疑是最重要的任務。當你懂得愛自己，並徹底活出真實自我的人生，你便在開創人人享有永久和平與富足新世界的過程中，充分發揮了你的影響力。

做自己、愛自己。你是無可取代的要角！

學習資源

欲瞭解更多關於閘門、通道、人生角色的內容，或索取你的個人人類圖表，請參考以下網址：www.understandinghumandesign.com

廣　告　回　函
板橋郵政管理局登記證
板橋廣字第１４３號
郵資已付　免貼郵票

231
新北市新店區民權路108-2號9樓
野人文化股份有限公司　收

請沿線撕下對折寄回

書名：一本讀懂人類圖　書號：ONGW0147

好野人部落格
http://yeren.pixnet.net/blog

野人文化粉絲專頁
http://www.facebook.com/yerenpublish

野人文化
讀者回函卡   書名：一本讀懂人類圖   書號：ONGW0147

姓　名　　　　　　　　　□女　□男　　生日

地　址

電　話 公　　　　　宅　　　　　手機

Email

學　歷　□國中（含以下）　　　　□高中職　　　□大專　　　　□
職　業　研究所以上
　　　　□生產／製造　□金融／商業　□傳播／廣告　□軍警／公務員
　　　　□教育／文化　□旅遊／運輸　□醫療／保健　□仲介／服務
　　　　□學生　　　　□自由／家管　□其他

◆你從何處知道此書？
　□書店　□書訊　□書評　□報紙　□廣播　□電視　□網路
　□廣告DM　□親友介紹　□其他

◆你通常以何種方式購書？
　□逛書店　□網路　□郵購　□劃撥　□信用卡傳真　□其他

◆你的閱讀習慣：
　□百科　□生態　□文學　□藝術　□社會科學　□地理地圖
　□民俗采風　□休閒生活　□圖鑑　□歷史　□建築　□傳記
　□自然科學　□戲劇舞蹈　□宗教哲學　□其他

◆你對本書的評價：（請填代號，1.非常滿意　2.滿意　3.尚可　4.待改進）
　書名＿＿＿封面設計＿＿＿版面編排＿＿＿印刷＿＿＿內容＿＿＿
　整體評價＿＿＿

◆你對本書的建議：